大连海事大学研究生系列

李国强 / 主编

侵权责任法
鉴定式案例研习

CASES AND COMMENTARY
ON TORT LAW

大连海事大学出版社
DALIAN MARITIME UNIVERSITY PRESS

图书在版编目 (CIP) 数据

侵权责任法鉴定式案例研习 / 李国强主编. — 大连 ：
大连海事大学出版社，2024.12. — ISBN 978-7-5632
-4604-5

Ⅰ . 923.05
中国国家版本馆 CIP 数据核字第 2024DV9801 号

大连海事大学出版社出版

地址：大连市黄浦路523号　邮编：116026　电话：0411-84729665（营销部）　84729480（总编室）

http://press.dlmu.edu.cn　E-mail：dmupress@dlmu.edu.cn

大连永盛印业有限公司印装　　　　　　　　**大连海事大学出版社发行**
2024 年 12 月第 1 版　　　　　　　　　　**2024 年 12 月第 1 次印刷**
幅面尺寸：170 mm×240 mm　　　　　　　　　　　　　　印张：18
字数：300 千　　　　　　　　　　　　　　　　　印数：1~500 册
出版人：刘明凯

责任编辑：杨玮璐　　　　　　　　　　　　　　责任校对：陈青丽
封面设计：解瑶瑶　　　　　　　　　　　　　　版式设计：解瑶瑶

ISBN 978-7-5632-4604-5　　　定价：54.00 元

序 言

　　2020 年 5 月 28 日,第十三届全国人民代表大会第三次会议通过了《中华人民共和国民法典》(以下简称《民法典》),我国从此进入民法典时代。《民法典》在中国特色社会主义法律体系中具有重要地位,是一部固根本、稳预期、利长远的基础性法律,对推进全面依法治国、加快建设社会主义法治国家,发展社会主义市场经济、巩固社会主义基本经济制度等具有重大意义。

　　《民法典》施行后,法学教学的焦点集中在解释论研究和应用分析案例的教学上,与之相应,以请求权基础为线索的规范梳理已经成为新的学术路标。请求权基础思维素有"民法教学法的脊梁"之誉。近年来,请求权基础思维训练在我国法学教育中也越来越受到关注,在实务界同样受到欢迎。本教材的定位是培养读者的请求权基础思维,并以《民法典》第七编侵权责任编的制度应用为基础展开。与通常的侵权责任法教材的定位不同,本书不以介绍侵权责任法的基本概念、规则与制度为主要内容,而是围绕各种案例进行讨论,真实呈现请求权基础思维与请求权基础规范体系作用于案例解析与法律适用的方法细节,请求权基础方法与涵摄模式、规范解释、规范漏洞填补等方法之间的交织关系,力求使读者能够准确理解并运用侵权责任法的规则。全书内容共八讲:第一讲为侵权责任法保护的权益范围,第二讲为侵权责任的归责原则与构成要件,第三讲为多数人侵权责任,第四讲为侵权责任的承担方式和损害赔偿,第五讲为侵权责任主体的特别规定,第六讲为医疗损害责任与过错的认定,第七讲为环境污染和生态破坏责任与因果关系的认定,第八讲为公平分担损失规则与不明抛坠物致害后果分担规则。本书基于"民法理论与实务Ⅱ侵权责任法"课程进行编写,该课程已被列入法律硕士专业研究生的培养方案,面向法律硕士专业的研究生。本书的编写及出版也得到了"大连海事大学研究生教材资助建设项目"的专项资助,是"大连海事大学研究生系列教材"之一。

法学入门者欲形成请求权基础思维有一定的困难,想要真正踏进民法学习的门槛,还需要做好以下三点:第一,要有发现生活的眼睛。即将形而下的具体内容,上升为形而上的抽象概念,用大脑去了解生活、体味生活。民法的学习最终是要解决现实生活中的问题的,而且该解决方案应相当抽象。第二,要把知识学杂。法律人应该做到上通天文、下知地理,四书五经无所不阅,诸子百家无所不晓。民法所要规范的社会生活,既包括普通人日常生活的柴米油盐,也涉及跨国公司的远期交易。如果没有充足的社会生活知识储备,恐怕毋庸说用民法解决问题了,就是了解民法的基本规范也会时有障碍。第三,要熟读法条。中国的民法理论深受大陆法系的影响,对成文法的偏好之于中国民法的研究和解释适用非常重要,而且法条又是最精练的法律语言,熟读《民法典》能够很好地明晰体系,确定法律规范的内容。

本书由大连海事大学法学院教授李国强担任主编,博士生王东根、温容泽担任副主编。其中,每一讲具体阐释规则的基本内容由主编完成,每一讲所附的鉴定式案例分析报告从博士生、硕士生的课后研习作业中选取。本书可以说是师生共同对授课内容精心打磨的成果,博士生王东根、温容泽撰写完成了第一讲和第三讲的案例分析报告;其他案例分析报告按照顺序依次由硕士生杨泽宇、葛尚怡、方艺凝、严思琦、段晋元、贺超、张敬苒完成;在书稿修改过程中,硕士生马子怡改写了大部分的案例分析报告,并经主编和副主编对内容进行反复讨论和修改最终定稿。本书的出版还得到大连海事大学法学院各位老师的帮助,在此表示感谢。

囿于作者的水平,书稿中不足之处在所难免,敬请各位读者不吝指正。

李国强

2024 年 6 月

目　录

第一讲

侵权责任法保护的权益范围

一、侵权责任法保护的是民事权益

《民法典》第 1164 条规定:"本编调整因侵害民事权益产生的民事关系。"由此可见,我国侵权责任法的保护范围非常广泛,凡是民事权益者,均可受到侵权责任法的保护。民事立法所确认的权利皆为民事权利,包括人格权、身份权、物权、债权、知识产权、股权和其他投资性权利等。民事权利是由特定利益与法律上之力所构成的,民法保护的特定利益是指法律所确认的平等主体之间的类型化利益,而法律为该特定利益之实现提供了终局的强制力保障。权利之外的民事利益虽未被法律明文规定为一种权利,但也受到私法在一定程度上的保护,既包括人格利益,如死者的名誉、隐私等人格利益,特定纪念物品上的精神利益等,也包括纯粹经济损失等财产利益。《民法典》第 126 条对此也做了宣示性规定:"民事主体享有法律规定的其他民事权利和利益。"侵权责任法对于民事权益的保护可以通过以下案例予以揭示。

设例 1：

甲到乙美容院由丙医生做面部整容手术,后手术失败。甲不仅没有变美,反而满脸伤疤,令人不忍直视。

问题：

(1)甲面部的损害由谁承担责任？

(2)假设甲因此痛不欲生而患上精神病,乙、丙应否对此后果负责？

(3)假设甲是一名演员,从此不能从事演艺事业,其已(可能)签订演艺合同,不能履行的经济损失是否应由乙、丙来赔偿？

解决设例 1 所涉及的纠纷,通常的做法是根据《民法典》第 1165 条指向的侵权责任构成条件进行初步判断,即大致按照四要件的构造展开分析,包括加害行为、损害后果、因果关系、主观过错;再依据《民法典》第 1218 条的规定确定承担责任的主体。不能忽略的一些问题是,甲的利益为什么要保护？也即甲的损害指向法律应当保护的哪种利益？甲的损害有没有对应的权利？对应的权利是什么？

设例 1 涉及人格权中的两种,即健康权和身体权。其一,在问题(2)中,乙、丙是否应对甲罹患精神病的后果负责,即甲罹患精神病与丙手术失败是否有因果关系,这是值得探讨的。受外界刺激而罹患精神疾病需要考虑每个人的承受能力,满脸伤疤并非必然导致罹患精神疾病,特殊体质对导致的损害的影响也会被纳入判断进行考量。[1] 从相当因果关系和当下社会价值共识出发,乙应当承担责任。其二,就对甲造成的精神痛苦,甲能否依乙、丙的违约行为,主张精神损害赔偿这一问题,《民法典》第 996 条规定:"因当事人一方的违约行为,损害对方人格权并造成严重精神损害,受损害方选择请求其承担违约责任的,不影响受损害方请求精神损害赔偿。"违约不能请求精神损害赔偿,在违约的场合主张了违约责任之后,仍可继续主张精神损害赔偿的前提为人格利益受侵害。所以,该条款规范的是违约加侵权,而不是违约本身可以主张精神损害。之所以违约不能主张精神损害赔偿,是因为违约是在双方约定的范围之内去追究责任,精神

---

[1] 荣宝英诉王阳、永诚财产保险股份有限公司江阴支公司机动车交通事故责任纠纷案,最高人民法院指导案例 24 号(2014 年)。

损害的内容超出了约定范围,违约责任的前提是有约定,是双方合意形成的债权债务关系。其三,问题三中涉及一个很重要的规则,即可预见性规则。对于演员将来不能从事演艺事业的这类损失,通常称之为纯粹经济损失或纯经济损失,是不是法律应该保护的范围存在争议。早期认识倾向于保护纯粹经济损失是不应该的,因为它超出了可预见性的范围。早期的民法教科书认为,小偷挖断电线导致工厂停工,小偷不赔偿该工厂停工的损失。但在今天看来,纯粹经济损失并非一概不赔,需具体情况具体分析。电力在今天已经成为人们生活中最普遍的一种动力来源,挖断电线导致工厂停工的损失,应该为多数人所预见,这种利益保护的需要变得十分现实。实际上,利益的范围并不是一个确定的内容,它会随着时代的发展而不断变化,需要考虑各种因素来确定。它不但受构成要件本身判断的影响,还受社会发展阶段相关认识深化的影响。

二、侵权责任法的保护范围具有广泛性和变动性

侵权责任法的保护范围具有广泛性,既包括民事权利,也包括民事权益。传统侵权责任法仅仅对民事权利(绝对权)受到的侵害提供救济,但随着社会经济的发展,侵权责任法的保护范围不断扩大,受侵权责任法保护的对象不再局限于人身权和财产权等民事权利,还包括合法的人身利益和财产利益。而民事权利、民事利益的类型会随着社会政治经济文化的发展而发生变动,原来不认为是权利的会被界定为权利,原本不保护的利益会得到法律保护,所以侵权责任法的保护范围具有变动性。因此,侵权责任法的保护范围不是一成不变的,在人格权领域体现得最为明显:一方面,人格权的种类从早期的生命权、健康权、自由权和姓名权,发展到晚近期的名誉权、肖像权、隐私权等具体人格权和作为一般人格权的人格尊严与人身自由;另一方面,随着科学技术的发展,侵害人格权的方式发生了变化,法律的保护方式也相应地发生变化,如传统被用于保护物权的物权请求权也被扩张适用于人格权的保护,从而产生了人格权保护请求权,还通过民事禁令的方式对于人格权予以更有力的保护。

设例 2:

新冠疫情期间,在意大利留学的甲回国后于乙酒店进行隔离,其间被确诊为新冠病毒感染者送入医院治疗。甲治愈后,发现遗留在酒店的物品被酒店销毁,其中包括护照和个人画作一幅。

问题：

甲应根据何种规范向乙酒店提出何种请求？

解决设例 2 所涉及的纠纷，通常的做法是先考虑销毁的护照和个人画作是否属于《民法典》第 1164 条规定的权益，再考虑护照受损到底是侵害人身权还是侵害财产权，个人画作毁损是否能得到赔偿以及如何计算赔偿额。

护照和画作都属于物，应确定首先存在物权，物权受到侵害时，权利人可以根据《民法典》第 235 条、第 236 条的规定行使物权请求权。但是，行使返还原物、排除妨害、消除危险等物权请求权应以原物存在为前提，设例 2 中护照和个人画作已经不存在，故甲只能向乙酒店请求损害赔偿。不管是护照还是个人画作，其对应的都是有限的财产利益。在常见场合下，财产本身与其价值是对应的，例如一支笔本身与其价值简单对应。然而，护照本身并非人们通常认识下的物，护照由几页纸组成，其价值主要对应办理护照的过程。除办护照本身的费用外，办理过程还会花费精力、时间。此外，护照有时会因表征一些个人信息而产生价值，但在设例 2 中，甲护照所受到的损害与个人信息并不相关，故无须考虑该类价值损害。就个人画作而言，如果有市场价格做衡量，损害数额便是市场价格；如果没有市场价格做衡量，则损害数额主要是画布、画框、颜料的价值损失。此外，画作有时可能涉及知识产权中的著作权等内容，但设例 2 中不涉及上述内容，故无须考虑该类价值损害。若在涉及知识产权受损的场合，则应考虑是否存在需要被保护的价值。

近代民法对于侵权责任构成的理解，尤其在保护范围方面，强调权利保护，所以叫侵权责任法。侵权责任法的保护范围从主要保护权利发展到全面保护合法权益，是现代侵权责任法发展的结果。在今天看来，以保护权利来衡量我国《民法典》侵权责任编的保护范围存在局限，即使近代民法典的典范《德国民法典》，也存在以悖于公序良俗的方式侵犯利益而承担侵权责任的内容，只是其未明确表述为全面保护权益。传统民法不应被称为侵权责任法，侵权责任的提法乃翻译不准确所致，若对《德国民法典》《日本民法典》进行直译，则应被称为不法行为法，只是我国《民法典》不强调侵权责任构成条件中的违法性要件，所以将我国侵权责任法称为不法行为法并不合适。可以明确的是，侵权责任不仅仅局限于权利的受损，还涉及权益的受损。就像设例 2 中，护照受损的内容并非护照所有权，单独从护照所有权的角度很难衡量真正需要保护的价值，只能从受保护的权益角度去考虑。

 设例3：

> 甲委托乙公司装修其结婚用的住房A,并将住房A的钥匙交给乙公司保管。后乙公司的员工丙因与老板吵架想不开而在住房A中上吊自杀。甲起诉到人民法院主张房屋死过人已经不宜用于结婚和居住,要求乙公司赔偿损失,而乙公司认为自己没有过错,甲的要求是封建迷信,所以不应该承担责任。

问题：

乙公司是否应承担侵权责任?

解决设例3所涉及的纠纷,通常的做法是考虑需要保护的利益是什么。此处很容易让人联想到"属于封建迷信的主张构成违背公序良俗"的这一规定。其实,需要进一步考虑的是"死过人的房屋不宜居住"是否属于封建迷信而违背公序良俗。

事实上,设例3与公序良俗的内容没有关系。原因在于,真正的损害并非靠个别人的主观认知评价,而应当是社会最低价值共识的认知。本案所涉损害可以通过社会评价和市场价格衡量来认定。对于上吊自杀事件发生地的住宅,社会认知通常为"凶宅"。住宅被评价为"凶宅"后会产生市场价格的贬损,所有权人损失的是财产利益,市场价格的变化则是损害数额判断的最简单标准。"凶宅"损失的判断标准不取决于是否适合于人居住,而是取决于公众认知的市场价格的变化。

三、人格权保护的范围

（一）人格权益

人格权的主体是人,以人的存在为基础。人格权的根本目的在于维护自然人的自由与尊严,使人成为人,能够自主地、有尊严地生活。因此,每一种具体人格权都以一种特别的人格权益为其内容。在生命权、身体权、健康权、姓名权、肖像权、名誉权、荣誉权、隐私权等具体人格权中,人身自由、人格尊严这一基本人格权益有不同的表现形式。例如,生命权中的人格权益是"生命安全和生命尊严"(《民法典》第 1002 条);身体权中的人格权益是"身体完整和行动自由"(《民法典》第 1003 条);姓名权和名称权中的人格权益表现为决定、使用、变更或者许可他人使用自己的姓名或名称的利益(《民法典》第 1012 条和第 1013 条);名誉权和隐私权分别体现为维护名誉和保护隐私这两项人格权益。由于对人格权益的认识会随着时代的发展而逐渐深入,所以人格权益的范围会不断扩大。在已经被类型化的具体人格权的基础上,还会产生新型的未被涵盖的人格权益。现代民法已经扩大了人格权的主体范围,法人也可以享有某些人格权。

《民法典》除了明确承认人格尊严与人身自由等两项一般人格权外(《民法典》第 109 条、第 990 条),根据《民法典》第 990 条第 2 款的规定:"除前款规定的人格权外,自然人享有基于人身自由、人格尊严产生的其他人格权益",《民法典》还认可基于一般人格权产生的新型人格权益。

◼ 设例 4:

甲是教育机构的从业人员。2014 年 11 月,乙教育机构与甲解除了双方的劳动关系。2015 年 4 月,甲进入丙网络服务公司搜索页面,输入"甲的姓名"后,在"相关搜索"处显示有"乙教育机构甲"等内容;另外,在搜索框内键入"乙教育",在"相关搜索"处显示有"乙教育机构骗局"等内容。甲主张因乙教育机构在业界名声不好,且自己已经不在该公司工作,丙公司在搜索页面中公开其与乙教育机构有关的个人信息侵犯了其名誉权、姓名权及一般人格权,要求丙公司关闭涉案关键词的搜索链接、赔礼道歉、赔偿经济损失。丙公司认为其提供的"相关搜索"服务只是客观反映搜索关键词的信息关联状态,并未侵犯甲的民事权益。

问题:

甲应根据何种规范向丙公司提出何种请求?

想要解决设例 4 所涉及的纠纷,关键是明确甲需要被保护的权益。分析设例,比较容易想到的是人格权益,也就是现被称为"被遗忘权"或"信息删除权"所保护的利益。丙公司作为网络服务提供者,并非简单地收集既有的信息。在实际生活中,人们使用信息搜索平台时很容易看到各类广告,而各类广告的投放顺序通常是按照竞价排名的。既然网络服务提供者能够对广告进行竞价排名,同样也可以整理对他人产生不利影响的信息。在设例中,不管认为甲具有被遗忘权还是具有信息删除权,本质上是网络时代的个人信息保护问题,其对应的是一种人格权益。此种人格权益与传统以标表型人格权为代表的人格权益相差甚远,而且,此种人格权益在1896年《德国民法典》颁布的时代是不会出现的,因为那个时代没有电视,只有报纸,而报纸的报道不会发生如设例4中的给正常人的生活带来负面影响乃至构成损害的情形。显然,侵权责任法保护的权益范围会随着社会发展、技术手段的变更而不断地发生变化,承担责任的方式对应权益受损的表现也在不断地发生变化。

在传统民法中,侵权责任法仅是保护绝对权的一种方式,典型的例子是当物权受到侵害时,若物没有毁损灭失,则通过物权请求权保护即可;若物毁损灭失,则受侵权责任法保护。按照此思路扩展到所有的绝对权,人格权也应如此保护,但近代民法曾经对是否规定人格权存在争议。德国著名法学家萨维尼认为,民法规定人格权是将人"物化"导致"人可非人",进而予以反对,而在今天,这种观点失之偏颇。虽然从近代民法到现代民法的价值判断都是以康德哲学观点为基础,人只能是主体而不能是客体,人只能是目的而不能是手段,但仅以尊重人为主体的方式保护人是不够的,所以《德国民法典》中也有一些规定人格权的内容。随着社会的发展,人们会发现还有很多人格权益需要被保护,侵权责任法的保护范围会不断扩大,尤其在人格权益上范围扩大明显,正如最开始侵权责任法主要保护的是物权而并不涉及人格权。

有关信息删除权最早的案例为一起团伙抢劫案,当时电视台现场直播了犯罪团伙某一成员的抢劫过程以及被抓捕的过程,该成员的外貌被完整、清晰地拍摄下来。这段视频后来被该节目反复播放用于教育宣传。此人出狱后,认为反复播出该视频的行为对其生活造成了严重的干扰,此种惩罚不应被包括在对他犯罪的处罚中,或者说他不应该再接受持续不断的惩罚。于是,他起诉电视台要求停播该节目,因为他要过正常人的生活。这类在电视时代就已经出现的问题,到了网络时代更是频发。

近代民法的侵权责任法只需使用损害赔偿的单一承担责任方式便足以保护被侵权人,恢复原状也只是损害赔偿的一种形式,如今却无法涵盖所有的损害,《民法典》第179条即规定了若干种承担责任方式。《民法典》第111条规定:"自然人的个人信息受法律保护。任何组织或者个人需要获取他人个人信息的,应当依法取得并确保信息安全,不得非法收集、使用、加工、传输他人个人信息,不得非法买卖、提供或者公开他人个人信息。"其与《民法典》第109条、第110条、第112条最大的不同是未做权利的表述。原因在于,个人信息很难被简单归入既有的权利体系当中。"人人都是自媒体"的时代产生了新的权益,在内容尚且模糊、没有精确标准的情况下难以被典型化为权利,尽管如此,此类新的权益也应当受到法律的保护。因此,《民法典》选择在坚持传统的前提下,将各种特殊的利益纳入保护逻辑当中。

(二)人格权的分类

1. 具体人格权和一般人格权

具体人格权,也称特别人格权,是指法律规定的各种具体类型的人格权,如生命权、健康权、身体权、姓名权、名称权、肖像权、隐私权、名誉权、荣誉权等。一般人格权是与具体人格权相对应的概念,是关于人格尊严和人身自由的权利,是法律采取高度概括的方式,赋予民事主体享有的具有权利集合性特点的框架性人格权。一般人格权是第二次世界大战后为弥补《德国民法典》对人格权规定的不足,由德国联邦最高法院将《德国民法典》第823条第1款中的"其他权利"与《德国基本法》第2条第1款和第1条第1款进行创造性结合发展而来的。经过多年的发展,德国法上的一般人格权所保护的人格利益众多,如姓名、肖像、侮辱与其他名誉侵害、扭曲他人社会形象、侵占商业性的人格标志、自主保护、侵害隐私、死者的人格保护等。总体来说,德国法上的一般人格权并无清晰的区分,而是值得保护的权利状态的总和。

我国《民法典》编纂前,2001年最高人民法院颁布的《最高人民法院关于确定民事侵权精神损害赔偿责任若干问题的解释》就规定了人格尊严权和人身自由权这两项一般人格权,并明确给予保护。该司法解释第1条第1款第3项规定,自然人的人格尊严权、人身自由权受到非法侵害时,有权向人民法院请求精神损失赔偿。司法解释明确规定"人格尊严权""人身自由权"这两类一般人格权,主要目的就在于补充法律规定的具体人格权不足之弊,其依据为《中华人民共和国宪法》(以下简称《宪法》)关于"中华人民共和国公民的人身自由不受侵犯""中华人民共和国公民的人格尊严不受侵犯"的规定。此后,最高人民法院的《民事案件案由规定》也在第一级案由"人格权纠纷"下专门规定了二级案由"一般人格权纠纷",与生命权、健康权、身体权纠纷,姓名权纠纷,肖像权纠纷,名誉权纠纷等具体人格权纠纷案由相并列。

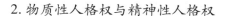

2.物质性人格权与精神性人格权

自然人是肉体和精神(生理和心理)的双重存在,据此,学说上也将人格权分为身体的人格权与精神的人格权。瑞士民法学说认为,人格权可以分为物理上的人格权、情感上的人格权和社会性人格权。物理上的人格权包括身体完整性的权利、行动自由权、性自由的权利以及关于自己尸体的决定;情感上的人格权包括针对近亲属关系的人格权、对近亲属的追思权、尊重情感生活的权利;社会性人格权包括自我肖像权和自我声音权、名誉权、尊重私生活权、著作人格权以及经济上行动与发展的权利。日本学者将人格权分为身体的人格权与精神的人格权,其中身体的人格权是指对具有人的身体属性的生命、身体、健康等拥有的权利,而精神的人格权主要就是指名誉权、姓名权、肖像权、隐私权等。个别化的人格法益可以分为人身的人格权与精神的人格权。人身的人格权保护存在于人身的人格法益,包括生命、身体、健康、自由及贞操。精神的人格权包括姓名权、肖像权、名誉权、信用权、隐私权以及资讯自主权。我国民法学界有学者主张将人格权分为物质性人格权和精神性人格权。① 例如,有的学者认为,所谓物质性人格权,是自然人对于物质性人格要素的不可转让的支配权。物质性人格要素包括生命、身体、健康和劳动能力,因此物质性人格权包括生命权、身体权、健康权和劳动能力权。精神性人格权是自然人对其精神性(心理性)人格要素的不可转让的支配权的总称,按照客体的性质可以分为标表型人格权(如姓名权、肖像权)、自由型人格权(如身体自由权、内心自由权)以及尊严型人格权(如名誉权、荣誉权、隐私权)。

上述人格权的分类方法在很大程度上揭示了物质性人格权和精神性人格权的差异。其一,物质性人格权与自然人的生理存在息息相关,因此,在法制发展史上这类人格权最早受到保护,而且是随着近代民主宪政观念的发展而被作为基本人权甚至所谓天赋人权的观念被接受的。一些学者之所以认为人格权法无法规范人格权的享有,是因为他们只关注了物质性人格权,认为此类人格权是随着人的出生而享有的,无须法律确认自然人是否享有。但是,精神性人格权却并非如此,它们是随着现代社会生活发展和科技变迁而产生的,例如肖像权、隐私权、个人信息权等。如果没有法律的保护,此类人格权便无从产生。即便是物质性人格权,由于科技的发展也展现出各种不同的侵害形式,如缺陷出生、错误怀

---

① 　参见张俊浩:《民法学原理》(重排校订版),中国民主法制出版社2024年版,第128页。

孕、精神惊吓等,因此法律对于物质性人格权的保护范围也在不断扩张。其二,侵害两类人格权的侵权责任有所不同。侵害生命权、身体权和健康权等物质人格权所造成的损害表现为人身伤亡,侵权人既要承担财产损害赔偿责任,如赔偿医疗费、护理费、误工费、丧葬费、残疾赔偿金、死亡赔偿金等(《民法典》第1179条),对于造成严重精神损害的,还要承担精神损害赔偿责任(《民法典》第1183条)。而侵害姓名权、名誉权、隐私权、肖像权等精神性人格权,不会表现为人身伤亡,赔偿责任多为精神损害赔偿,虽然在有些情况下(主要是指侵害姓名权、肖像权、名称权)也可能包括财产损害赔偿(《民法典》第1182条)。其三,在权利限制上,相比于物质性人格权,精神性人格权受到的限制更多,例如《民法典》第999条规定:"为了公共利益实施新闻报道、舆论监督等行为的,可以合理使用民事主体的姓名、名称、肖像、个人信息等;使用不合理侵害民事主体人格权的,应当依法承担民事责任。"而生命权、身体权和健康权不能因为行为人实施新闻报道、舆论监督等行为而免责。

设例5:

1990年,甲与乙都是第八中学的学生,都参加了中等专科学校的预选考试。乙在预选考试中成绩不合格,失去了继续参加统一招生考试的资格。而甲通过预选考试后,又在当年的统一招生考试中取得了超过委培生录取分数线的成绩。济宁商业学校给甲发出录取通知书,由第八中学转交。乙从第八中学领取甲的录取通知书,并在其父亲丙的策划下,运用各种手段,以甲的名义到济宁商业学校就读直至毕业。毕业后,乙仍然使用甲的姓名,在银行工作至今。

问题:

甲应根据何种规范向谁提出何种请求?

针对设例5所涉及的纠纷,我们比较容易想到的是受教育权和姓名权被侵害。最高人民法院曾对设例5的原形案例做过批复,批复中援引宪法上的受教育权被侵害来保护甲,但该批复很快又被废止,这一行为表明用宪法上规范的受教育权保护甲的合理性有待商榷。受教育权是公民的基本权利,其受侵害并非民事权利受侵害,不能适用侵权责任保护。基本权利是国家对公民的承诺,而非平等主体间可以主张的人格利益。例如同为基本权利的劳动权,如果视其为平等主体间的利益,国家就应当赔偿没有工作的人的损失,但事实上,国家只有促进就业的义务,这是基本权利对应的义务,属于公法的范畴。诚然,也存在从公权中的基本权利延伸出私权的先例,《德国民法典》对一般人格权的解释就是从《德国基本法》展开的。但不同的是,《德国民法典》是从基本权利延伸去解释私权,而非基本权利本身受司法保护。也即,受教育权本身不受司法保护,它应是公法要解决的问题。甲权益受损需要得到法律的救济这一点不言自明。但是,如何在民法的逻辑中找到甲受保护的根据,就甲权益受损,法律救济的"权"究竟指向什么权益,需要在民法体系中确定。

《民法典》人格权编通过姓名权的保护来应对此问题,以保护人格权来保护相关衍生利益。姓名权作为人格标识,是标表型人格权的一种,设例5实际上涉及的是姓名权以及其衍生出的利益的受损,进而应予以保护。若在此基础上继续深究,会发现传统民法界定的姓名权受侵害所指向利益的通常范围与设例5中甲的受损范围无法简单对应。设例5中甲不仅被剥夺了姓名的使用,还失去原本能享受的更好的教育和就业机会,这些受损的利益难以在传统民法姓名权保护的范围内简单衡量,民法的保护可能无法涵盖甲所有的利益损失。设例5问题的产生同个人行为以及国家公权力的运行都有因果关系,在这种利益保护的私法秩序错位中,需要通过一些法律关系去界定到底受损的权益是什么,进而在侵权责任的构成以及赔偿范围上作出精确的指向,明确保护利益事项的意义正在于此。

(三)人格权请求权与侵权损害赔偿请求权

人格权请求权与侵权损害赔偿请求权都是保护人格权的重要方法。人格权请求权,就是基于人格权作为绝对权和支配权的效力而产生的排除对人格权的现实的或者潜在的侵害或妨碍,旨在维护人格权圆满状态的请求权。人格权请求权包括停止侵害、排除妨碍、消除危险请求权。人格权请求权的特征在于:一是具有从属性。人格权请求权是基于人格权而产生的请求权,从属于人格权,只有享有人格权的主体才能享有此类请求权。由于人格权具有专属性,不得转让、放弃或者继承,因此,从属于人格权的人格权请求权不得转让、放弃或者继承,也不得由他人代位行使,即不能成为代位权的客体。二是人格权请求权是人格权排他性的体现。人格权属于绝对权、支配权,具有排他效力,这种排他效力不仅体现在人格权的圆满状态已经受到妨害的情形,更体现在具有妨害危险之时。换言之,人格权请求权不仅具有恢复人格权圆满状态的功能,还具有预防和制止侵害人格权行为发生的功能。侵权损害赔偿请求权,是指被侵权人因人身、财产权益被他人侵害而遭受损害时,依法享有的针对侵权人的要求其承担损害赔偿责任的请求权。

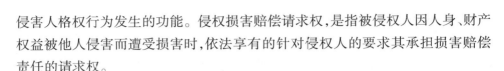

设例6:

> 甲于 2017 年 9 月 13 日因乙医院的过错,被注射了受梅毒感染的血液。2018 年 10 月 13 日,甲产下一名患有先天性梅毒的女婴丙。

问题:

丙应根据何种规范向谁提出何种请求?

设例 6 源自近代德国的一个真实案件。设例 6 涉及的问题是乙医院是否对丙承担责任。按照损害赔偿的原理,有对应科目或项目才能赔偿。如果丙不被视为独立主体,则甲作为受损方只能得到一个个体的赔偿,虽然所有项目都可以计算,但也仅计算一遍,不包含丙作为独立主体所受到的损害。如果丙被作为独立主体看待,那可能就会得到更多的赔偿。根据《德国民法典》第 1 条规定:"人的权利能力始于出生完成之时",该表述与我国《民法典》第 13 条规定的"自然人从出生时起到死亡时止"的表述略有不同,但实质含义相同,始于出生隐含着终于死亡的结局,从生到死才是一个主体的存在。《德国民法典》的规定旨在界定"凡生物意义上的人皆为法律意义上的人",是对人无差别的平等保护,标志着人的自由解放,在此语境下,我们真正可以说"人之为人",而追溯到罗马法时期,观念还是"人可非人"的,即人可以同牛、马、羊一样被设立物权成为权利客体。在人只能为主体的观念确立后,通过对伦理意义上的人无差别地赋予其主体资格,本以为足够实现对人的客观存在的保护,但随着时代的发展,我们会发现还有胎儿这种"还没有成为人或可能成为人"的客观存在需要保护。

《民法典》第 16 条规定:"涉及遗产继承、接受赠与等胎儿利益保护的,胎儿视为具有民事权利能力。"该条款并未提及如何解决设例 6 涉及的问题。各国有相关规定来解决此问题,典型的是《日本民法典》第 721 条,"对于损害赔偿请求权,视为胎儿已出生",确定胎儿可以独立主张损害赔偿请求权。更全面的是《瑞士民法典》第 31 条,"如果胎儿出生时为死体,则自始没有权利能力",该表述概括地解决了相关问题。胎儿有没有权利能力,实际上应该把他作为一个可以成为人的社会存在来看待,"始于出生,终于死亡"只不过是从定义人的众多角度中选取了一个点而已。但究竟人作为一个主体的利益从哪个时间节点开始计算,还是要结合具体的场合来衡量。从外部损害的角度来衡量胎儿是否可以作为一个主体,《日本民法典》《瑞士民法典》以及我国《民法典》的第 16 条,都表达了应予特别保护的意思。因此,我国《民法典》第 16 条中的"等"应当理解为侵权行为损害的胎儿利益也可以得到保护。

四、侵权责任法对于债权的保护

(一)债权的民法保护

债权是最重要的一类财产权,物权与债权的二元划分也是以德国民法为代表的大陆法系民法构建民事权利体系的理论基础。《民法典》第 118 条规定:"民事主体依法享有债权。债权是因合同、侵权行为、无因管理、不当得利以及法律的其他规定,权利人请求特定义务人为或者不为一定行为的权利。"依据侵害债权的主体不同,侵害债权的情形可分为以下两类:其一,债务人侵害债权,即债务人不履行债务。最典型和常见的就是合同一方当事人违反合同约定不履行或不完全履行合同义务的行为,即违约行为。其二,第三人侵害债权,所谓"第三人"是指债权债务关系之外的人,其既不是债权和债务人(包括债务人的履行辅助人),也非当事人约定向债权人履行债务的第三人或者约定由债务人向其履行债务的第三人。第三人如果发生了侵害债权的行为,由于此前其与债权人之间并无债的关系,第三人显然不承担债务不履行责任尤其是违约责任,但其是否要承担侵权责任,亦即债权能否成为侵权责任法的保护对象,值得研究。

我国《民法典》没有严格限定侵权责任法的保护范围,而是将一切民事权益纳入侵权责任法的保护范围。《民法典》第 120 条规定:"民事权益受到侵害的,被侵权人有权请求侵权人承担侵权责任。"因此,债权完全可以成为侵权责任法的保护客体。但是,债权并不具有公开性,仅存在于特定的当事人之间。况且,现代社会中债务重叠的现象普遍存在,一个人可能同时向多个债权人负有债务。而倘若任何人要负有尊重他人全部请求权地位的义务,其行为可能承受过高的风险,会导致侵权人的赔偿范围被无限地扩大,既不符合社会生活上损害合理分配的原则,也会严重影响社会交易活动和正常的竞争秩序。所以,为了维护合理的经济竞争和行为自由,原则上,债权尤其是合同债权应当由合同法加以保护,所谓侵害债权的行为也主要是发生在债权人与债务人之间的,第三人只有在知道或者应当知道债权的存在而加以侵害时,第三人才需要依法承担侵害债权的侵权责任。也就是说,第三人仅是过失导致客观上阻碍或妨害债权实现的情形,不产生侵害债权的侵权责任。

(二)第三人侵害债权的构成要件

1. 存在合法有效的债权

为第三人所侵害之债权必须是已存在且合法有效的债权。如果债权尚未产生,或者虽然发生但因合同违反法律的强制性规定或公序良俗等而归于无效,抑或被撤销、不成立,则该债权并非合法有效的债权,不受法律的保护,自然也不会发生第三人侵害债权的问题。

2. 第三人故意实施侵害债权的行为

若第三人知道或者应当知道特定债权的存在还加以侵害,则要求第三人主观上必须是故意的,至于其是单独故意还是与债务人共同故意侵害债权,在所不问。第三人故意侵害债权的典型情形如采取欺诈、胁迫、教唆、帮助或者共谋等不正当手段侵害债权,实践中主要有两种类型,分别为故意侵害债权的归属和故意妨害债权的实现。

3. 造成了债权人的损害

债权人因第三人实施的故意侵害债权行为而遭受了损害,方能要求第三人承担侵权赔偿责任。此种债权人的损害主要表现为,债权因受侵害而归于消灭或者原本能够实现的债权未能获得实现,即如果没有第三人故意侵害债权之行为,债权原本是可以实现的。

五、大数据时代下数据、网络虚拟财产的保护

随着社会的发展,各种新型的财产利益不断产生,例如数据、网络虚拟财产等。新型的财产利益同样需要通过包括侵权责任法在内的法律给予保护。为了适应互联网和大数据时代发展的需要,我国《民法典》第 127 条规定:"法律对数据、网络虚拟财产的保护有规定的,依照其规定。"

(一)数据

数据既不是物(动产和不动产),也非智力成果或权利,不同于现行法上的任何一种民事权利客体。无形的数据,不可能为某一特定主体所独占,具有非独

占性或共享性的特点。

对于结构化的数据即数据库,可以通过著作权制度给予保护。《中华人民共和国著作权法》(以下简称《著作权法》)第 15 条规定:"汇编若干作品、作品的片段或者不构成作品的数据或者其他材料,对其内容的选择或者编排体现独创性的作品,为汇编作品,其著作权由汇编人享有,但行使著作权时,不得侵犯原作品的著作权。"

对于数据企业收集的非结构化的数据,我国的司法实践中主要是通过《中华人民共和国反不正当竞争法》(以下简称《反不正当竞争法》)来加以保护,即将侵害数据企业数据的行为认定为不正当竞争行为。

(二)网络虚拟财产

狭义的网络虚拟财产仅指网络游戏中具有金钱价值的各种游戏装备、账号等级、游戏货币等。广义的网络虚拟财产被认为包括了所有存在于网络虚拟空间的财产,除网络游戏的装备、游戏币之外,还包括电子邮箱、网络账户、虚拟货币(例如比特币)、网络商铺(如淘宝上的商铺)、注册的域名等。

网络游戏虚拟环境中的"武器""装备"等虚拟财产,能够被支配和处分,具有交换价值。这些虚拟财产虽然以数据形式存在于特定空间,但由于其具有一定的价值,满足了人们的需求且具有合法性,能够为人所掌控,属于在一定条件下可以进行交易的特殊财产,故而具有财产利益的属性。

基于区块链技术而诞生的比特币等虚拟货币,更是具有非常大的经济价值。尽管这些虚拟货币不属于国家发行的法定货币,不具有法偿性,且国家有关部门对于其交易也进行了相应的管制,但不能因此否定其属于一种具有经济价值的虚拟财产,可以得到法律的保护。

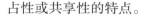 设例 7:

甲是一个网络游戏爱好者,经过长期积累,积攒了很多虚拟的游戏装备。但某一天,甲不幸被人盗取了账号密码,所有装备全部丢失。甲找不到盗号的人,于是向游戏服务商乙公司提出主张,要求恢复装备。乙公司拒绝。

问题:

甲对游戏装备享有什么权利?乙公司是否应该承担责任?

设例 7 所涉及的纠纷中,比较容易得出的判断是甲的权利是受到保护的。但是甲究竟有何权利,是一个值得研究的问题。网络虚拟财产如果属于财产权的范畴,到底是债权还是物权,法律并没有给出明确的指引。尽管《民法典》第127 条表述为"法律对数据、网络虚拟财产的保护有规定的,依照其规定",但实际上除部分行政法规层面稍有涉及外,并没有真正有关网络虚拟财产保护的法律层级效力位阶的规范性文件。《民法典》第 127 条的规范价值在于,《民法典》确定了该领域有权利需要受到保护,并指向方法论问题,也即类推适用。

从物权角度,将网络虚拟财产视为物看似可行,但其不具有特定、独立、有体的物的特性。《民法典》第 115 条规定:"物包括不动产和动产。法律规定权利作为物权客体的,依照其规定。"其中的前置条件是动产与不动产都是有体物。从权利角度,有观点认为,网络虚拟财产对应的是存储空间的电磁信号,需要借助于存储介质和网络服务提供者系统的运行而存在,但实际上它们之间没有对应关系。用户是通过账号和密码控制网络虚拟财产,或者说有赖于网络服务提供者基于网络服务合同而形成的债的关系所存在。网络虚拟财产涉及两方面的内容:一方面,对它的控制是模拟有体物的占有;另一方面,控制它借助于债权的持续履行。因此,网络虚拟财产也难以被视为权利。综上,网络虚拟财产既存在类似于物权的内容,又有债权的内容,共同构造了一种财产利益。那么如何保护网络虚拟财产?

类推适用是民法的法律适用方法之一。在有关网络虚拟财产裁判的第一案①中,法院认定被告在安全保障方面存在欠缺,对原告物品丢失承担保障不力的责任,类推适用安全保障义务保护虚拟财产。这一裁判结果的法律适用逻辑值得商榷,管理酒店等营业场所与管理游戏看似没有太大区别,但按照《民法典》的规定并不能类推适用安全保障义务的规则。《民法典》第 1198 条规定:"宾馆、商场、银行、车站、机场、体育场馆、娱乐场所等经营场所、公共场所的经营者、管理者或者群众性活动的组织者,未尽到安全保障义务,造成他人损害的,应当承担侵权责任。"该条款确定的是法定义务,故只有在上述场合中才会产生此种法定义务,而在网络虚拟空间,法律并没有明确规定类似法定的义务。所有法定的义务都要依据明文规定而不能简单地参照。一种可行的思路是,网络虚拟财产上成立的权利具有绝对权的属性,因此,在能够恢复数据的情况下,可按

---

① 参见北京市朝阳区人民法院民事判决书,(2003)朝民初字第 17848 号。

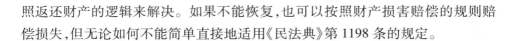

照返还财产的逻辑来解决。如果不能恢复,也可以按照财产损害赔偿的规则赔偿损失,但无论如何不能简单直接地适用《民法典》第 1198 条的规定。

六、知识产权与一般民事权利保护的区别

《民法典》第 123 条对知识产权采取了广义的界定,该条第 2 款规定:"知识产权是权利人依法就下列客体享有的专有的权利:(一)作品;(二)发明、实用新型、外观设计;(三)商标;(四)地理标志;(五)商业秘密;(六)集成电路布图设计;(七)植物新品种;(八)法律规定的其他客体。"知识产权既非财产权,也非人格权,作为一类独立的民事权利在民法的权利体系中是特殊的存在。此外,基于公共利益的考虑,和一般的民事权利相比,知识产权在法律上受到诸多限制。

(一)侵害著作权的行为

著作权,又称版权,是指文学、艺术和科学作品的创作者对其创作的作品享有的权利。根据《著作权法》第 10 条的规定,著作权包括下列人身权和财产权:发表权、署名权、修改权、保护作品完整权、复制权、发行权、出租权、展览权、表演权、放映权、广播权、信息网络传播权、摄制权、改编权、翻译权、汇编权,以及应由著作权人享有的其他权利。其中,发表权、署名权、修改权和保护作品完整权属于人身权利,其他皆为财产权利。

根据《著作权法》第 52 条的规定,侵害著作权的行为包括:"(一)未经著作权人许可,发表其作品的;(二)未经合作作者许可,将与他人合作创作的作品当作自己单独创作的作品发表的;(三)没有参加创作,为谋取个人名利,在他人作品上署名的;(四)歪曲、篡改他人作品的;(五)剽窃他人作品的;(六)未经著作权人许可,以展览、摄制电影和以类似摄制电影的方法使用作品,或者以改编、翻译、注释等方式使用作品的,本法另有规定的除外;(七)使用他人作品,应当支付报酬而未支付的;(八)未经视听作品、计算机软件、录音录像制品的著作权人、表演者或者录音录像制作者许可,出租其作品或者录音录像制品的原件或者复制件的,本法另有规定的除外;(九)未经出版者许可,使用其出版的图书、期刊的版式设计的;(十)未经表演者许可,从现场直播或者公开传送其现场表演,或者录制其表演的;(十一)其他侵犯著作权以及与著作权有关的权利的行为。"

(二)侵害专利权的行为

专利权,是指民事主体享有的在一定期限内独占地、排他地支配、使用其发

明创造的民事权利。根据《中华人民共和国专利法》(以下简称《专利法》)第2条第1款的规定,发明创造包括发明、实用新型和外观设计。专利权包括人身权利与财产权利两部分,人身权利是指发明人、设计人的署名权,而财产权利包括专利申请权、专利许可权、专利转让权等。

根据《专利法》第65条、第68条的规定,侵害专利权的行为包括:未经专利权人许可,实施其专利;假冒他人专利。

(三)侵害商标权的行为

商标权,也称注册商标专用权,它是法律赋予商标所有人对其注册商标(包括商品商标、服务商标和集体商标、证明商标)所享有的专有使用权。商标权原则上可以转让。

根据《中华人民共和国商标法》(以下简称《商标法》)第57条的规定,侵害商标权的行为包括:"(一)未经商标注册人的许可,在同一种商品上使用与其注册商标相同的商标的;(二)未经商标注册人的许可,在同一种商品上使用与其注册商标近似的商标,或者在类似商品上使用与其注册商标相同或者近似的商标,容易导致混淆的;(三)销售侵犯注册商标专用权的商品的;(四)伪造、擅自制造他人注册商标标识或者销售伪造、擅自制造的注册商标标识的;(五)未经商标注册人同意,更换其注册商标并将该更换商标的商品又投入市场的;(六)故意为侵犯他人商标专用权行为提供便利条件,帮助他人实施侵犯商标专用权行为的;(七)给他人的注册商标专用权造成其他损害的。"

■ 设例8:

> 演员甲扮演的孙悟空形象深入人心。乙公司是一家网络游戏公司,其核心产品中有孙悟空的角色。该孙悟空形象与甲扮演的角色非常类似,但仔细看,眼睛和嘴等处又略有不同。甲认为乙公司侵犯了其肖像权,乙认为其使用的是孙悟空的形象而并非甲本人的肖像,不构成侵权。
>
> **问题:**
>
> 乙公司是否应承担责任?

在设例8所涉及的纠纷中,甲认为乙侵犯了其肖像权,但并不能明确从权利主体的角度看到底影响了其人格自由、尊严、独立、平等的哪个方面。另外,针对此设例还需追问,究竟是孙悟空的人格还是孙悟空扮演者的人格需要保护? 此时便会发现甲的主张是无法成立的。人格权按照客体的性质可以分为标表型人格权(如姓名权、肖像权)、自由型人格权(如身体自由权、内心自由权)以及尊严型人格权(如名誉权、荣誉权、隐私权)。这种分类方法在很大程度上揭示了物质性人格权和精神性人格权的差异。肖像作为一种外在的表现或人格标识,既可能指向人格利益,也可能指向财产利益。肖像作为人格权的对象可以许可他人使用,本质上是利用了人格标识的财产利益。因此,与尊严型人格权等同为人格权的权利不同,肖像作为标表型人格权支配内容的一种表征,可以通过许可使用而产生商业价值。随着利用手段的变化,在已有明确规定的肖像权等权利之外产生了其他权利,例如形象权、人格商品化权等。在对上述权利进行保护时,不免产生以下疑问:肖像权本身的保护和基于肖像权而延伸出来的权利保护是否为同一逻辑? 基于肖像权所延伸出来的权利是什么? 肖像是通过影像、雕塑、绘画等方式在一定载体上所反映的特定自然人可以被识别的外部形象。形象权是指真实人物的姓名、肖像或其他表明其身份的个性特征被付诸商业使用的权利。

在设例 8 中,乙公司的做法实际上侵犯的是财产利益,即侵犯与人格标识有关的财产利益,而非人格权。此外,孙悟空影视形象的塑造并非仅由演员一方完成,其凝结了参与制作的各方的劳动,而这种形象由于得到了公众的认知才衍生出财产价值。演员甲扮演的孙悟空形象深入人心,但人们却未必知晓该孙悟空扮演者的真实身份。正如一部电影常伴随着不同时代的解读而得到不同的评价,电影中角色的形象也会因人们对电影的喜爱程度而被大众所熟知。换言之,借用美国法上的公开权概念,人格标识在公开的领域延伸出了财产价值,进而导致需要得到特别的保护。所以,乙公司使用孙悟空形象的行为可能侵犯了财产利益,但该财产利益有可能属于孙悟空形象的扮演者,更有可能属于电视剧的制作公司。保护逻辑应更多地指向知识产权领域,因为,孙悟空是创造出来的形象而非甲所主张的人格利益。因此,该纠纷只能从孙悟空形象与甲直接的相关性的角度来解读,分辨究竟有没有需要保护甲的利益的存在。在一些纠纷场景或交易场景中,我们往往需要从人格利益或者财产利益这些最基本的概念入手来分析到底有什么利益受到了侵害,进而在具体受侵害利益的框架内做展开。

七、人格利益保护的发展演变

（一）对死者的姓名等保护的发展演变

对死者的尊重在我国传统文化中具有重要的地位,其姓名、肖像、名誉、荣誉和隐私等是否应当保护以及如何保护,在我国法律实践过程中经历了以下四个发展阶段:

第一阶段为保护"死者名誉权"阶段。在该阶段,法院认为,即便死者已经死亡,不是民事主体,也依然享有名誉权。当死者的名誉权受到侵害时,死者的近亲属有权提起诉讼。采取这种观点的最具代表性的案例就是1989年的"荷花女案"①。

第二阶段为保护"死者名誉"阶段。在该阶段,法院已经认识到死者不再是民事主体,不能享有名誉权,但是其依然享有名誉,仍应受到法律的保护。1993年最高人民法院颁布的《最高人民法院关于审理名誉权案件若干问题的解答》第5条规定:"死者名誉受到损害的,其近亲属有权向人民法院起诉。近亲属包括:配偶、父母、子女、兄弟姐妹、祖父母、外祖父母、孙子女、外孙子女。"

第三阶段为保护"人格利益"阶段。在该阶段,法院不仅对死者的名誉加以保护,而且将保护的范围扩大至死者的姓名、隐私、肖像、荣誉及遗体、遗骨等。2001年最高人民法院颁布的《最高人民法院关于确定民事侵权精神损害赔偿责任若干问题的解释》第3条规定:"自然人死亡后,其近亲属因下列侵权行为遭受精神痛苦,向人民法院起诉请求赔偿精神损害的,人民法院应当依法予以受理:(一)以侮辱、诽谤、贬损、丑化或者违反社会公共利益、社会公德的其他方式,侵害死者姓名、肖像、名誉、荣誉;(二)非法披露、利用死者隐私,或者以违反社会公共利益、社会公德的其他方式侵害死者隐私;(三)非法利用、损害遗体、遗骨,或者以违反社会公共利益、社会公德的其他方式侵害遗体、遗骨。"

第四个阶段为对"英雄烈士的姓名、肖像、名誉、荣誉"的保护予以强化阶段。2018年4月27日,第十三届全国人民代表大会常务委员会第二次会议通过的《中华人民共和国英雄烈士保护法》第25条规定:"对侵害英雄烈士的姓名、肖像、名誉、荣誉的行为,英雄烈士的近亲属可以依法向人民法院提起诉讼。

---

① 参见《最高人民法院关于死亡人的名誉权应受法律保护的函》,(1988)民他字第52号。(已失效)

英雄烈士没有近亲属或者近亲属不提起诉讼的,检察机关依法对侵害英雄烈士的姓名、肖像、名誉、荣誉,损害社会公共利益的行为向人民法院提起诉讼。负责英雄烈士保护工作的部门和其他有关部门在履行职责过程中发现第一款规定的行为,需要检察机关提起诉讼的,应当向检察机关报告。英雄烈士近亲属依照第一款规定提起诉讼的,法律援助机构应当依法提供法律援助服务。"由此可见,国家对于英雄烈士的姓名、肖像、名誉、荣誉给予了更强有力的保护。

《民法典》充分吸收了《中华人民共和国民法总则》①(以下简称《民法总则》)以及最高人民法院相关司法解释的规定,其中有两处对死者人格利益保护作出了规定。其一,第185条规定:"侵害英雄烈士等的姓名、肖像、名誉、荣誉损害社会公共利益的,应当承担民事责任。"其二,在人格权编中又增设第994条规定:"死者的姓名、肖像、名誉、荣誉、隐私、遗体等受到侵害的,其配偶、子女、父母有权依法请求行为人承担民事责任;死者没有配偶、子女且父母已经死亡的,其他近亲属有权依法请求行为人承担民事责任。"此外,我国只是规定保护死者的姓名、肖像、名誉、荣誉和隐私,并未区分所保护的利益究竟是死者的精神利益还是财产利益并作出不同的规定。同时,只要请求权人存在,我国对于死者人格利益的保护期限也不加限制。

设例9:

> 甲创作了一部小说,其主人公以已故著名艺人乙为原型,并使用乙的艺名。小说中对主人公的生活多有负面描写。乙的母亲以甲侵犯乙的名誉权为由诉至人民法院,而甲认为死者没有权利能力,所以根本无法享有名誉权。

问题:

乙的母亲应根据何种规范向甲提出何种请求?

想要解决设例9所涉及的纠纷,关键在于判断《民法典》第994条和第185条是否赋予了死者应受保护的权利。《民法典》第185条规定:"侵害英雄烈士等的姓名、肖像、名誉、荣誉,损害社会公共利益的,应当承担民事责任。"该条文使用的是姓名、肖像、名誉、荣誉等带有"权利"或"利益"表述的概念。我国最早

---

① 2020年5月28日,十三届全国人大三次会议表决通过了《中华人民共和国民法典》,自2021年1月1日起施行。《中华人民共和国民法总则》同时废止。

有关该问题的案例可以追溯到 20 世纪 80 年代,即前述所提到的"荷花女案",基本案情是已离世的某艺人被一位小说家负面描写,进而导致该艺人名誉受损,其母亲诉至法院,要求损害赔偿。当时负责审理该案的天津市高级人民法院将案情上报最高人民法院并得到批复,该批复构建了"反射利益"对死者的人格利益予以保护。在 2000 年的司法解释中,最高人民法院再次表明该利益应当受保护的立场。不过,到底是死者受到了保护,还是活人受到了保护,绝大多数人都会认为是活人受到了保护。需要注意的是,我们不应从价值判断或生物学的角度去衡量是否应受保护,而应当在法律秩序的框架下去确定到底应不应该受保护。前述所提到的最高人民法院的批复所确立的典型学说叫作"反射利益说",而不是"反射权利说"。因此,维护逝者名誉的原因,是出于对社会秩序的保护。不论逝者是英雄烈士、艺人,还是普通公民,如果可以随便地受到诽谤,损害的将是平和的社会秩序。

从比较法来看,法律上对死者姓名、肖像、名誉等的保护,究竟是保护死者自身的人格权或人格利益,还是保护死者近亲属的人格权或人格利益,有不同的观点。例如,日本民法学说和判例中就有三种不同的观点,即侵害遗属固有的人格权说、侵害遗属对死者的虔敬之情说以及侵害死者的人格权(或人格利益)说。我国民法学界也存在同样的争论。主流观点认为,法律上之所以保护死者的名誉、荣誉等,不是因为死者死后其人格权继续存在,而是因为对死者的名誉、荣誉等的侵害会给死者近亲属的权益或者社会公共利益造成损害,同时也违反了公序良俗原则。倘若任由他人随意侵害死者的名誉、荣誉等,不仅会直接影响到人们对死者的评价,更会对死者近亲属的人格尊严造成损害。

基于上述原因,一方面,我国法律规定只有死者的近亲属或者法律规定的机关可以就侵害死者的姓名、名誉、荣誉等提起诉讼。另一方面,就侵害死者姓名等的民事责任的承担,除依照《民法典》第 995 条、第 1000 条,承担停止侵害、排除妨碍、消除危险、消除影响、恢复名誉、赔礼道歉等民事责任外,受害人一方还可依据《最高人民法院关于确定民事侵权精神损害赔偿责任若干问题的解释》第 1 条请求精神损害赔偿。请求对死者的姓名、肖像、名誉等进行保护,不仅意味着对死者人格要素上的精神利益给予保护,也意味着对其人格要素上的经济利益进行保护。也就是说,侵害死者的姓名、名誉等,当然会给死者近亲属的权益或者社会公共利益造成损害,但是对死者人格要素上财产利益的侵害,实际上就是对继承人本身权利的侵害,与公共利益或感情问题无关。因为,一方面,死者尤其是知名的死者,其肖像、姓名等具有很大的经济价值,此种财产利益在死者死后应由其近亲属继承。因此,在死者去世后他人未经继承人同意而使用的,构成侵权行为。另一方面,死者的姓名、肖像等因其生前的特定身份可能具有一定的商业价值,由此产生的财产利益通常应归属于近亲属,他人不得擅自使用死者的姓名、肖像等牟利。既往实践中认为使用死者的肖像无须近亲属同意,只要该使用行为没有侵害死者近亲属的名誉或人格尊严,或者并不违背一般的道德标准就不构成侵权的观点未必妥当。当然,对于这种死者人格上的财产利益的保护是否需要规定最长的保护期限,值得考虑。

设例10:

> 网民甲在微博发布信息称:"狼牙山五壮士实际上是几个土八路,当年逃到狼牙山一带后,用手中的枪欺压当地村民,致当地村民不满。后来村民将这5个人的行踪告诉日军,又引导这5个人向绝路方向逃跑。"该信息引起众多网民的转发及评论,造成了不良的社会影响,警方介入。后某杂志主编乙提出质疑,"警方如何判定历史上的事是不是谣言",并撰写《"狼牙山五壮士"的细节分歧》一文发表在2013年某杂志上,质疑狼牙山五壮士事迹的真实性。

问题:

乙是否承担侵权责任?

设例10所涉及的纠纷,来自真实案件"狼牙山五壮士的后人诉某杂志",该案催生了对于英雄烈士名誉的保护涉及社会公共利益的观点,间接助推了《民法典》第185条的出台。本案的焦点是,某杂志的文章在经过一系列考证后,认为狼牙山五壮士的事迹是编造的这一行为究竟侵犯了何种利益。

在设例10中,某杂志的文章以今天的考证方式去确定历史事件的真实性本身就缺乏严谨性,在没有确切依据的情况下,否定具有民族正面意义的、寄托民族情感的事迹,本身就是对公共秩序最大的破坏,是对公共利益的损害。因此,对其需要予以民法上的私益救济,背后深层的用意是以保护私益的方式来维护公共利益所指向的公共秩序。

(二)遗体、遗骨的保护

由于人的权利能力终于(生理)死亡,自然人死亡后就不再是法律主体。因此,侵害遗体并不构成对生命权的侵害。然而,遗体并非普通的物,对于遗体也不能简单地适用物权法的规则。为倡导对生者的尊重,我们必须先尊重死者。与其说这是死者对自己遗体的权利,不如说是生者要求他人尊重他所挚爱的人的遗体的权利。为了维护人格尊严,法律上将遗体作为特殊的物对待,并给予相应的保护。

在《民法典》颁布之前,2001年公布的《最高人民法院关于确定民事侵权精神损害赔偿责任若干问题的解释》便已经将死者的遗体与遗骨均给予保护。该司法解释第3条第3项规定:"非法利用、损害遗体、遗骨,或者以违反社会公共利益、社会公德的其他方式侵害遗体、遗骨,使死者的近亲属遭受精神痛苦,应当承担精神损害赔偿责任。"遗骨不同于遗体,从我国现行法来看,遗体就是指尸体,而遗骨是指骸骨或尸骨。不过立法机关考虑到在《民法典》第994条列举了"死者的姓名、肖像、名誉、荣誉、隐私、遗体"之后有一个"等"字,可以涵盖,因此没有专门列出"遗骨"。

设例 11:

甲医院将病死者乙的尸体进行了医学解剖,并取出其心、肝、肺等脏器留下用于研究,死者的近亲属丙等人向人民法院起诉要求甲医院返还死者遗体及脏器,并就因侵权造成的精神损害给予赔偿。

问题:

乙的近亲属丙等人应根据何种规范向甲医院提出何种请求?

设例11的纠纷涉及尸体作为特殊的物能否成立通常民法所保护的物权的问题,即尸体之上究竟有没有权利?能否构成权利客体?尸体在成为尸体前是人格负载的一个客观存在,通常称为人的肉体;一旦死亡,便被称为尸体。结合《人体器官捐献和移植条例》第3条和第10条的内容,器官即使脱离于人体之外,仍因其与人格相关而适用于与人有关的规则。因此,尸体不能够用于交易。

在设例11中,尸体被用于商业目的而导致损害是否相当于物被侵害?可以说,它具有与物被侵害一样的内容。参考德国法理论,尸体是特殊的物,对其应当可以成立所有权,归属于继承人享有,但继承人只能出于祭祀、埋葬、管理的目的,而不能用于交易的目的或产生交换价值。所谓的使用价值也仅限于祭祀、埋葬、管理,尸体的利用是限定的。我国有较多学者认为尸体是不能成立所有权

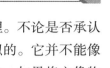

的,仅能作为一种特殊的物,按照特定方式进行祭祀、埋葬、管理。不论是否承认尸体是物,对尸体是否能够成立所有权,最终的保护方式是相似的。它并不能像普通有体物那样成立一个具有交换价值和一般使用价值的存在。如果将它像物一样被处分,就会破坏人之所以为主体的价值判断的基础,进而就会破坏整个民法稳定的既有秩序。

设例 11 中的精神损害赔偿问题,涉及《民法典》第 1183 条的规定。尸体可以依据该条款来考虑,作为物的存在,它不应该如普通的有体物一样被看待。

(三)特定物上的人格利益

被侵权人针对特定物品享有的所有权等物权受到他人侵害的,其通常遭受的损害仅是因物品毁损、灭失而产生的财产损失。对于此种损害,被侵权人当然有权要求侵权人承担赔偿责任。侵害物品原则上不会给受害人造成精神损害。但是,在有些情形下,某些特定物品被侵害而毁损或灭失的,侵害的不仅是该物所有人的财产利益,还侵害了其精神利益,从而造成精神损害。2001 年施行的《最高人民法院关于确定民事侵权精神损害赔偿责任若干问题的解释》第 4 条规定:"具有人格象征意义的特定纪念物品,因侵权行为而永久性灭失或者毁损,物品所有人以侵权为由,向人民法院起诉请求赔偿精神损害的,人民法院应当依法予以受理。"《中华人民共和国侵权责任法》①(以下简称《侵权责任法》)没有就侵害特定物品的精神损害赔偿作出规定。在我国《民法典》编纂过程中,许多学者提出应当吸收借鉴司法解释的合理经验,对此作出规定。因此,《民法典》第 1183 条第 2 款规定:"因故意或者重大过失侵害自然人具有人身意义的特定物造成严重精神损害的,被侵权人有权请求精神损害赔偿。"侵害特定物品上的人格利益的精神损害赔偿责任,须符合以下构成要件:

第一,被侵害的是"自然人具有人身意义的特定物"。所谓自然人具有人身意义的特定物,是指自然人凝聚了人身利益(人格意义或身份意义)的物,该人身利益与物已经紧密结合,以致一旦物被侵害而毁损或灭失,该人身利益也将被侵害,例如丢失他人已逝亲人的唯一照片。

第二,侵权人主观上为"故意或者重大过失"。2001 年施行的《最高人民法院关于确定民事侵权精神损害赔偿责任若干问题的解释》第 4 条没有作出此种

---

① 2020 年 5 月 28 日,十三届全国人大三次会议表决通过了《中华人民共和国民法典》,自 2021 年 1 月 1 日起施行。《中华人民共和国侵权责任法》同时废止。

主观上的限制。但是,主流观点认为,如果对于侵权人的主观不作限制,很可能导致精神损害赔偿责任被滥用,毕竟通常侵权人所能预期的侵害物的赔偿责任只是财产赔偿责任,而不能预见到需要因此承担精神损害赔偿的责任。

■ 设例 12:

> 2010 年 10 月,甲与乙婚纱摄影店签订了一份总价为 2 万元的婚纱照拍摄合约。甲支付了 5000 元前期款,并拍摄了部分照片。但因为欲举行婚礼以及生孩子,甲无奈把拍摄暂停。2012 年 6 月,甲想起此事,便与乙婚纱摄影店协商,决定把原定的婚纱照费用转为孩子的周岁照费用。但当甲带着孩子来到摄影店时,发现之前拍的婚纱照底片已全都丢失。乙婚纱摄影店认为:"我们当时联系了她好多次,让她来拍完所有的照片,但她一直没来。"乙婚纱摄影店认为底片丢失的责任不在自己。

问题:

乙婚纱摄影店是否应承担侵权责任?

解决设例 12 所涉及的纠纷,首先要厘清乙婚纱摄影店提出的抗辩是否合理。根据双方协商将婚纱照转为孩子周岁照的情节,双方签订的合同还在继续履行,以及就变更履行方式达成了共识,所以乙婚纱摄影店的抗辩不成立。因此,保管不善导致违约是毫无争议的。而设例 12 所涉及纠纷的关键在于,乙婚纱摄影店是否需要基于此种违约行为承担侵权责任,并进一步判断婚纱底片是否承载了属于侵权责任法所保护的权益。

尽管在当下,合同已经渗透到了各个领域,例如公法中的行政合同(不平等主体之间)、包含人身关系和财产关系的婚姻关系中的部分合同等,但按照传统民法的逻辑,合同仅仅约束和调整财产关系,在合同关系中出现精神受损等情形应当是侵权责任法保护的范围。人身关系和财产关系是截然不同的保护逻辑,主张违约就不可能要求精神损害赔偿,换言之,违约和侵权是请求权选择的问题。《民法典》第 996 条规定:"因当事人一方的违约行为,损害对方人格权并造成严重精神损害,受损害方选择请求其承担违约责任的,不影响受损害方请求精神损害赔偿",很明确地解释了损害对方人格权并造成严重精神损害,不是在违约合同责任框架下进行主张。违约行为在导致损害财产的后果之外,还出现了侵犯人格权的侵权行为,进而导致受损方选择违约责任的,也不影响受损方请求精神损害赔偿。因此,此处保护的是人格权,而不是合同的履行利益。如此才能同《民法典》第186条相联系,结合禁止双重主张原则和填平原则,同时主张人格利益受损的精神损害赔偿以及依据合同违约责任主张违约财产损害赔偿。但若同时主张财产损害的合同责任和基于财产损害的侵权责任,则涉及违约和侵权的竞合问题,不能双重主张,只能择其一主张。

案例研习 1
职场性骚扰案

　　甲是 A 公司的女员工,因容貌较好,在公司中颇受男员工们的欢迎,其中就包括 A 公司的男员工乙和甲的男领导丙。乙曾多次在聊天中言语挑逗甲,且会发送具有性暗示的表情包(非涉黄图片),甲内心对此行为是反感的,但碍于同事关系,不想将关系闹僵,平时仍正常回复乙的消息。之后,在某次升职评选中,甲的综合分数较低,正常情况下无法升职。但丙在升职名单公示前夕找到甲,并暗示如果甲愿意与其发生性关系,则可以让甲在此次评选中升职。说罢还亲了甲一口,甲受惊下意识躲闪,却撞到了桌角导致腰部受伤,在医院休息了一周。经此事后,甲再也无法忍受,于是在公司内部发传单以及向 A 公司的投诉部门提交投诉反映乙和丙的骚扰行为,但 A 公司内部对于举报的反应迟滞,以致公司的其他同事经常对甲投来异样的眼光并开始议论和孤立甲,甲深感绝望,决定向法院提起诉讼。某媒体知道此事后,对该事情进行了报道并引起社会舆论关注,公司立刻成立调查组对此事进行了调查。

　　问题:

　　甲可以依据何种请求权基础向谁提出何种主张?

一、请求权基础预选

　　本案中,甲可能的侵权请求权在逻辑上可由三部分组成,一是对乙的请求权,二是对丙的请求权,三是对 A 公司的请求权。根据《民法典》第 1010 条第 1款之规定,甲有权依法请求实施性骚扰行为的人承担民事责任。虽然该条款对性骚扰行为进行了定义,但对于行为的程度以及违背他人意愿的标准并不清晰,这是厘清乙和丙是否承担民事责任的关键。此外,在行为人直接实施性骚扰行

为造成损害时,单位与行为人之间的责任关系并未明确规定。

《民法典》第1010条第2款仅规定单位应当尽到反性骚扰义务,但未对单位违反此等义务的民事责任作出明确规定。在单位未尽到反性骚扰义务造成他人损害的情形下,对其是否应当承担民事责任以及应当承担何种民事责任的问题,学界存在争议。其与《民法典》第1191条之间的关系的解释将直接影响本案的处理。此外,用人单位的反性骚扰义务是否属于《民法典》第1198条规定的场所管理人或组织者的安全保障义务,学界也存在不同观点。故在正式讨论本案之前,须对上述法条作出梳理。

(一)存在的争议

对于工作人员实施性骚扰行为单独造成他人损害,单位没有尽到反性骚扰义务的情形,《民法典》没有对二者的责任关系作出明确规定。有观点认为,职场性骚扰应当统一适用《民法典》第1191条的规定,用人单位应当对受害人承担替代责任(无过错责任)。[①] 有观点认为,在行为人与受害人存在上下级关系的情形中,雇主应当承担严格责任;在行为人与受害人不存在上下级关系的情形中,雇主则应当承担过错责任。[②] 有观点认为,在敌意环境型性骚扰中,雇主的工作环境为雇员的性骚扰行为提供了平台和机会。如果雇主未尽到必要合理之注意义务,雇主的过错将与行为人的故意相结合,为行为人实施性骚扰提供可利用的条件,因此雇主应当与行为人承担连带责任。[③] 有观点认为,当在职场出现性骚扰行为时,应当以行为人承担责任为主,用人单位承担责任为辅,即行为人承担全部责任,用人单位承担补充责任。[④] 还有观点认为,当单位未尽到反性骚扰义务时,其应当承担单独的侵权责任,即单位与行为人之间的责任是互相独立的。[⑤]

上述观点均有合理之处,但笔者并不完全赞同上述任一观点。单位与行为

---

①　参见田野、张宇轩:《职场性骚扰中的雇主责任——兼评〈中华人民共和国民法典〉第1010条、第1191条》,载《天津大学学报(社会科学版)》2021年第4期,第332页。

②　参见王成:《性骚扰行为的司法及私法规制论纲》,载《政治与法律》2007年第4期,第89页;王毅纯:《民法典人格权编对性骚扰的规制路径与规则设计》,载《河南社会科学》2019年第7期,第53-55页。

③　参见曹艳春、刘秀芬:《职场性骚扰雇主责任问题研究》,北京大学出版社2016年版,第140-141页。

④　参见杨立新:《我国民法典人格权立法的创新发展》,载《法商研究》2020年第4期,第27页。

⑤　参见张新宝:《单位的反性骚扰义务与相关侵权责任研究》,载《中国法学》2022年第3期,第75页。

人之间的责任互相独立,但不妨碍在某些特殊场合下,用人单位依据《民法典》第1191条承担替代责任。理由有三:

其一,承担连带责任只能由法律规定或者当事人约定。依照《民法典》第178条第3款的规定:"连带责任,由法律规定或者当事人约定。"由于法律没有对单位与行为人之间的责任关系作出明确规定,二者之间是否承担连带责任,仅能通过《民法典》第1168条到第1171条的规定作出判断。在通常情况下,单位与行为人不可能存在主观上的共同故意或者共同过失,也不存在教唆与被教唆或者帮助与被帮助等情形,不满足《民法典》第1168条或者第1169条的构成要件。单位未尽到反性骚扰义务的行为与损害后果之间具有确定的因果关系,且不足以造成全部损害后果,因此,《民法典》第1170条或者第1171条的规定也不存在适用的余地。

其二,单位的侵权责任具有较强的独立性,与行为人的责任不发生按份责任。单位的反性骚扰义务虽然本质上属于安全保障义务,但其贯穿于性骚扰的事前预防、事中制止与事后处置三个阶段,具有综合性与全面性。当单位未尽到反性骚扰义务时,单位的行为与行为人的行为可能相互独立,最重要的是二者的行为很可能分别给受害人造成不同的损害。例如,受害人遭受性骚扰后向单位进行投诉,单位未进行充分调查即认定受害人投诉内容不属实并在单位内部通报调查结果。在此等情形下,单位未尽到反性骚扰义务的行为还可能单独构成对受害人名誉权的侵害。单位不仅应当恢复受害人的名誉,在其导致受害人遭受严重精神损害的情况下,还应当与行为人分别对受害人承担精神损害赔偿责任。此外,单位未尽到反性骚扰义务也可能侵害被投诉人的民事权益。例如,当性骚扰投诉被单位认定系诬告时,单位在调查过程中未能根据已有证据正确认定事实,导致被投诉人受到相应制裁甚至被解除劳动合同关系。在此等情形下,单位应当对被投诉人承担侵权责任。由此可见,单位的侵权责任与行为人的侵权责任之间不具有必然联系,原则上应当在行为人的侵权责任之外单独认定单位的侵权责任。

其三,虽然单位与工作人员之间不成立连带责任或按份责任,但不意味着不能成立替代责任。而且单位与工作人员责任之间的独立,也不影响单位额外对工作人员的责任承担替代责任。但这不等于在所有场合下,单位均对工作人员的责任承担替代责任。《民法典》第1191条明确规定,用人单位的工作人员只有因"执行工作任务"造成他人损害的,才承担侵权责任。即该条的适用以用人单位的工作人员"执行工作任务"为前提,但行为人通常不可能基于用人单位的指令实施性骚扰。行为人为实现私人目的实施性骚扰,主观上也没有为用人单位的利益而行事。而且在《民法典》第1010条明确禁止实施性骚扰的背景下,多数用人单位的规章制度也会将实施性骚扰规定为违纪或者严重违纪事项,在行为人故意违反法律以及用人单位规章制度的规定实施性骚扰的情况下,将其解释为执行工作任务行为存在明显障碍。然而,若是在学校这一场合情况则有所不同,学校作为公益事业单位,即使是大学老师,其工作任务也并非仅限于教课,老师的一言一行时刻影响着学生,引导着学生的思想意识。在公司中,公司对于员工的聘用以"营利能力"为主要标准,性骚扰行为作为人品、私人生活因素与执行工作任务有着明显的划分,公司对此种行为的控制力极弱,只能对没有尽到反性骚扰义务所造成的损害承担责任。但老师的聘用显然并非以"教书能力"作为唯一标准,品德言行甚至比能力更重要。故此,性骚扰行为虽然与授业解惑无关,但基于老师具有育人的工作任务,发生性骚扰行为时,该行为应解释为执行工作任务,属于不当地执行工作任务。学校对于老师的聘请存在选择上的错误,需对老师造成的损害承担替代责任,在承担侵权责任后,向实施性骚扰行为的老师追偿。

《民法典》第1010条第2款仅规定单位应当尽到反性骚扰义务,但未对单位违反此等义务的民事责任作出明确规定。有观点认为,如果用人单位违反预防性骚扰的义务,应当依据侵权的基本归责原则即过错责任原则确定其责任。[1]也有观点认为,反性骚扰义务属于安全保障义务的一种,此种安全保障义务主要规定于我国的劳动法律法规及职业病防范等立法文件中。但可以通过《民法典》第1198条规定的场所管理人或组织者的安全保障义务,引申出雇主对受害雇员承担工作安全保障义务,进而产生补充责任等损害赔偿责任。[2]笔者更赞同第一种观点。理由是虽然单位的反性骚扰义务具有安全保障义务的性质,且均要求义务人积极作为以保障他人,违反该义务的表现均为消极不作为,但其与《民法典》第1198条规定的经营场所、公共场所的经营者、管理者或者群众性活动的组织者的安全保障义务之间存在一定的区别。其一,二者保护的客体不同。

① 参见王利明:《民法典人格权编性骚扰规制条款的解读》,载《苏州大学学报(哲学社会科学版)》2020年第4期,第7页。

② 参见叶小兰:《〈民法典〉时代职场性骚扰的人格权法规制》,载《东南大学学报(哲学社会科学版)》2023年第3期,第108页。

安全保障义务主要是对人身安全和财产安全的保护,而反性骚扰的义务主要针对人格尊严,而不完全针对人身安全和财产安全。其二,保护的对象不同。源于传统民法"交往安全义务"的安全保障义务所保护的对象,除了意图与其订立合同的顾客外,还应当包括其控制的一定场所,对进入该场所的人也负有安全保障义务。例如,借地铁站通行的行人,或根本不想购物的超市往来行人。而反性骚扰的义务则主要保护受雇于该用人单位的劳动者,而不宜扩大至所有进入该用人单位的人。因为交往安全义务的基础在于义务人引发了某种危险情境,而性骚扰的风险广泛发生于各种场合,用人单位只是因其对职场的环境具有掌控能力而负有预防义务。其三,义务的范围不同。经营者、管理者或者组织者的安全保障义务包括硬件方面的义务和软件方面的义务,其主要内容是对可能出现的危险采取必要的预防与保护措施,并对已经或者正在发生的危险提供积极救助与协助,以避免损害发生或减小损失。而单位的反性骚扰义务不仅包括对性骚扰的预防义务和制止义务,还包括受理投诉、调查处置等,其涵盖范围与经营者、管理者或者组织者负有的安全保障义务相比更广。

(二)《民法典》第 1010 条的合理化解释

1.《民法典》第 1010 条第 1 款的合理化解释

就《民法典》第 1010 条第 1 款的文义而言,该款前半部分是有关性骚扰行为的构成要件,后半部分中"依法"的含义却并不十分清楚,其既有衔接《民法典》和《中华人民共和国妇女权益保障法》《女职工劳动保护特别规定》等法律法规的作用,又有独立作为人格权、请求权规范基础的意义。

其一,性骚扰条款虽然规定在人格权编的第二章,置于生命权、身体权和健康权等物质性人格权的标题下,但性骚扰未必限于身体侵害,尤其是以言语、文字、图像等非肢体方式为性骚扰者,有精神权益侵害的因素在其中,需要在个案中为法益衡量。在现代社会,性骚扰的类型越来越复杂,其所侵害的利益很难被某种具体人格权所涵盖。例如,行为人故意碰撞他人身体敏感部位,在成立性骚扰的同时,也构成对身体权的侵害;如果在大庭广众之下实施该行为,还可能侵害隐私权;如果在实施此种行为之后,行为人故意拍照发到网上,还可能侵害名誉权、肖像权等权利;如果前述行为造成他人的身体损害或者使他人产生心理疾病,还可能侵害健康权。此外,性骚扰还可能侵害他人的人格尊严和人身自由。

其二,从《民法典》人格权编的实然规范来看,其并未清晰区分人格权请求权规范基础和侵权责任请求权规范基础。《民法典》第 1010 条很难排除侵权责任请求权的规定,也就无法区分是侵权责任请求权还是人格权请求权。该条并没有排除侵权责任请求权的适用。① 值得注意的是,性骚扰行为的发生未必会造成损害结果,其损害结果有时难以确定,此时《民法典》第 1165 条第 1 句的过错侵权请求权无法适用,《民法典》第 1165 条第 1 句作为请求权基础的意义得到体现。

其三,人格权请求权分为消极防御请求权和人格权侵权请求权。根据《民法典》第 995 条第 2 句,人格权请求权包括停止侵害、排除妨碍、消除危险、消除影响、恢复名誉、赔礼道歉请求权。其中,"停止侵害、排除妨碍、消除危险"属于人格权的消极防御请求权,是绝对权请求权,不以过错与损害为前提,侵权责任编第 1167 条或《民法典》第 1010 条为其请求权基础;"消除影响、恢复名誉、赔礼道歉"属于侵权请求权,②以过错与精神损害为前提,功能不在防御而在填补精神损害,其以侵权责任编第 1165 条第 1 款的过错侵权条款为请求权基础,只是需要结合第 179 条将其中的"侵权责任"具体化为"消除影响、恢复名誉、赔礼道歉"。

性骚扰行为侵害利益较为多样,本案中涉及健康权的侵害。但人格权编自身几乎未设置侵权请求权基础,而多以参引规范指向侵权责任编,且多有"依照""依法"等明确的指示语词。在侵权样态上,绝对性人格权侵权既可能体现为过错侵权,也可能体现为过错推定或不问过错对绝对性人格权侵权请求权的检视结构。在性骚扰行为导致绝对性人格权受侵害的场合下,由于无过错责任需要法律明确规定,而法律并没有规定性骚扰行为下导致的侵权适用何种过错侵权,则可适用过错侵权请求权的通用结构,但"过错"的成立应以侵权行为是否满足"性骚扰"为判断标准,即该行为的"不法性"足以推定行为人的"过错"。

2.《民法典》第 1010 条第 2 款的合理化解释

《民法典》第 1010 条第 2 款规定了单位的反性骚扰义务,贯穿事前预防、事中制止与事后处置三个阶段。单位违反该义务的,应当依据侵权的基本归责原则即《民法典》第 1165 条的过错责任原则确定其责任。若单位对反性骚扰义务

---

① 参见李永军:《论〈民法典〉人格权编的请求权基础规范——能否以及如何区别于侵权责任规范?》,载《当代法学》2022 年第 2 期,第 28 页。

② 参见吴香香:《请求权基础视角下〈民法典〉人格权的规范体系》,载《中国高校社会科学》2021 年第 4 期,第 129 页。

的违反导致精神损害赔偿,则应依据《民法典》第 1183 条第 1 款确定其责任。

(三)小结

归纳上文分析,甲受害,乙、丙与 A 公司的责任形式分别为:

(1)若乙的行为构成性骚扰,则乙单独负责。若甲的请求权为"停止侵害、排除妨碍、消除危险",则《民法典》第 1010 条和第 1167 条为其请求权基础;若甲的请求权为"消除影响、恢复名誉、赔礼道歉",则《民法典》第 1165 条第 1 款为其请求权基础,但在损害结果无法确定的情况下,可特别以《民法典》第 1010 条第 1 款为其请求权基础,请求乙"赔礼道歉"。对甲造成精神损害的情况下,则应依据《民法典》第 1183 条第 1 款确定其责任。

(2)若丙的行为构成性骚扰,则丙单独负责。针对丙对甲人格尊严损害的处理,与甲对乙的请求权相同,不再赘述。针对甲健康权的侵害,依据《民法典》第 1165 条第 1 款确定其责任。由于企业聘任和任命员工以"营利能力"而非道德品质为标准,因此单位对丙的性骚扰行为不承担替代责任。

(3)若 A 公司违反反性骚扰义务,则 A 公司单独负责。针对违反义务造成的损害,依据《民法典》第 1165 条第 1 款确定其责任。若造成精神损害,则应依据《民法典》第 1183 条第 1 款确定其责任。

二、请求权基础检视

本案应予检视的是甲对乙、丙、A 公司的侵权请求权。由于性骚扰行为已经发生,因此不涉及"停止侵害、排除妨碍、消除危险"的请求权。甲对乙的请求权基础可能有三:其一,乙的过错侵权责任(《民法典》第 1165 条第 1 款);其二,乙的人格权侵权责任(《民法典》第 1010 条第 1 款);其三,乙的精神损害责任(《民法典》第 1183 条第 1 款)。甲对丙的请求权基础可能有四:其一,丙对甲人格尊严的过错侵权责任(《民法典》第 1165 条第 1 款);其二,丙的人格权侵权责任(《民法典》第 1010 条第 1 款);其三,丙对甲健康权的过错侵权责任(《民法典》第 1165 条第 1 款);其四,乙的精神损害责任(《民法典》第 1183 条第 1 款)。甲对 A 公司的请求权基础可能有二:其一,A 公司的过错侵权责任(《民法典》第 1165 条第 1 款);其二,A 公司的精神损害责任(《民法典》第 1183 条第 1 款)。

对于每一项侵权责任的检讨均可分为两个层次:首先,确认侵权责任是否成立,此回答了侵权请求权是否成立这一问题。其次,若侵权责任成立,进而确定侵权责任的具体内容,此回答了侵权请求权的范围,即侵权责任的范围。若两个层次的要件均满足,再继续检视是否存在权利消灭抗辩与权利阻止抗辩(抗辩权),最终得出裁判结论。

(一)甲对乙的侵权请求权

1.甲对乙的过错侵权请求权

假设甲可以根据《民法典》第1165条第1款并结合第179条第11项请求乙承担侵权责任。

《民法典》第1165条第1款规定:"行为人因过错侵害他人民事权益造成损害的,应当承担侵权责任。"

《民法典》第179条第11项规定:"承担民事责任的方式主要有:(十一)赔礼道歉。"

上述侵权责任的成立须满足下列条件:其一,存在乙的加害行为;其二,乙的行为造成了损害结果;其三,乙的行为与甲的损害结果之间具有因果关系;其四,乙的行为具有不法性(不法性抗辩);其五,乙具有责任能力(责任能力抗辩);其六,乙具有过错。

(1)加害行为

乙曾多次言语挑逗甲,且向甲发送带有性暗示的表情包,导致甲的人格尊严受辱,存在加害行为。

(2)损害结果

究竟何为损害,我国民法并未作出界定。但法律若对法益作出归属划分,则表明依据价值判断所享有的利益具有正当性,法律应当保护此种利益。很多国家和地区规定了性自主的权利,例如《德国民法典》第253条第2款规定了侵害"性的自我决定"。不同观点的共识在于性骚扰的侵害行为侵害了他人的人格尊严。但本案中乙对甲进行带有性暗示内容的言语挑逗行为,很难导致一般人格权当中的人格尊严被损害的结果。世界性学大会通过的《性权宣言》指出,"性是一种普适性的人权"。如果过于严格限制有关性方面的行为,会妨碍正常的人际交流。此外,甲虽说因为同事之间的关系而没有警告乙不准再向其进行性暗示类型的言语挑逗,但其对乙的行为也仅仅是"不喜欢",客观上说,对于社会一般人,此行为尚未达到对精神方面产生损害的程度。综上,乙对甲没有造成损害结果。由于该要件不满足,对之后的要件不再进行检视。

（3）中间结论

甲不得根据《民法典》第1165条第1款请求乙赔礼道歉。

2. 甲对乙的人格权侵权请求权

假设甲可以根据《民法典》第1010条第1款结合第995条第2句请求乙承担侵权责任。

《民法典》第1010条第1款规定："违背他人意愿，以言语、文字、图像、肢体行为等方式对他人实施性骚扰的，受害人有权依法请求行为人承担民事责任。"《民法典》第995条第2句规定："受害人的停止侵害、排除妨碍、消除危险、消除影响、恢复名誉、赔礼道歉请求权，不适用诉讼时效的规定。"

在损害结果很难界定的情形下，《民法典》第1010条第1款作为独立的请求权基础的意义得以体现。该责任成立须满足下列要件：其一，乙的骚扰行为违背甲的意愿；其二，以言语、文字、图像、肢体行为等方式实施骚扰行为。

（1）违背了甲的意愿

《民法典》没有明确对该意愿的违反判定究竟是主观标准还是客观标准，完全民事行为能力人和限制民事行为能力人、无民事行为能力人应适用不同的标准。如果受害人是完全民事行为能力人，是否构成违背其意愿，需要根据具体情况判断。在行为人实施性骚扰时，受害人明确表示反对的，该行为显然违背了受害人的意愿。若受害人当时没有明确表示反对或处于沉默状态，不意味着其同意或接受性骚扰，但此时不能仅依据其事后态度去判断是否违反意愿，而应以一般社会人的忍耐标准去衡量，这也是防止过于严格的标准认定，易导致一些不满足性骚扰标准的行为（例如调情、发展友情或者亲密关系等行为）被限制或者被禁止，从而妨碍单位成员进行正常的人际交往。如果受害人是限制民事行为能力人或者无民事行为能力人，由于他们的辨识能力有限，即便受害人没有明确作出反对或者拒绝的意思，也应当认定其有拒绝性骚扰的意愿。本案中，甲未明确反对乙的言语挑逗行为，且从社会一般人的标准看，仅是言语挑逗和发送性暗示的表情包并不会超过一般成年人的忍耐标准。因此该要件不满足，其他要件不必检视。

（2）中间结论

甲不得依据《民法典》第1010条第1款请求乙赔礼道歉。

3. 甲对乙的精神损害赔偿请求权

假设甲可以根据《民法典》第1183条第1款请求乙承担精神损害责任。

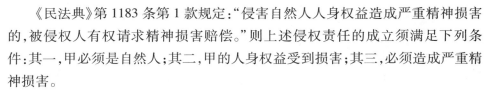

《民法典》第1183条第1款规定:"侵害自然人人身权益造成严重精神损害的,被侵权人有权请求精神损害赔偿。"则上述侵权责任的成立须满足下列条件:其一,甲必须是自然人;其二,甲的人身权益受到损害;其三,必须造成严重精神损害。

(1)受害人为自然人

甲是A公司的正式员工,推定其应为拥有完全民事行为能力的自然人。该要件满足。

(2)甲的人身权益受到损害

根据前述的分析,乙的行为不构成对一般人格权中人格尊严权的侵害。该要件不满足。其他要件不再检视。

(3)中间结论

甲不得依据《民法典》第1183条第1款请求乙承担精神损害赔偿责任。

4.小结

本案中,甲作为完全民事行为能力人,在乙多次作出言语挑逗以及发送具有性暗示的表情包的行为期间,既没有明确表示反对,且乙的行为可以被社会一般人所容忍,而过于严格的标准会妨碍单位成员进行正常的人际交往。因此,甲不得根据《民法典》第1165条第1款和《民法典》第1010条第1款请求乙赔礼道歉。甲不得依据《民法典》第1183条第1款请求乙承担精神损害赔偿责任。

(二)甲对丙的侵权请求权

1.甲对丙的过错侵权请求权

假设甲可以根据《民法典》第1165条第1款并结合第179条第8项、第11项以及第1179条第1句,请求丙承担侵权责任。

《民法典》第1165条第1款规定:"行为人因过错侵害他人民事权益造成损害的,应当承担侵权责任。"

《民法典》第179条第8项、第11项规定:"承担民事责任的方式主要有:(八)赔偿损失;(十一)赔礼道歉。"

《民法典》第1179条第1句规定:"侵害他人造成人身损害的,应当赔偿医疗费、护理费、交通费、营养费、住院伙食补助费等为治疗和康复支出的合理费用,以及因误工减少的收入。"

上述侵权责任的成立须满足下列条件:其一,存在丙的加害行为;其二,丙的

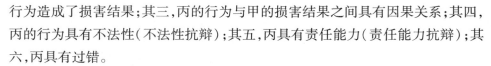

行为造成了损害结果;其三,丙的行为与甲的损害结果之间具有因果关系;其四,丙的行为具有不法性(不法性抗辩);其五,丙具有责任能力(责任能力抗辩);其六,丙具有过错。

（1）加害行为

丙突然亲甲的行为,导致甲躲闪撞到了腰,存在加害行为。

（2）损害结果

丙对甲造成了两个损害结果:其一,丙通过亲吻对甲的身体进行了不当接触,这早已超过了社会一般人所应容忍的程度,不符合正常同事之间的人际交往行为,造成了人格尊严的损害;其二,甲因躲闪导致撞上桌角,对其身体健康权造成了损害。

（3）因果关系

此处应检视者,为责任成立因果关系,分为条件性与相当性两个层次。

①条件性,即若无此行为即无此结果。本案中,若无丙亲吻甲的行为,甲便不存在人格尊严权受损,也不会因为躲闪而导致腰部受伤,条件性满足。

②相当性,即在"最佳观察者"看来,通常有此行为即有此结果,而非依据事物通常的发展不可能发生的情形,目的在于排除因果关系较远的事件。本案中,需检视甲被亲吻的时间点与躲闪行为发生之间是否具有"相当性"。应当注意的是,虽然丙亲吻的行为已经完成,但甲仍然会受惊,且下意识远离丙以防止其后续可能的不当行为并非"因果关系较远"。因此,从"最佳观察者"角度看,即使丙亲吻的行为已经完成,受害人因惊吓以及防止后续可能的伤害而躲闪的行为并非难得一见,而该躲闪行为通常是下意识的,要求其先观察周围环境再进行躲闪是不合理的,相当性满足。

（4）不法性

不法性要件的认定基于推定,即若上述三个要件满足便可推定加害行为具有不法性。丙的行为具有不法性。

（5）责任能力抗辩

在本案中,丙为单位领导,推定其为完全民事行为能力人,不存在责任能力抗辩事由。

（6）过错

对于过错的判断应采客观标准,即以"群体典型注意"为标准。一名成年人应当清楚地认识到非伴侣关系下亲吻异性是不法行为。丙存在过错。

（7）中间结论

甲可以依据《民法典》第 1165 条第 1 款要求丙赔偿医疗费、护理费、交通费、营养费、住院伙食补助费等为治疗和康复支出的合理费用，以及因误工减少的收入。此外，还可要求丙赔礼道歉。

2. 甲对丙的人格权侵权请求权

假设甲可以根据《民法典》第 1010 条第 1 款结合第 995 条第 2 句请求丙承担侵权责任。涉及法条与上述 2. 的相同，不再列出。

该责任成立须满足下列要件：其一，乙的骚扰行为违背甲的意愿；其二，丙以言语、文字、图像、肢体行为等方式实施了性骚扰行为。

（1）违背了甲的意愿

丙亲吻甲的行为超过了社会一般人所能忍受的标准，远超出单位成员之间的正常人际交往。丙的行为违背了甲的意愿。

（2）丙实施了性骚扰行为

本案中，丙实施了两个性骚扰行为：其一，丙告知甲可以通过与其发生性关系换取职位晋升机会；其二，亲吻行为。对于亲吻行为属于性骚扰行为自然没有疑问，但对于通过发生性关系换取晋升机会是否也构成性骚扰有待明确。即使丙的行为属于利益交换，利益能否交换仍以甲的选择为前提。但是，该行为仍然构成性骚扰，因为其侵害了劳动法上的工作环境权、平等就业权，尤其是对劳动者工作环境、劳动者就业权利平等、劳动者就业机会平等、劳动者就业规则平等的侵害。甲作为普通劳动者若不接受性交换，此后可能面临被解聘、降职等潜在的不利后果，从而侵犯了受害者本人的平等就业权。而且丙的行为使得甲认为公司的晋升规则是以性交换为前提的，破坏了甲的就业规则平等权以及工作环境权。综上，丙的行为属于性骚扰行为。

（3）中间结论

甲可以依据《民法典》第 1010 条第 1 款请求丙赔礼道歉。

3. 甲对丙的精神损害赔偿请求权

假设甲可以根据《民法典》第 1183 条第 1 款请求丙承担精神损害赔偿责任。

《民法典》第 1183 条第 1 款规定："侵害自然人人身权益造成严重精神损害的，被侵权人有权请求精神损害赔偿。"

上述侵权责任的成立须满足下列条件：其一，甲必须是自然人；其二，甲的人身权益受到损害;其三,必须造成严重精神损害后果。

(1)受害人为自然人

甲是 A 公司的正式员工,推定其应为拥有完全民事行为能力的自然人。该要件满足。

(2)甲的人身权益受到损害

丙实施的亲吻行为属于对甲的身体进行了不当接触,这早已超过了社会一般人所应容忍的程度,属于对人格尊严权造成损害。甲躲闪亲吻行为导致了腰部受伤,属于健康权受到损害。该要件满足。

(3)严重精神损害后果

本案中,丙的性骚扰行为对甲的精神造成了严重的损害,以至于其发传单维权。而且按照社会一般人的标准,对于没有特殊关系的男性的亲吻,通常会对女性造成严重的精神损害。

(4)中间结论

甲可以根据《民法典》第 1183 条第 1 款请求丙承担精神损害赔偿。

4. 小结

本案中,丙的行为已经远远超过社会一般人所能容忍的程度。因此,甲可以根据《民法典》第 1165 条第 1 款和《民法典》第 1010 条第 1 款请求丙赔礼道歉;根据《民法典》第 1165 条第 1 款请求丙赔偿医疗费、护理费、交通费、营养费、住院伙食补助费等为治疗和康复支出的合理费用,以及因误工减少的收入。甲还可以依据《民法典》第 1183 条第 1 款请求丙承担精神损害赔偿责任。

(三)甲对 A 公司的侵权请求权

1. 甲对 A 公司的过错侵权请求权

假设甲可以根据《民法典》第 1165 条第 1 款并结合第 1010 条第 2 款及第 179 条第 11 项请求 A 公司承担侵权责任。

《民法典》第 1165 条第 1 款规定:"行为人因过错侵害他人民事权益造成损害的,应当承担侵权责任。"

《民法典》第 1010 条第 2 款规定:"机关、企业、学校等单位应当采取合理的预防、受理投诉、调查处置等措施,防止和制止利用职权、从属关系等实施性骚扰。"

《民法典》第 179 条第 11 项规定:"承担民事责任的方式主要有:(十一)赔

礼道歉。"

A公司的侵权属于不作为侵权,上述侵权责任的成立须满足下列条件:其一,行为人具有作为义务;其二,存在损害后果;其三,不作为与损害具有因果关系;其四,行为人具有行为的能力;其五,行为人存在过错。

(1)A公司具有作为义务

民法上作为义务的来源主要包括:法律规定的作为义务,合同约定的作为义务,当事人间特殊关系引起的作为义务。根据《民法典》第1010条第2款的规定,A公司具有反性骚扰义务,属于法律规定的作为义务。

(2)存在损害后果

由于公司对于甲的举报行为未进行积极反馈,导致同事们孤立甲,构成对于甲的人格尊严权的损害。

(3)A公司的不作为与损害结果具有因果关系

此处应检视者,为责任成立因果关系,分为条件性与相当性两个层次。

①条件性。本案中,A公司在收到甲的举报后,若及时进行调查与公告反馈,甲便不会被同事孤立和被迫忍受非议。因此,条件性满足。

②相当性。从"最佳观察者"角度看,甲通过发传单揭发了乙、丙对其的性骚扰行为,且举报给A公司的相关部门,其单位同事难免关注A公司是否对此事实的真实性予以确认,但A公司没有及时进行调查与回应。其他同事大概率推测该事实为甲捏造的,从而对甲的为人嗤之以鼻。因此,相当性满足。

(4)A公司具有行为的能力

本案中,A公司不存在调查事实的困难,在媒体报道此事后,公司立刻成立调查组进行了调查。可见,A公司有调查事实的能力,其属于调查懈怠。

(5)A公司存在过错

根据上述分析,A公司的反性骚扰义务分为事前预防、事中制止与事后处置三个阶段。其中,事后处置阶段包括及时调查事实并对实施性骚扰者按照公司规章制度进行处罚。A公司在收到举报后怠于履行调查事实,因而存在过错。

(6)中间结论

甲可以根据《民法典》第1165条第1款请求A公司赔礼道歉。

2. 甲对A公司的精神损害赔偿请求权

假设甲可以根据《民法典》第1183条第1款请求乙承担精神损害责任。涉及法条与上述3.的法条一样,此处不再列出。

上述侵权责任的成立须满足下列条件:其一,甲必须是自然人;其二,甲的人格尊严权受到损害;其三,必须造成严重精神损害后果。

(1)受害人为自然人

甲是A公司的正式员工,推定其应为拥有完全民事行为能力的自然人。

(2)甲的人格尊严权受到损害

A公司怠于调查事实的行为产生了扩大损害,需要独立对该扩大损害承担责任。单位同事基于公司未对乙、丙性骚扰行为进行反馈的事实对甲进行非议和孤立,造成的损害后果实际上是乙、丙对甲侵害的延伸,属于人格尊严权受损。

(3)造成了严重精神损害后果

本案中,甲对于同事非议、孤立的行为深感绝望,究其原因是公司的懈怠行为导致的。人天生带有社交属性,对于被周围人孤立以及蒙冤的事实,通常是极度痛苦的,因此案例情形符合严重的精神损害后果。

(4)中间结论

甲可以根据《民法典》第1183条第1款请求A公司承担精神损害赔偿。

3. 小结

本案中,A公司怠于调查事实并处罚加害人的行为违反了反性骚扰义务,且该不作为导致了甲精神损害的扩大,A公司需要对该扩大部分独立承担赔偿责任。因此,甲可根据《民法典》第1165条第1款请求A公司赔礼道歉,依据《民法典》第1183条第1款请求A公司承担精神损害赔偿责任。

三、结论

《民法典》第1010条尚未对加害人与公司之间责任如何承担,以及对单位违反反性骚扰义务的民事责任作出明确规定。可认为,加害人实施性骚扰行为造成的损害,基于公司选任员工的标准以“营利能力”因素为主要标准,公司不承担替代责任。公司在违反反性骚扰义务时,由于造成的损害很可能是独立的,因而公司独立承担该责任。《民法典》第1010条第1款有独立作为请求权基础的意义,在因性骚扰行为导致的损害结果难以确定时,无法适用《民法典》第1165条第1款,只能基于《民法典》第1010条第1款请求加害人承担责任。本案中:

甲不得根据《民法典》第1165条第1款和《民法典》第1010条第1款请求

乙赔礼道歉。甲不得依据《民法典》第 1183 条第 1 款请求乙承担精神损害赔偿责任。

甲可根据《民法典》第 1165 条第 1 款和《民法典》第 1010 条第 1 款请求丙赔礼道歉。甲可根据《民法典》第 1165 条第 1 款请求丙赔偿医疗费、护理费、交通费、营养费、住院伙食补助费等为治疗和康复支出的合理费用,以及因误工减少的收入。甲可依据《民法典》第 1183 条第 1 款请求丙承担精神损害赔偿责任。

甲可根据《民法典》第 1165 条第 1 款请求 A 公司赔礼道歉。甲可依据《民法典》第 1183 条第 1 款请求 A 公司承担精神损害赔偿责任。

第二讲

侵权责任的归责原则与构成要件

一、过错责任原则的含义

侵权责任法理论提及归责原则与构成要件时,背后包含着的是近代以来民法制度体系赖以存在的基本价值判断——"个人主义"。这一价值判断最直接的表现,即为近代民法的三大基本原则,分别是所有权绝对、合同自由(也称"契约自由")以及过错责任。与作为近代民法典渊源的罗马法个人主义相对立的是以身份为核心的日耳曼法整体主义,在日耳曼法传统的秩序下,所有利益与身份相绑定。随着社会发展和历史变迁,这种观念被"人是自由的"所取代,也即前述三项原则所要揭示的核心观念。这一观念在侵权责任法领域中具体体现为过错责任原则。

我国《民法典》第1165条第1款规定:"行为人因过错侵害他人民事权益造成损害的,应当承担侵权责任。"该款规定的是过错责任原则。过错责任也可以表述为"自己责任",指民事主体只能因为自己行为的过错而承担法律责任的原则,即当行为人应承受某种不利后果时,必须以行为人的行为有没有过错以及过错的大小作为追究其责任的依据,而不能根据身份、种族、经济实力等因素来追究其责任。过错责任原则包含下列三层含义:

第一,除非法律有特别的规定,过错是令侵权人承担损害赔偿责任的唯一归责事由。所谓依过错使侵权人负损害赔偿责任,可以从两方面加以理解。其一,积极方面,"有过错,可能有(赔偿)责任",即任何人只有在因过错造成他人损害时,才可能承担侵权责任。其二,消极方面,"无过错,必无(赔偿)责任",即一个人即便客观上确实造成了他人的损害,但因为其没有过错,所以无须为此承担赔偿责任,除非法律有特别规定。

第二,数人因共同故意造成他人损害时,数个侵权人承担连带赔偿责任。这是因为,数人在主观上的共同故意即意思联络将他们结合为一个整体,因此,无论其实施的加害行为给被侵权人造成的是一个还是多个损害,只要没有超出共同故意的范围,数人都必须向被侵权人负连带赔偿责任(《民法典》第1168条)。同理,如果数个行为人没有共同故意,原则上就不必承担连带赔偿责任,除非法律另有规定。此外,二人以上分别实施侵权行为造成同一损害的,能够确定责任大小的,各自承担相应的责任(《民法典》第1172条)。在确定各自承担相应的责任时,需要考虑各个行为人的过错程度。

第三,过错责任原则不仅意味着加害人要为因其过错给他人造成的损害负责,还意味着受害人要因自己的过错而对自己造成的损失负责。如果损害是受害人故意造成的,则行为人不承担责任(《民法典》第1174条)。如果被侵权人对同一损害的发生或者扩大有过错,则可以减轻侵权人的责任(《民法典》第1173条)。

■ 设例13:

> 甲要建两层楼房,该工程由11个建筑工人合伙承包。在墙建起来,准备将房架装在墙上并装檩条等时,合伙负责人乙问甲,房架是否合格、有无危险。甲知道房架是自己买的次级木材,但认为该房架应该能承受重量,就说没有危险。乙等人在安装房架期间,房架折断,将工人丙和与工程无关的人员丁砸伤。

问题：

丙、丁的损害由谁承担侵权责任？

"由谁承担侵权责任"指向了"谁造成的侵权行为"，因此，欲解决设例 13 所涉及的纠纷，需对丙、丁的致害原因进行区分。通常，经过初步的判断人们会认为，丙的损害原因可能是乙未履行合理的注意义务以及甲提供的质量不合格的木材，丁的损害原因可能是建筑工人的工作行为以及甲提供的质量不合格的木材。究竟何人造成丙、丁的侵权责任，需要对上述可能的损害原因做进一步的分析。法律上的注意义务应以正常的生活和交易场景为限，在设例 13 中丙、乙之间不构成雇佣关系，而是合同型合伙关系，在此场景下，乙作为劳务牵头人向甲询问房架是否合格及是否存在危险，已尽到注意义务。甲明知自己购买的是次级木材但自认为没有危险，便对乙隐瞒真实信息，存在过于自信的过失。过错归责考虑的核心要素是过错行为，显然甲提供了质量不合格的材料是导致丙、丁损害发生的真正原因。故丙、丁的损害应由甲承担责任。

每个侵权责任构成的场合都有行为，但此行为同生活中的行为以及法律行为或作为民事法律事实的行为在内涵上是存在区别的。在侵权责任构造的场合，会基于过错责任的构成考虑诸多的要素，其核心会指向与损害结果相关的原因，而原因的核心内容往往是过错，所以叫过错责任原则。

二、过错责任原则的价值

（一）充分保障个人活动自由

依据过错责任原则，任何人只要尽到了充分的注意义务，主观上没有故意或者过失，无论是否出现损害、损害的结果是否严重，都不必对损害负责。如此一来，就极大地扩张了人类活动的空间，充分保障了个人自由。在过错责任原则中，自由主义的价值判断可理解为：在法律地位的维护与行为自由这两种利益发生冲突时，行为自由优先。因为行为自由是形成人和物的价值所必需的。这意味着正在形成者优先于已经存在者。行为自由优先的结果并非单方面的，人们在利益方面被拿走的，可以在行为方面得到偿还。

设例14：

甲深夜一个人在乙银行的 ATM 机取款 2000 元。不料 ATM 机多吐出了 2000 元，甲想了想，把 2000 元放在 ATM 机上离开了。后乙银行向甲主张要求赔偿 2000 元的损失。

问题：

乙银行的损害应否由甲承担侵权责任？

欲解决设例14中的纠纷，关键点在于对甲的保管义务和注意义务的判断。进一步说，需要考虑如下的问题：甲取出现金后是否存在保管义务？甲把 2000 元放在 ATM 机后离开是否尽到注意义务？

根据《民法典》第316条的规定，遗失物的拾得人具有保管义务，但设例14不能适用该规则。原因在于，通过分析该条文可以发现，承担民事责任的前提是"因故意或重大过失致使遗失物毁损、灭失"。因此，在拾得遗失物场合，对行为人的注意义务要求较低，轻过失在此场景下不构成过错。侵权责任中的过错是一个包含多个可分解要素的概念，广义认识中故意、重大过失、轻过失都是过错，但在具体侵权场合要考虑过错的具体构造，衡量过错或主观要素达到什么程度才需要承担责任，而与之相应的就是应承担的注意义务。在设例14的场景中，甲对 ATM 机多吐出的钱不负有高度注意义务和保管义务。甲不存在加害乙银行的行为，甲的取款行为也不是导致钱款丢失的不可替代的条件。换言之，钱款丢失的后果与甲取款行为之间不存在因果关系，故乙银行的损害不应由甲承担侵权责任。

（二）最大限度保障个人财产并实现对侵害的救济

过错责任原则确立了人的行为自由优先的价值立场，任何人只要尽到了充分的注意，主观上没有故意或者过失，无论是否出现损害、损害结果多么严重，都不必负责。因此，该原则极大地激发了人们的创造力，推动了社会进步。从私法秩序方面来看，过错责任原则以"尊重私有财产""契约自由""过失责任"这三项基本原则作为支柱，由最大限度地保障个人财产和自由的意志活动（私法自治）所构成。

此外，过错责任原则以一般原则的形式确认了任何因他人的过错而遭受侵害的人都有权获得法律的救济。因此，侵权责任法的适用范围得到扩张，充分地保障了受害人的权益。如今,不仅物权、人格权等绝对权受到侵权责任法的保护,而且相对权以及一些人身利益、财产利益也受到侵权责任法的保护。无论侵害何种民事权益,也无论加害人是谁、加害行为的类型多复杂,都可以通过适用过错责任原则的一般条款来确定侵权责任是否成立。

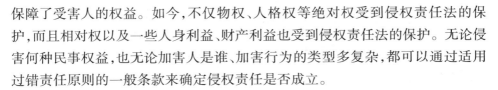

设例 15:

> 16 周岁的甲和 18 周岁的乙在非正式足球比赛中发生冲撞。作为守门员的乙的腰被作为前锋的甲的膝盖顶到,后经医院诊断为左肾挫裂伤。

问题:

甲应否对乙的损害承担侵权责任?

设例 15 中的纠纷,涉及自甘风险原则的内容。自甘风险(或称自冒险)原则最早源于美国棒球场的一项规则。根据美国法上的判例,在棒球比赛中,若击球手将球打向看台致观众受伤,击球手无须为此承担责任,这是基于风险范围认识的社会最低价值共识而产生的。关于该原则,《民法典》第 1186 条规定:"受害人和行为人对损害的发生都没有过错的,依照法律的规定由双方分担损失。"《民法典》颁布之前,《中华人民共和国民法通则》[①](以下简称《民法通则》)第132 条、《侵权责任法》第 24 条均规定了公平分担损失的规则,当事人对造成损害都没有过错的,可以根据实际情况,由当事人公平分担责任。但是,其所对应的"公平分担损失"的价值判断导致该规则在司法实践中被滥用,其"和稀泥"的调解逻辑并非侵权责任的裁判逻辑。因此,对《民法典》第 1186 条的理解应回归到基本原则的层面,即《民法典》第 1176 条第 2 款所适用的过错推定原则。该原则的基本内容是法律推定侵权人有过错,从而实现举证责任的倒置,由侵权人一方证明自己没有过错,如果侵权人一方不证明或者不能证明自己不存在过错,则认定其有过错并结合其他构成要件而承担相应的侵权责任;如果侵权人一方能够证明自己没有过错,则不承担民事责任。过错推定与过错责任规则唯一的区别是举证责任承担的主体不同,被推定有过错方一旦举证不成需要承担不利后果。

---

① 2020 年 5 月 28 日,十三届全国人大三次会议表决通过了《中华人民共和国民法典》,自 2021 年 1月 1 日起施行。《中华人民共和国民法总则》同时废止。

在设例 15 中,根据《民法典》第 1176 条的规定:"自愿参加具有一定风险的文体活动,因其他参加者的行为受到损害的,受害人不得请求其他参加者承担侵权责任;但是,其他参加者对损害的发生有故意或者重大过失的除外。活动组织者的责任适用本法第一千一百九十八条至第一千二百零一条的规定。"足球比赛可认定是具有一定风险的文体活动,甲不存在故意或重大过失致乙损害的行为,故无须对乙的损害承担侵权责任。

三、过错推定责任

(一)《民法典》关于过错推定责任的规定

过错推定,是指在损害事实发生后,基于某种客观事实或条件而推定行为人具有过错,从而减轻或者免除受害人对过失的证明责任,并由被推定者证明自己没有过错。《民法典》第 1165 条第 2 款将过错推定责任作为法律保留事项,"依照法律规定推定行为人有过错,其不能证明自己没有过错的,应当承担侵权责任"。

《民法典》侵权责任编规定了相当数量的适用过错推定责任的侵权行为类型,具体包括:无民事行为能力人受害时,教育机构的侵权责任(《民法典》第 1199 条);医疗损害中的过错推定责任(《民法典》第 1222 条);动物园饲养的动物损害责任(《民法典》第 1248 条);建筑物、构筑物等及其搁置物、悬挂物脱落、坠落损害责任(《民法典》第 1253 条);堆放物倒塌损害责任(《民法典》第 1255 条);公共道路堆放、倾倒、遗撒妨碍通行的物品致害时公共道路管理人的责任(《民法典》第 1256 条);林木折断、倾倒或者果实坠落损害责任(《民法典》第 1257 条);挖掘修缮地下设施损害责任(《民法典》第 1258 条第 1 款);窨井等地下设施损害责任(《民法典》第 1258 条第 2 款)。

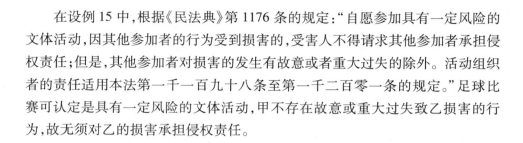

设例 16:

甲去亲戚乙家串门,在某单元楼门口被坠落的外墙砖砸中头部,受重伤。甲向该单元楼的物业管理单位丙公司主张赔偿。

问题:

甲的损害应该由谁承担侵权责任?

欲明确侵权责任的承担主体,需要对坠落物坠落的原因进行分析。若因为某一业主装修导致外墙砖脱落、坠落,则应当认定为特定人的行为侵权,由该业主承担侵权责任;若仅仅因为建筑物自然老化导致外墙砖脱落、坠落,则可能由全体业主和建筑物管理者构成一般侵权。根据《民法典》第 1253 条之规定:"建筑物、构筑物或者其他设施及其搁置物、悬挂物发生脱落、坠落造成他人损害,所有人、管理人或者使用人不能证明自己没有过错的,应当承担侵权责任。所有人、管理人或者使用人赔偿后,有其他责任人的,有权向其他责任人追偿。"本条规则来源于 2002 年施行的《最高人民法院关于民事诉讼证据的若干规定》第 4 条,其中规定了八种需要举证责任倒置的情形,通过举证责任的分配便可以改变过错归责的局面。此外,该规则中使用的"所有人、管理人或者使用人"实际上是用注意义务和维护义务划定了承担侵权责任主体的范围。

在设例 16 中,业主即使将建筑物的维护交给物业公司进行管理,但其仍然存在对建筑物维护的注意义务,故物业公司和业主均需对甲的损害承担侵权责任。

(二)过错推定分为事实推定与法律推定

推定,就是从已知的事实中推断出未知的事实。私法上的推定可以分为两类:事实推定与法律推定。

事实推定,也称"生活推定",是指法官在审判过程中,根据某一已经确认的事实,依据一般的生活经验或者科学原理,推论与之相关的需要证明的另一事实是否存在。事实推定是司法判决经常采用的一种辅助手段,有助于法官心证的获得。

法律推定,是指某些法律规范中,立法者以一定的事实(推定基础)直接推导出另外一个特定的法律要件(法律效果)。这种被推定的法律要件可以是一个事实,也可以是一种权利状态。因此,法律推定又可分为两类:一是法律上的权利推定,二是法律上的事实推定。所谓法律上的权利推定,也称权利推定,是指如果前提事实之存在获得证明,并不推认其他事实,而是依据法律规定直接推认某权利或法律关系之存在与否。最典型的法律上的权利推定是《民法典》第 216 条第 1 款的规定:"不动产登记簿是物权归属和内容的根据。"法律上的事实推定,是指法律规定以某一事实之存在为基础,据以认定某待证事实之存在。《最高人民法院关于适用〈中华人民共和国民事诉讼法〉的解释》第 93 条第 1 款第 3 项所指的"根据法律规定推定的事实"就是法律上的事实推定。

（三）过错推定发生举证责任倒置的效果

过错推定并未改变责任构成要件的数量，只是发生举证责任倒置的效果。依据传统的过错责任原则，受害人要证明加害人构成侵权责任，必须证明以下的构成要件：加害行为、损害结果、因果关系及过错。但是，在法律规定过错推定的情况下，受害人仅需要证明前三项构成要件即可，因为过错已依实体法之规定被推定存在。加害人欲免责，必须证明自己没有过错，从而推翻这种对其存在过错的法律推定。理论上将这种改变证明责任的情形，称为举证责任倒置。

（四）过错推定应由法律规定

过错推定属于法律上的事实推定，而非单纯的事实推定，因此，必须以法律的明确规定为前提。依据《民法典》第 1165 条第 2 款的规定，必须是根据"法律规定"才能推定行为人有过错，因此，过错推定责任应当由《民法典》及其他法律加以规定。所谓"法律"显然仅指全国人民代表大会及其常务委员会制定的规范性法律文件，例如依据《中华人民共和国电子签名法》第 28 条的规定："电子签名人或者电子签名依赖方因依据电子认证服务提供者提供的电子签名认证服务从事民事活动遭受损失，电子认证服务提供者不能证明自己无过错的，承担赔偿责任。"

四、无过错责任

侵权责任法以过错责任为基本归责原则，行为人只有因过错造成他人损害时，才需要承担侵权赔偿责任。但是，进入 19 世纪尤其是 19 世纪中后期，科学技术日新月异，蒸汽机、铁路、机动车等新机器、新设备不断被发明并逐渐得到广泛运用，侵权责任法上无过错责任的相关理论得到了发展。例如英国在 19 世纪 70 年代的工业化早期，法院就通过莱兰兹诉弗莱彻（Rylands *v.* Fiechter）案将"严格责任从生存在各种故意侵权类型的边缘解放出来"。该案的判决指出："我们认为，真正的法律原则是，一个人，如果为他自己的目的将某些物件带入自己的土地，并收集与管理它们，但这些物件很可能在逸出时会造成伤害，则该人必须自己承担保管好这些物件的责任。如果他没能这样做，显然应当对其逸出造成的自然后果，即损害，承担责任。"

侵权责任法上的无过错责任，是指不论行为人对于损害的发生有无过错，只要其行为侵害了他人的民事权益，造成了损害，就要承担侵权赔偿责任。由于这种侵权赔偿责任不以行为人的过错为要件,因此被称为"无过错责任"。我国《民法典》第1166条规定:"行为人造成他人民事权益损害,不论行为人有无过错,法律规定应当承担侵权责任的,依照其规定。"该条就是对无过错责任的规定。从其字面来看,本条规定不考虑过错要件,而非没有过错而承担责任。法律条文中并未揭示适用无过错责任的侵权行为中令侵权人承担侵权赔偿责任的归责事由,探求这些归责事由,就必须查找具体的法律规定。因此,《民法典》第1166条并非裁判规范,无论是被侵权人还是法官,都不可能只依据该条提出请求或作出裁判。

我国《民法典》中规定的适用无过错责任的侵权行为类型主要包括:(1)监护人责任(《民法典》第1188条到第1189条);(2)用人单位对其工作人员执行工作任务造成他人损害的责任(《民法典》第1191条);(3)提供劳务一方造成他人损害时,接受劳务一方的侵权责任(《民法典》第1192条第1句);(4)产品责任(《民法典》侵权责任编第四章);(5)机动车交通事故责任(《民法典》侵权责任编第五章);(6)环境污染和生态破坏责任(《民法典》侵权责任编第七章);(7)高度危险责任(《民法典》侵权责任编第八章);(8)饲养动物损害责任(《民法典》侵权责任编第九章);(9)建筑物、构筑物或者其他设施倒塌、塌陷致人损害责任(《民法典》第1252条)。从这些规定中可以看出,适用无过错责任的侵权行为的归责事由包括危险与控制力。

(一) 危险

以危险作为归责事由的无过错责任,被称为"危险责任"。所谓危险责任,是指"特定企业、特定装置、特定物品之所有人或持有人,在一定条件下,不问其有无过失,对于因企业、装置、物品本身所具危害而生之损害,应负赔偿责任"。由此可见,危险责任仅与某一特定危险相关且仅取决于该危险是否已经现实化。在危险责任中,确定行为人赔偿责任的依据在于其从事的活动或保有的物件所具有的高度的、内在的及特定的危险。饲养动物损害责任是早期危险责任适用的典型,但随着现代科学技术的发展,危险责任的适用范围越来越广,其适用的多是具有高度科学性与技术性的侵权行为,例如产品责任、环境污染责任、铁路事故责任、民用核设施责任、高度危险物损害责任等。不同于过错责任的是,危险责任并非旨在制裁行为人,让其不要从事不法的、具有道德上可非难性的行为,而只是让责任人来弥补其从事的危险活动所导致的损害后果。换言之,"危险责任的根本思想在于不幸损害的合理分配",是对危险活动施加的经济上的负担。《民法典》中规定的危险责任包括:产品责任,机动车与非机动车驾驶人、行人之间的交通事故责任,环境污染和生态破坏责任,高度危险责任,饲养动物损害责任,建筑物等倒塌、塌陷损害责任。

(二)控制力

控制力即因为某人对他人基于特定关系而具有控制力,进而需要承担损害赔偿责任。以控制力作为归责事由的无过错责任,主要是指"替代责任"。在替代责任中,由于责任人对加害人的行为具有控制力,故而即便其对加害人侵权行为之发生毫无过错,也应负赔偿责任。例如雇主对于雇员在执行雇佣活动过程中给他人造成的损害,需要承担赔偿责任等。此外,在替代责任尤其是雇主对雇员侵权行为承担责任的场合,还有其他正当化的理由令雇主为他人的行为负责,如报偿理论等。我国《民法典》规定的替代责任包括:用人单位对工作人员因执行工作任务造成他人损害的责任,接受劳务一方对提供劳务一方因劳务造成他人损害的责任等。

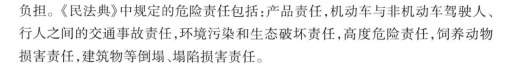 **设例17:**

> 甲从出生到2010年10月期间,居住在乙石化炼油厂西生活区。其居住地南边是液化气罐装站,经常漏气;东边是制造压力容器的工程队工作区域,工程队工作内容主要是就地进行射线探伤,对容器喷漆;北边有炼油厂的生产装置;西北边有炼油厂火炬,排放出的火炬气含有害物质。2011年除夕夜,甲被诊断出患急性混合型白血病,其家人认为是周围环境污染造成的。但乙石化炼油厂认为:该厂一直进行密闭生产,环保部门还对排污进行了非常严格的监控,排放完全达标;生活区居住了很多人,与甲同龄的人中只有她一个人不幸患病,具体致病原因可能有多种。

问题:

甲的损害应当由谁承担侵权责任?

设例17的争议焦点在于乙是否应对甲的损害承担责任。在设例17中,乙的举证证明了自己尽到了注意义务,即证明自己不存在过错。但是,乙是否可以就此免责,还需要对诸多因素进行考量。第一,乙尽到了一定的注意义务不等于尽到了其应尽的所有注意义务。第二,排放达标仅证明其符合行政管理的规定,不能替代私权的保护。虽然公权力中的部分行政管理规定可以在一定程度上产生维护私权的积极效果,但未必能够实现对私权的完全保护。在设例17中,乙存在排放含有害物质火炬气的行为,且明知其排出的火炬气会对环境产生不利影响,因此,乙必须承担处理火炬气的风险,乙所称排放达标仅符合了行政管理的标准,不能据此认定乙完全承担了自己的责任。从环境污染致人损害的结果来看,乙所引用的事实不能构成免责事由,也无法排除自身的责任。因此,造成环境损害的各主体均需对甲的损害承担侵权责任。

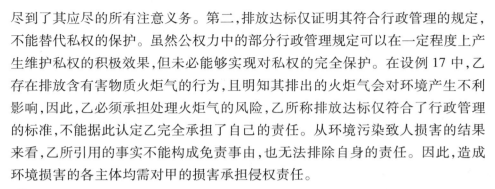

设例18:

> 甲在婴儿期吃了多个品牌的奶粉,包括三鹿、蒙牛、伊利等,之后因营养不良成了"大头娃娃"。

问题:

甲的损害应该由谁承担侵权责任?

设例18同样涉及无过错责任(产品责任),但相较于设例17来说更为复杂,因为其涉及大规模侵权背景下的责任承担问题。设例18构筑了市场份额规则。市场份额责任产生于20世纪80年代发生在美国的一系列DES药品侵权案件,最早在加利福尼亚最高法院作出的辛德尔案判决中得到适用。为了应对DES药品侵权案件中普遍存在的被害人客观上无法确定真正造成其损害的制药企业的问题,市场份额责任通过修正传统侵权法中对因果关系证明的要求,允许受害人要求生产过DES药品的制药企业依据其占有的市场份额比例承担责任。因为对于受害人而言,保存证据与举证均存在重大困难,按照传统的侵权责任构成理论来确定损害后果,受害人很难得到特定的赔偿。适用市场份额规则,转而由可能侵权的企业按照市场占有的比例来分担损害的后果,在现代民法责任逻辑中看来,似在没有充分证据的情况下限制了生产企业,但在大规模侵权频发的背景下具有必要性。依据市场份额规则追究生产企业的赔偿责任,才能够真正有效地保护处于弱势地位的消费者,这项规则是对无过错责任的发展。

在设例18中,甲成为"大头娃娃"与其吃的奶粉存在因果关系,但究竟因哪个品牌的奶粉受害不得而知。根据市场份额规则,甲的损害应由三鹿、蒙牛、伊利等生产企业,按照各自占有的市场份额比例承担侵权责任。

五、加害行为与损害

(一)行为是可归责于行为人的活动

侵权责任法上的"行为"并非单纯的对可感知世界活动的描述,而是一种可以归责于行为人的活动。如果行为人没有支配自己行为的意志,那么该行为就不是行为人的自主行为,不能归责于他,其无须承担侵权赔偿责任。至于行为究竟是有意识的行为,还是漫无目的的、无意识或下意识的行为,在所不问。

有意识的行为,是指有特定目的指向的行为。下意识的行为或动作,是指一个人不断重复同一工作和技能而习得的典型结果,即便行为人在行动时是不假思索的,但这种行为依然被认为是自主的行为,下意识的举动恰恰是侵权责任法上过失行为的本质。因此,一个人实施的下意识的行为给别人造成了损害,该行为仍属于加害行为,行为人需要承担侵权责任。

加害行为是一般侵权行为的构成要件。加害行为是行为人实施的加害于被侵权人民事权益的不法行为。加害行为的特征有三:其一,加害行为是侵权人或者其被监护人、雇员等实施的行为;其二,加害行为在本质上具有不法性;其三,加害行为所侵害的是被侵权人的民事权益。

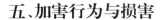 **设例 19：**

> 甲的汽车丢失,此后获得消息说此车在某市,于是甲打算去找。甲的好朋友乙听说此事,主动请缨与甲同去。路上,甲、乙开的车抛锚,于是乙又主动请缨要修车。乙刚下车,就被一辆路过的汽车撞死。该肇事车辆逃逸,无法找到肇事者。乙的亲属要求甲承担赔偿责任。

问题：

乙的亲属是否可以要求甲承担侵权责任?

在设例 19 中,对于汽车抛锚后乙受到的损害,甲既无能力预见也无能力控制,属意外事件。甲不存在加害行为,在甲与乙之间无因订立合同而产生的需要甲对乙承担安全保障义务的特定关系时,甲无须对乙承担注意义务。故乙的亲属不可以要求甲承担侵权责任。

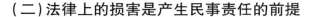

（二）法律上的损害是产生民事责任的前提

"损害"是所有民事赔偿责任必须具备的构成要件。虽然有损害未必有赔偿,但是没有损害必定没有赔偿。唯有被侵权人因民事权益被侵害而遭受了损害,方能要求侵权人负损害赔偿责任。究竟何为损害,我国民法并未作出界定。比较法上也很少有对损害作出界定的,只有《奥地利普通民法典》第 1293 条规定:"损害,指受害人在财产、权利或人身上所遭受的任何不利益。依事物之通常过程而可期待得到的利益之损失,非本条所称之损害。"该条对于损害的界定,实际上就是对现实损害或客观损害的界定。所谓"客观上的损害",是指从客观的角度来看待任何物质的或精神的利益的非自愿的丧失。但是,并非所有客观上的损害都能获得法律上的救济。任何人身或财产上的不利益,只有在法律上被认为具有补救的可能性和必要性时,才产生民事责任。换言之,只有那些具有可赔偿性的损害,才属于损害赔偿法意义上的损害,这些损害就是所谓"法律上的损害"或"规范上的损害"。因为,法律必须在考虑(自由、安全、公平等)各种价值的关系并作出权衡之后,才能决定哪些损害可以补救。

损害主要涉及财产损失、人身损害及精神损害等。其一,财产损失是指被侵权人因其财产或人身受到侵害而遭受的经济损失,是可以用金钱的具体数额加以计算的实际物质财富的损失。其既包括直接损失,也包括间接损失。直接损失往往对应的是现有利益的减少,而间接损失则是未来可得利益的损失。其中涉及的问题是,因为公众对于间接损失的可预见性的认知会发生改变,所以某些财产损失的范围会随着社会发展而产生相应的变化。其二,人身损害是指侵害被侵权人的生命权、健康权导致的损害后果。需要注意的是,死亡赔偿金和残疾赔偿金在性质上属于财产损害赔偿。因为死亡赔偿金所对应的学说为继承丧失说,继承的对象仅有财产,现代社会已不存在身份继承;残疾赔偿金对应的学说为可得丧失说,二者实际上都是对未来的可得利益的损害。真正的人身损害为生命权、健康权的损失,比如因生命健康受损而产生的治疗费用。其三,精神损害是指被侵权人因为他人的侵害而产生的精神方面的痛苦、疼痛和严重的精神反常现象。当今社会对精神损害的认知逐渐完善,甚至发展出"精神打击"等特定词汇,而在此之前,司法实践对于精神损害的认知具有一定的局限性,刑事诉讼法的司法解释中曾将死亡赔偿金和残疾赔偿金等同于精神损害赔偿,后来将精神损害赔偿与残疾程度绑定,直到现在司法实践中仍以残疾程度来决定精神损害赔偿的数额,但此种做法的正确性有待商榷。真正决定精神损害赔偿数额

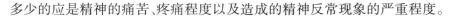

多少的应是精神的痛苦、疼痛程度以及造成的精神反常现象的严重程度。

设例20：

> 甲管业公司发现在乙公司的搜索引擎中输入"甲、甲管业、甲招聘、甲
> 管业招聘"等词汇时，搜索框下方都会出现"甲骗子、甲管业骗子、甲
> 管业是骗子、甲招聘内幕、甲招聘黑幕"等严重影响甲公司良好形象的
> 词汇。于是，甲管业公司要求乙公司停止侵权行为，赔礼道歉并赔偿
> 一元钱象征性经济损失。乙公司认为自己是为方便用户使用提供多
> 功能的网络附带搜索功能，搜索引擎会搜索到有关联性的词语，并非
> 乙公司预先设置，是网络用户在搜索中实际使用过且使用频率很高的
> 词汇，而且这些词汇处在不断变化中，因此无侵害甲公司名誉权的
> 行为。

问题：

甲管业公司是否可以要求乙公司承担侵权责任？

欲解决设例20中的纠纷，关键在于明晰两个问题：其一，甲管业公司是否有损害？其二，乙公司是否存在加害行为？就甲管业公司是否有损害的问题，损害产生的前提是合法利益的减少，甲管业公司与骗子关联等词汇存在由其自身行为造成的可能性，但并不必然构成对甲管业公司的损害。就乙公司是否存在不法加害行为的问题，造成在搜索引擎中出现甲管业公司关联词汇的原因有多种，与甲公司自身的行为或存在相关性，乙公司并未故意抹黑甲公司。设例20实际上涉及的是互联网侵权领域的技术问题，而该问题之下行为和过错间因果关系的一般认知会发生改变。在算法公开的情况下，确定互联网搜索引擎是否存在足以导致市场主体权利受损的漏洞，很大程度上属于公法问题，并无行为导致利益受损的单纯联系。

还可以从另一个角度分析设例20。《民法典》第1183条规定："侵害自然人人身权益造成严重精神损害的，被侵权人有权请求精神损害赔偿。"由此可知，以名誉权受损进而要求精神损害赔偿的前提是该损害具有严重性。主张"一元钱赔偿"无法成立精神损害赔偿，因为"一元钱"在社会普遍认知中代表的价值较低，其象征该主体受到的损害程度较低，故甲公司关于精神损害赔偿的诉讼请求于法不合。

设例21：

> 甲从宝马 4S 店购买了一辆宝马 5 系汽车。车刚开出 4S 店大门,被违章行驶的乙车撞到,后保险杠碎裂。甲认为自己购买的是一辆全新的汽车,且计划为结婚使用,即使修好也不能改变其曾损坏的事实,故要求乙赔偿一辆全新的宝马 5 系汽车。

问题：

> 乙是否应该赔偿一辆新的宝马 5 系汽车?

欲解决设例 21 中的纠纷,关键在于明晰两个问题:其一,甲的汽车修复后,是否还存在损失? 其二,若存在损失,损失数额为多少? 在设例 21 的场景下,乙对甲汽车造成的损害的衡量需要回归市场价值的判断。一些早期我们无法衡量的损失,会随着社会的发展逐渐演变成可度量的损失。在现今二手车交易市场繁荣的背景下,二手汽车的价值已经能被相对精确地量化,维修汽车所造成的市场价格的贬损构成了侵权行为导致的损害数额。

在设例 21 中,无论是以修复为限使汽车在功能上恢复原有状态,还是对交易性贬值损害的计算,都不能以全新汽车的价值予以赔偿,不能包含甲个人的特殊要求。此外,尽管《民法典》第 1183 条规定了具有人格象征意义的物的精神损害赔偿,但婚车不具有人格象征意义,故甲无法据此请求精神损害赔偿。

六、因果关系

(一)因果关系的确定有赖于社会价值共识

因果关系学说繁杂,主要存在源自德国法的条件说、相当因果关系说(目前作为我国通说),涉及日本诉讼法的盖然因果关系说,来自英美法系的法律上的因果关系与事实上的因果关系说以及近因理论。相当因果关系说最重要的贡献是它创造了"相当性"这一判断依据,其内涵为客观上会发生这种结果。然而,何为客观? 实际上有赖于对社会价值共识的判断。

设例22：

甲公司系某动画片制作、发行人,在其发行的某动画片中,有捆羊和用火煮羊等暴力情节。乙7周岁,丙4周岁,丁10周岁,三儿童曾观看过这部动画片。某日下午5时许,乙、丙与丁在村东相遇后一起玩耍,就地取材模仿甲公司制作的某动画剧情做"绑架烤羊"游戏,丁将乙、丙绑在一棵树上,用随身携带的打火机点燃树下竹叶,导致乙、丙被火烧伤。

问题:

乙、丙的损失是否应由甲公司赔偿?

欲解决设例22中的纠纷,关键是明确因果关系的认定。在通常情况下,设例22中的场景因为存在较大的偶然性成分,所以难以认定构成相当因果关系。但是,现实中法院的裁判结果却是甲公司构成侵权,且这种观点为多数人所接受。原因在于,动画片对不同年龄段的影响和在不同时代产生的影响是不同的。对于成年人而言,部分电影中的片段也存在被模仿的可能性且指向偶然性因素,动画片桥段被儿童模仿虽然也存在偶然因素,但儿童与成年人辨别的偶然性并不相同。儿童模仿动画片桥段的可能性更高且通常不具有辨别能力。尽管这种偶然性尚未成为普遍现象,但仍然符合客观上具有一定相当性的判断标准,该因果关系的判断也符合社会范围内的价值衡量标准。在设例22中,甲公司应当考虑未成年人的接受能力和电视等大众媒体所能产生的影响力之间的关系,负有衡量负面影响所产生的各类后果的注意义务。

(二)因果关系的检验

因果关系的检验有四个判断条件:时间上的顺序性、原因现象的客观性、必要条件的检验、实质要素的补充检验。需要说明的是,必要条件的检验可以借助诸多方法,如替代法、剔除法、反证法等,但不能运用如充分必要条件等逻辑学或哲学上的因果关系判断方法来进行检验,因为哲学上关于因果关系的思考方式和逻辑与法学完全不同。此外,实质要素的补充检验不是推翻前三种条件,而是作出一个补充的判断,旨在建立一种确信。

在价值判断过程中,所考量的因素是为了构筑和平的秩序,侵权责任法追求的目的恰恰是将社会不正常现象恢复到正常秩序的状态,是对社会不正常现象的规制。

■ 设例23：

> 甲将一根点燃的爆竹扔向了人群,结果落到了乙的身上。乙出于本能用手将爆竹甩开,爆竹落到了丙的身上。丙同样出于本能用手将爆竹甩开,落到了丁的身上。丁因爆竹爆炸受到重伤。

问题：

丁的损害应该由谁承担？如何承担责任？

在设例23中,仅从因果关系的检验上很难确定损害发生的唯一原因,乙、丙均是出于本能将爆竹打开,证明二者均没有加害的故意。因果关系的判定并非语义角度或纯粹技术的考量,价值判断总会掺杂在各种要素的判定过程中,需要考虑社会最低价值共识的价值判断。

以宏观的视角分析设例23,在放诸整个场景衡量各种要素后,承担责任的只能是甲。因为,实际的加害人只有甲一人,乙和丙仅充当了墙壁的角色。试想,若甲将爆竹扔到墙壁上,爆竹弹至乙墙壁后又弹至丙墙壁,最后落到了丁的身上爆炸,此时,丁不能向墙壁和墙壁的所有权人请求赔偿损失。

七、违法性与过错

"过错"是对行为人主观心理状态的否定性评价或非难,分为故意和过失。在我国民法语境下,过错需要与违法性相结合。学说上,过错可以分为主观过错说与客观过错说。主观过错说认为过错是主观的一种心理状态,因而与行为无关;客观过错说认为过错并非在于侵权人的主观心理状态具有可非难性,而在于其行为具有可非难性。由于过错意味着主观责任,只有在客观上有应当负责的情况时,才可能提出主观责任的问题。所以,在一般侵权责任的构成要件中,只有满足了客观构成要件(加害行为、损害后果和因果关系)之后,方有讨论主观要件即过错的必要性。

在侵权责任中,更多的是按照客观过错说去认定过错,这往往将过错转移至违反某项义务而导致某种不利后果来进行论证。客观过错说即认为过错是违反法定义务、对被侵权人的权利的侵害或者未达到合理的行为标准的行为。重大过失、主观轻过失、客观轻过失分别对应着不同的注意义务:重大过失对应的是普通人的注意义务;主观轻过失对应的是为管理自己事务的注意义务;客观轻过失对应的是善良管理人的注意义务。

侵权责任法上的过错判定以"理性人"为标准,"理性人"的概念决定着对行为人注意程度的要求。人的识别能力有很多层次且较为复杂,界定理性人会考量较多的识别能力问题,比如法律为保护市场的交易安全和心智能力未健全者的利益,划分了年龄和心智能力的标准。再如,在不同的应用场景下,法律、行政法规也会设定一些如专家责任等的属于特别注意程度的要求。总而言之,理性人的标准应结合场景等因素,寻求社会最低的价值共识。

设例 24:

大学生甲在寝室复习功课。隔壁寝室的学生乙、丙到甲寝室强烈要求甲打开电视观看足球比赛,甲只好照办。三人正看得入迷,电视机突然爆炸,甲、乙、丙三人均受重伤。

问题:

乙、丙是否对甲的损害承担责任?

欲解决设例 24 中的纠纷,通常的做法是以《民法典》第 1165 条作为请求权基础进行检视。看电视本身是没有危险的行为,危险后果来自行为外的原因(例如产品责任),乙、丙无法认识危害后果发生的可能性,也无法通过履行注意义务而避免结果的发生。因此,乙、丙主观上不存在过错,进而无法成立侵权责任。

设例 25:

甲系乙公司职工,甲在工作过程中不慎受伤。第二年 12 月 4 日,甲的伤情经人力资源和社会保障局认定为工伤。事故发生后,乙公司支付了甲的医疗费,4 月至 7 月底的护理费、营养费,共 3180 元。丙、丁系乙公司的股东,乙公司经股东会决议解散,于第三年 2 月 19 日申请注销。第三年 6 月 30 日,经市劳动能力鉴定委员会鉴定,甲的伤残等级为十级。

问题:

甲是否可以要求丙、丁承担侵权责任?

欲解决设例 25 中的纠纷,关键在于判断丙、丁对甲是否存在加害行为。在设例 25 中,甲与乙公司之间存在劳动合同关系,丙、丁的一系列行为导致乙公司解散,甲因此而丧失了作为公司职工可能享有的待遇和赔偿,甲的财产遭到间接损失。此时,可认定丙和丁注销公司的行为属于积极加害行为,违反了公司股东的注意义务,存在过错。故甲可以要求丙、丁承担侵权责任。

■ **设例 26:**

甲登山队的成员有领队乙、队长丙、队员丁等。甲登山队的成员根据个人的经济能力和装备交纳登山经费,经费包括带队人员和队员的路费、食宿费、公用装备磨损费等。在攀登玉珠峰时,登山队遭遇险情,乙、丙虽尽力救助,但丁仍未幸免于难。甲登山队违反了《国内登山管理办法》第 4 条、第 5 条、第 6 条、第 8 条、第 9 条、第 12 条第 1 项、第 18 条的规定。根据上述规定,甲登山队系一支未经有关部门批准登记,而由几名登山活动爱好者自发组织的业余登山队,没有固定的组织机构;甲登山队在玉珠峰的登山活动未按《国内登山管理办法》的规定办理相关备案手续。

问题:

乙、丙是否应当承担侵权责任?

解决设例 26 中的纠纷时,容易联想到乙、丙可能违反了《民法典》第 1198 条规定的"群众性活动的组织者承担的安全保障义务"。但是,乙、丙分别作为领队和登山队队长仅是组织内部的特定分工,并不构成群体性活动的组织者。设例 26 的关键问题是,违反法律规定往往是判断行为主体是否违反注意义务的一个特定条件,甲登山队违反《国内登山管理办法》和有关部门批准登记规定的违规行为是否构成对特定人未承担某种注意义务或安全保障义务。

在设例 26 中,登山队成员违反《国内登山管理办法》的相关规则并非会导致对他人负有义务的规则,其行为应属被行政管理取缔的违规行为。登山是一种有风险的运动,这种风险会在很大概率上给社会、纳税人带来负担,会为登山队员招致行政处罚,但并不当然导致对特定的人承担注意义务。因此,乙、丙不应当承担侵权责任。

案例研习 2
航班信息泄露案

甲通过 A 公司的 App 为老板乙购买了次日上午的 B 航空公司的机票,选择的购票代理商是 B 航空公司旗舰店。联系方式为甲手机号,使用甲银行卡付款。飞机起飞 1 小时前,甲收到短信,提示航班取消,需要拨打短信上的客服电话办理退款,短信内容与甲购票信息完全相同。甲为避免影响乙的出行,在未与乙核实的情形下按照对方的要求办理退款手续。10 分钟后,甲发现银行卡被盗刷 10 万元,乙却已经登机。甲遂报警,该案至今未破。另查明很多在 A 公司 App 上购买机票的用户都收到了此类诈骗短信。

问题:

甲应向谁根据何种规范主张何种请求?

一、请求权基础预选

(一)合同请求权

本案中甲被骗 10 万元,因该诈骗案未破,甲的请求权的对象可能是第三方购票平台 A 公司、B 航空公司。由于甲对 B 航空公司的请求权与甲对 A 公司的请求权相类似,故本分析报告省略甲对 B 航空公司的请求权,仅检视甲对 A 公司的请求权。

因为甲在 A 公司的 App 上购买机票前会通过点击同意按钮同意 A 公司出具的《订票服务协议》,而《订票服务协议》中包括了《机票预订协议》等一系列协议,因此,甲与 A 公司之间存在合同,甲对 A 公司的请求权可能为合同请求权。关于合同请求权可能涉及的主要规范,需要进一步检视。因合同请求权发生的时间不同,可能会涉及以下规范:

第一,缔约过失请求权。《民法典》第 500 条规定:"当事人在订立合同过程中有下列情形之一,造成对方损失的,应当承担赔偿责任:(三)有其他违背诚信原则的行为。"尽管 A 公司泄露信息的行为可能属于此处的其他违背诚信原则的行为,但因为 A 公司的泄露行为必然发生在甲点击确认相关协议以后,因此不属于订立合同过程中的行为,甲对 A 公司不具有缔约过失请求权。

此外,根据《民法典》第 501 条的规定:"当事人在订立合同过程中知悉的商业秘密或者其他应当保密的信息,无论合同是否成立,不得泄露或者不正当地使用;泄露、不正当地使用该商业秘密或者信息,造成对方损失的,应当承担赔偿责任。"关于该条文的规范性质,有观点认为《民法典》第 501 条指的是缔约过失责任[1],也有观点认为《民法典》第 501 条实质上为侵权责任,为《民法典》第 1165条的特别法。[2]

笔者认为,《民法典》第 501 条中对于其他应当保密的信息,应首先判断其范围是否包括个人信息,如果当事人在披露信息时明确要求保密,且接受方未表示异议,该信息就可被作为应当保密的信息对待。如果欠缺这种声明,并不意味着信息接收方不承担保密义务,保密义务亦可依诚信原则而产生。如果相关信息的披露会对当事人造成实质损害,其获取通常需要作出必要花费,或者披露或使用信息将有悖于诚信原则,相关信息就应被认定为"应当保密的信息"。[3] 有观点认为,该条款中的"信息"应解释为包括个人信息,[4]对于保密义务的范围不以《中华人民共和国反不正当竞争法》所规定的商业秘密为限,而应当首先考虑当事人的意思,任何当事人在磋商过程中明示或者默示不得泄露或者不正当使用的信息,均可包括在内。[5]《民法典》以"应当保密的信息"作为第 501 条的认定标准,表明其适用范围不仅仅限定在商业秘密领域。本案所涉及的合同类型为互联网格式合同,与其他合同相比,个人信息泄露的可能性更大,危险性更高。因此,对于个人信息处理者应当保密的个人信息,如果发生泄露,则认定当事人违反了缔约中的保密义务。

---

① 参见王利明:《中国民法典释评·合同编(通则)》,中国人民大学出版社 2020 年版,第 172 页。
② 参见尚连杰:《〈民法典〉第 501 条(合同缔结人的保密义务)评注》,载《法学家》2021 年第 2 期,第 179 页。
③ 参见徐涤宇、张家勇:《〈中华人民共和国民法典〉评注》(精要版),中国人民大学出版社 2022 年版,第 543 页。
④ 参见丁宇翔:《民法典保护个人信息的三种请求权进路》,载《人民法院报》2020 年 9 月,第 5 版。
⑤ 参见韩世远:《合同法总论》,法律出版社 2018 年版,第 181–182 页。

　　其次，判断该条文的规范性质，有学者认为，未经明示应予保密的"秘密"，如投资计划、新商品的制造方法，一方当事人故意泄露时，显然违反诚实信用原则，依其情形得适用概括条款的规定，或成立侵权行为。[①] 该条款实际上是个人信息保护的辅助性规范，规定了个人信息处理者对个人信息保密义务的来源，而具体违反保密义务的损害赔偿则应当适用侵权责任法上的规范。因为个人信息侵权损害赔偿的构成要件在结构上与侵权责任类似，如果将《民法典》第 501 条认定为个人信息保护的独立请求权基础，既无必要，也会破坏民法体系的完整性。因此，不单独依据《民法典》第 501 条进行检视。

　　第二，违约请求权。《民法典》第 509 条第 2 款规定："当事人应当遵循诚信原则，根据合同的性质、目的和交易习惯履行通知、协助、保密等义务"，即合同全面履行原则。若合同当事人未能全面履行合同义务，则可能构成违约，非违约方即享有违约请求权。与本案相对应来看，A 公司应承担对订票人个人信息的保密义务，此为订票服务合同的附随义务。笔者搜集了当前各购票 App 的订票服务协议，多数协议并不会明确约定个人信息保护条款，但这并不足以作为 A 公司等购票服务提供商的抗辩，或否定其本应承担的义务，A 公司依然不得泄露合同履行过程中知悉的甲的个人信息。原因在于，权利人通过购买机票的行为，与相关主体可能达成了购票服务合同、航空运输合同，购票服务商、航空公司不仅负有为权利人购票、安全送达目的地的主给付义务，还负有保护权利人个人信息的附随义务。权利人在因个人信息泄露遭受损失时，有权起诉合同相对人请求损害赔偿。[②] 因此，泄露个人信息应被视为违约行为。

　　但仍需讨论的是，甲能否直接以《民法典》第 509 条第 2 款请求 A 公司承担责任。有观点认为，《民法典》第 509 条第 2 款并非完全性规范，不能独立作为请求权基础，需类推适用《民法典》第 501 条的规范作为请求权基础，即订立（类推适用于履行）合同过程中知悉个人信息后若泄露、不正当地使用该信息，造成对方损失的，应当承担赔偿责任。[③] 我国《民法典》第 509 条第 2 款的性质更接近于 1994 年《国际商事合同通则》中明示义务与默示义务的划分，[④]保密义务作

　　① 参见王泽鉴：《债法原理》（重排版），北京大学出版社 2022 年版，第 232 页。
　　② 参见吴泽勇：《个人信息泄露侵权的证明责任问题——以不明第三人侵权为中心》，载《地方立法研究》2023 年第 4 期，第 3 页。
　　③ 参见丁宇翔：《民法典保护个人信息的三种请求权进路》，载《人民法院报》2020 年 9 月，第 5 版。
　　④ 参见汪倪杰：《我国〈民法典（草案）〉中附随义务体系之重构——以中、德附随义务学说溯源为视角》，载《交大法学》2020 年第 2 期，第 88 页。

为合同中的附随义务实质上属于默示义务,可依据合同性质、目的、当事人实际履行情况及诚信原则确定。在违反保密义务与损害赔偿之间的关系问题上,我国合同法并未将损害赔偿视为给付内容的等价利益,而将附随义务当作明示义务的同类义务,共同纳入《民法典》第577条的一般违约条款,不再区分给付义务或附随义务的违反。① 因此,违反保密义务等附随义务的请求权基础应当为《民法典》第577条,"当事人一方不履行合同义务或者履行合同义务不符合约定的,应当承担继续履行、采取补救措施或者赔偿损失等违约责任"。

第三,违反后合同义务的损害赔偿。《民法典》第558条规定:"债权债务终止后,当事人应当遵循诚信等原则,根据交易习惯履行通知、协助、保密、旧物回收等义务。"本案中,甲与B航空公司的航空旅客运输合同在甲接到诈骗短信以前还没有履行完毕,此时不存在违反后合同义务的损害赔偿。但是甲与A公司的购票服务合同在订票后已经履行完毕,不过《民法典》第558条不是独立的请求权基础,有观点认为保密义务可能存在于缔约中、履约中和履约后三个阶段。第一阶段和第三阶段外在于合同,属于侵权法的管控范围。② 笔者同样认为此时的请求权基础为侵权责任法规范,不再需要单独进行检视。

(二)侵权请求权

关于侵权请求权,本案可能涉及《民法典》第1165条第1款"行为人因过错侵害他人民事权益造成损害的,应当承担侵权责任",以及《中华人民共和国个人信息保护法》(以下简称《个人信息保护法》)第69条规定的"处理个人信息侵害个人信息权益造成损害,个人信息处理者不能证明自己没有过错的,应当承担损害赔偿等侵权责任",应当首先对该侵权责任的归责原则进行梳理。《个人信息保护法》第69条第1款确立了个人信息侵权的过错推定责任,该款明确规定了"不能证明自己没有过错的"即过错推定侵权请求权的指示性语词。根据我国《民法典》第1165条第2款规定,推定行为人有过错需要依照法律规定,而《个人信息保护法》第69条正是此处的法律规定。此时,应适用特殊法优先于一般法的原则,以《个人信息保护法》第69条为请求权基础。

---

① 参见汪倪杰:《论〈民法典〉中合同与侵权的开放边界——以附随义务的变迁为视角》,载《法学家》2022年第4期,第16页。
② 参见尚连杰:《〈民法典〉第501条(合同缔结人的保密义务)评注》,载《法学家》2021年第2期,第180页。

二、请求权基础检视

（一）甲对 A 公司的合同请求权

假设甲可以根据《民法典》第 577 条的规定，"当事人一方不履行合同义务或者履行合同义务不符合约定的，应当承担继续履行、采取补救措施或者赔偿损失等违约责任"，请求 A 公司承担违约责任。

1. 请求权是否成立

该请求权成立需满足以下要件：（1）合同有效；（2）不履行或者履行不符合约定；（3）具有可归责性。

（1）合同是否有效

本案中，甲与 A 公司签订了电子合同，正常情况下签订的合同符合《民法典》第 143 条的要件则民事法律行为有效。但因本案所涉及的是个人信息的泄露问题，而现实生活中相关合同、协议多是以格式条款形式规定，一般表述为勾选同意"我已阅读并同意相关协议"，则应当思考以格式条款对个人信息保护的内容进行规定，是否会影响到合同效力。

其一，依据《个人信息保护法》第 17 条规定，"个人信息处理者在处理个人信息前，应当以显著方式、清晰易懂的语言真实、准确、完整地向个人告知下列事项：（一）个人信息处理者的名称或者姓名和联系方式；（二）个人信息的处理目的、处理方式，处理的个人信息种类、保存期限；（三）个人行使本法规定权利的方式和程序；（四）法律、行政法规规定应当告知的其他事项。前款规定事项发生变更的，应当将变更部分告知个人。个人信息处理者通过制定个人信息处理规则的方式告知第一款规定事项的，处理规则应当公开，并且便于查阅和保存。"因本案未涉及上述情形，因此，以格式条款规定个人信息保护的内容有效。

其二，依据《民法典》第 496 条、第 497 条和合同本身判断。在本案中，甲预订机票时会点击勾选同意《订票服务协议》，其中包括《机票预订协议》等。依照现实生活惯例，《机票预订协议》中往往不会规定公司对个人信息所承担的保密义务，隐私政策条款是在 App 的登录界面中显示，即在 App 的设置界面的隐私设置中有完整的《隐私政策条款》，并写明"当您使用该我方提供的服务时，即表示您已同意我们按照本用户隐私政策来合法收集、使用、保护您的个人信息"。个人信息处理格式条款通过信息主体使用 App 即表明将个人信息权让渡给网络平台的方法,一定程度上保障了网络用户的知情权。对于该《隐私政策条款》是否会基于《民法典》第497条"提供格式条款一方不合理地免除或者减轻其责任"从而认定该条款无效的问题值得关注,实际上该免责条款不应当认定为无效,在判断是否属于"不合理"时要结合民法原则对个案进行具体分析。《隐私政策条款》没有免除或者减轻互联网企业自身造成个人信息泄露后的责任,并不违反民法上的公平原则,因此该格式条款有效。

综上,相关格式条款并未影响合同效力,本案亦不存在合同无效、效力待定等规定事由,合同有效。该要件满足。

（2）不履行或者履行不符合约定

《隐私政策条款》是A公司单方面制定的,其中规定了该App如何共享、转让、公开披露用户的个人信息,没有规定A公司的义务以及责任,但根据《民法典》第509条的规定,A公司仍然具有对甲个人信息的保密义务。尽管无法证明A公司怎样违反该义务,但产生了违反该义务的结果,则该要件满足。

（3）是否具有可归责性

关于违反附随义务的违约责任是否需要具有可归责性,因为消除违约责任与侵权责任竞合问题评价的不同,有学者认为违反附随义务过错归责应当与侵权责任法保持一致,[1]德国合同法上也有类似的规定,只有当债务人对违反保护义务负责任时,才成立损害赔偿请求权。[2] 笔者赞同该观点,在本案中应当考察A公司的可归责性。A公司尽管主观上不具有故意,但应当认定其具有过失,该主观上的过失导致客观行为的不谨慎,因此具有可归责性,该要件满足。

2. 责任范围的检视

该请求权已成立,接下来检视责任范围的请求权,构成要件包括:其一,损害;其二,责任范围因果关系。

（1）损害

《民法典》第584条规定:"当事人一方不履行合同义务或者履行合同义务不符合约定,造成对方损失的,损失赔偿额应当相当于因违约所造成的损失,包括合同履行后可以获得的利益。"合同法上损害赔偿的范围包括既有损失,也包

---

① 参见汪倪杰:《论〈民法典〉中合同与侵权的开放边界——以附随义务的变迁为视角》,载《法学家》2022年第4期,第28页。
② 参见[德]海因·克茨:《德国合同法》,叶玮昱、张焕然译,中国人民大学出版社2022年版,第373页。

括可得利益,违约赔偿并非给付的等价利益,而是不履行导致的所有损失。[1] 不过,本案中不涉及履行利益问题,因此,损失为被诈骗的 10 万元以及诉讼费用。

（2）责任范围因果关系

《民法典》第 584 条确立了可预见性规则,该条款是对赔偿数额的限制,而在侵权责任法上,侵权人的行为方式、主观状态、损害可否预见等因素对损害赔偿范围均无影响,其仅由行为与损害结果之间的因果关系决定。[2] 我国侵权责任法上因果关系的判断采用相当性标准,有观点认为相当性与可预见性规则具有功能上的相似性,二者达成相似的法律效果。[3] 有观点认为,如果个人信息处理者违反关于敏感个人信息的处理规则,只要第三人利用该敏感个人信息对自然人的人身权益或财产权益造成损害,无论个人信息处理者是否能够预见,都要承担责任。如果个人信息处理者违反的是非敏感个人信息的处理规则,个人信息处理者是否要对第三人行为承担责任取决于处理者能否合理预见该第三人的不法行为。[4] 笔者赞同该观点,根据《个人信息保护法》第 28 条,立法者有意对敏感信息进行重点保护,并要求采取严格保护措施,对于敏感信息泄露造成的自然人人身权益或者财产权益的损害,信息处理者应当进行赔偿。

本案中的信息为敏感个人信息即行踪轨迹,只要造成损害的,无论个人信息处理者是否能够预见,都要承担责任。况且本案中 A 公司在订立合同时应当能预见到个人信息泄露会给当事人造成财产损失,A 公司作为大型公司应当了解到个人信息的重要性以及特定主体掌握该信息后可能造成的损害,该要件满足。

请求权已成立。

3. 请求权是否未消灭

本案中不存在权利消灭抗辩。

4. 请求权是否可行使

本案中请求权可行使。

---

① 参见汪倪杰:《论〈民法典〉中合同与侵权的开放边界——以附随义务的变迁为视角》,载《法学家》2022 年第 4 期,第 29 页。

② 参见叶金强:《论侵权损害赔偿范围的确定》,载《中外法学》2012 年第 1 期,第 156 页。

③ 参见汪倪杰:《论〈民法典〉中合同与侵权的开放边界——以附随义务的变迁为视角》,载《法学家》2022 年第 4 期,第 30 页

④ 参见程啸、李西泠:《论个人信息侵权责任中的因果关系》,载《郑州大学学报（哲学社会科学版）》2023 年第 1 期,第 25 页。

5. 小结

甲可依据《民法典》第 577 条、第 509 条请求 A 公司承担违约责任。责任范围是 10 万元加诉讼费用。

(二) 甲对 A 公司的侵权请求权

假设甲可以根据《个人信息保护法》第 69 条第 1 款,"处理个人信息侵害个人信息权益造成损害,个人信息处理者不能证明自己没有过错的,应当承担损害赔偿等侵权责任",请求 A 公司承担侵权责任。侵权请求权的检视一般分为两个层次,第一个层次为侵权请求权是否成立,若侵权责任成立,再确定第二个层次,即侵权责任的范围。

1. 请求权是否成立

请求权的责任成立需要满足下列要件:其一,个人信息权益受侵害;其二,个人信息处理者不能证明自己没有过错。[①]

(1) 个人信息权益受侵害

前文已经论述过互联网平台对个人信息的保护义务来源于《民法典》第 501 条。过错推定侵权责任不同于不作为过错侵权,请求权人不必举证"作为义务"的存在,作为义务或者由法律条文具体化,或者由给定情形下的"致害事实"即可推定存在"作为义务+作为义务的违反"。因此在检视请求权时,无须考虑请求权人的作为义务,仅需检视个人信息权益是否遭受侵害。

个人信息权益遭受侵害在实践中主要体现为如下几种类型:第一,未经个人同意擅自收集个人信息。第二,个人信息泄露。第三,个人信息被非法篡改。第四,非法利用个人信息进行自动化决策。第五,查阅、复制个人信息受阻。[②] 在本案中,甲的个人信息权益是否受到侵害是较为明显的,甲的个人信息明确被泄露,可能存在疑问的是 A 公司的加害行为。

有观点认为,数据泄露、社会分选和歧视、消费操纵和关系控制属于新型损害。[③] 还有观点认为,泄露个人信息并非侵权法意义上的行为,因为个人信息的泄露并非出于个人信息处理者的意愿。如果个人信息处理者故意"泄露"个人

---

① 本案例采纳了吴香香关于过错推定侵权请求权基础的检视方案。参见吴香香:《请求权基础:方法、体系与实例》,北京大学出版社 2021 年版,第 86 页、第 281—282 页。
② 参见李昊:《个人信息侵权责任的规范构造》,载《广东社会科学》2022 年第 1 期,第 256—257 页。
③ 参见叶名怡:《个人信息的侵权法保护》,载《法学研究》2018 年第 4 期,第 88 页。

信息,实质上是非法传输个人信息,此时并不存在泄露源头不清的问题。个人信息泄露是行为的后果而非行为本身。因此,加害行为只能是个人信息处理活动,而非个人信息泄露。① 笔者反对该观点,上述观点没有区分清楚加害行为的作为形态与不作为形态。

此处所指的信息泄露指不作为侵权,即对个人信息负担保护义务的第三方平台没有按照法律的规定采取保护个人信息的安全措施以致个人信息泄露,不应当将个人信息处理活动这一抽象的概念认定是此处具体的加害行为。在现实生活中,旅客预订机票后,航空公司往往通过短信或者 App 内提醒的方式告知一旦信息泄露可能的诈骗方式,并公布航空公司和平台的电话号码,最大限度地降低信息泄露后可能造成的财产损失。

在本案中,诈骗分子得到了甲的姓名和电话以及乙的姓名、身份证号、航班起飞时间、航班号等信息,这些个人信息是非公开的,然而在甲购票后的一天内这些信息就被诈骗分子得到并向甲发送了诈骗短信,此时个人信息泄露属于个人信息权益遭受侵害,即绝对权受侵害,该要件满足。

由个人信息权益遭受侵害推定 A 公司违反了作为义务。

(2)个人信息处理者不能证明自己没有过错

在过错推定侵权责任的检视中,若满足"绝对权受侵害"之构成要件,则得以推定责任成立之因果关系。与本案对应,个人信息侵权仍应当遵循《民法典》第 1165 条确立的两个层次的因果关系。A 公司作为第三方购票平台,它会将收集到的预订人手机号码和航班信息传递至中航信公司订座系统(eTerm 系统),此外信息还会传输给 B 航空公司。表面上来看,即便 A 公司积极履行义务,航空公司也可能泄露该信息,造成侵害,但是我们在判断个人信息侵权因果关系上应该假定其他信息处理主体也会严格保护该信息。在此条件下,如果 A 公司积极履行义务,那么就能避免甲的个人信息被泄露。该信息经过的主体为 A 公司和 B 航空公司,尽管从现有的事实上无法确定是在哪个环节发生了个人信息的泄露,但是将二者看作一个整体时,如果该整体不泄露个人信息,甲的个人信息就不会被其他主体得到,因此符合条件说"若不、则不"的检验方式。该整体泄露信息的行为与甲的个人信息权益受侵害之间存在因果关系。本案中未说明 A 公司有证明自己无过错的情形,其违反了个人信息保护的附随义务。该要件

---

① 参见林洹民:《问责原则与安全原则下的个人信息泄露侵权认定》,载《法学》2023 年第 4 期,第 111 页。

满足。

2. 责任范围的检视

该侵权请求权责任成立,本案不存在成立抗辩事由。接下来检视责任范围,构成要件包括:其一,损害;其二,责任范围因果关系。

(1)损害

"损害"是所有民事赔偿责任的必备构成要件。依据损害能否通过金钱加以计算,可以将之分为财产性损害与非财产性损害。[①]《个人信息保护法》没有规定损害的类型,对个人信息泄露等侵权行为发生时的损害认定,依然需要回归《民法典》的具体规则。[②] 有观点认为,发生个人信息泄露或其他个人信息侵权事件时,受害人可以主张的损害可以区分为现实损害与风险性损害。现实损害又可以进一步区分为财产损失和精神损害。[③]

本案应讨论,甲的 10 万元是否能包含于此处侵犯个人信息权益造成的损害范围中。关于侵害个人信息权益是否会造成财产损害,有观点认为,个人信息权益保护的客体是人格利益,同时人格权保护一元化模式涵盖了精神利益与财产利益,因此无须再确认作为财产权的个人信息权益。[④] 也有观点认为,人格权只能是纯粹保护人格利益,不能扩张为包含了保护财产利益的内涵变异的权利,从而应当创新的权利来给人格权的财产利益留出专门的空间。[⑤] 目前,《民法典》确立的人格权保护中包括了财产利益和精神利益。自然人对其个人信息享有财产利益,相应的损害包括:其一,因侵害个人信息权益本身造成的损害,在侵害个人信息权益时,当事人维权所支出的诉讼费、律师费、交通费属于损害的一部分。法条中常表述为"制止侵权行为所支付的合理开支",即被侵权人或者委托代理人对侵权行为进行调查、取证的合理费用以及符合国家有关部门规定的律师费用。[⑥] 其二,因个人信息被侵害后遭受的下游损害,例如因为个人信息泄露被犯罪分子利用而遭受网络诈骗,下游犯罪包括但不限于网络攻击、诈骗、身

---

① 参见程啸:《侵权责任法》(第 3 版),法律出版社 2021 年版,第 229 页。
② 参见谢鸿飞:《个人信息泄露侵权责任构成中的"损害"——兼论风险社会中损害的观念化》,载《国家检察官学院学报》2021 年第 5 期,第 28 页。
③ 参见朱晓峰、夏爽:《论个人信息侵权中的损害》,载《财经法学》2022 年第 4 期,第 60 页。
④ 参见程啸:《论我国民法典中个人信息权益的性质》,载《政治与法律》2020 年第 8 期,第 7 页。
⑤ 参见李国强:《财产法体系的解释》,北京大学出版社 2022 年版,第 73—74 页。
⑥ 参见李昊:《个人信息侵权责任的规范构造》,载《广东社会科学》2022 年第 1 期,第 258 页。

份盗窃、敲诈勒索、跟踪杀人等。① 这种损害往往与侵害个人信息直接相关，但是这种损害又不是侵害个人信息权益造成的直接结果。对于个人信息处理者是否应当承担下游犯罪的损害，有观点认为，因为数据泄露导致的他人实施电信诈骗以致被害人损害也应当予以赔偿；②还有观点认为，信息处理者的行为与下游损害均具有因果关系，但其只对具有社会典型意义的下游侵权损害承担侵权责任，不承担因第三人故意侵害自然人生命、健康导致的损害赔偿责任。③ 笔者赞成后者，甲因为个人信息泄露遭受诈骗具有社会典型性，其有 10 万元的财产损失，以及为了维权支出的律师费用、诉讼费用等，均属于损害。该要件满足。

（2）责任范围因果关系

个人信息权益被侵害与损害之间的因果关系，是在侵权责任成立后用来确定损害赔偿范围的因果关系。对于权益被侵害与损害之间因果关系的判断，我国目前理论界与实务界都主张借鉴德国法上的相当因果关系说。该说认为，作为原告之损害条件的被告行为（或应由其负责之事件），如果极大地增加了此种损害发生的客观可能性，那么该行为就属于损害的充分原因。④ 相当因果关系是由"条件关系"及"相当性"所构成的。对责任范围的因果关系，首先通过条件关系进行判断，受害人需证明个人信息权益被侵害是损害的条件，而相当性的判断，即是否极大地增加了此种损害发生的客观可能性则由法官进行判断，但是被告可以举证证明不存在相当性，如第三人的介入或者受害人的过错等。甲的个人信息泄露与遭受诈骗所导致的 10 万元财产损失之间是否具有因果关系，根据相当因果关系理论应当检视条件关系与相当性。

第一，对于"条件关系"，如果诈骗分子没能得到甲的个人信息，那么甲就很难上当。犯罪分子得到这些信息以后会充分利用，因为诈骗犯往往会巧妙地利用行为人的各种心理，通过高超的话术来让人上当，但是这往往需要一个基本的信任前提，而本案中犯罪分子利用得到的航班信息等构建了诈骗的前提，通过虚构航班取消操作退费的方法让甲上当，条件关系满足。

第二，对于"相当性"，诈骗犯在实施诈骗时往往利用的也是个人信息，通过

① 参见叶名怡：《个人信息的侵权法保护》，载《法学研究》2018 年第 4 期，第 88 页。
② 参见徐明：《大数据时代的隐私危机及其侵权法应对》，载《中国法学》2017 年第 1 期，第 146 页。
③ 参见谢鸿飞：《个人信息处理者对信息侵权下游损害的侵权责任》，载《法律适用》2022 年第 1 期，第 23 页。
④ 参见程啸、李西泠：《论个人信息侵权责任中的因果关系》，载《郑州大学学报（哲学社会科学版）》2023 年第 1 期，第 23 页。

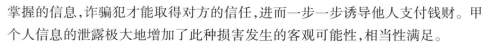

掌握的信息,诈骗犯才能取得对方的信任,进而一步一步诱导他人支付钱财。甲个人信息的泄露极大地增加了此种损害发生的客观可能性,相当性满足。

根据相当因果关系来判断,认定存在责任范围的因果关系。根据《个人信息保护法》第 69 条第 2 款,损害赔偿责任按照个人因此受到的损失确定,本案中甲的损失为 10 万元以及为此支出的律师费和诉讼费。请求权已成立。

3. 请求权是否未消灭

本案中不存在权利消灭抗辩。

4. 请求权是否可行使

本案中请求权可行使。

5. 小结

甲可以依据《个人信息保护法》第 69 条请求 A 公司承担损害赔偿责任。范围是 10 万元加律师费用和诉讼费用。

(三)甲对 A 公司的请求权基础竞合

A 公司的行为既构成侵权行为又构成违约行为,二者均可能作为甲主张损害赔偿的请求权依据事由。根据《民法典》第 186 条,受损害方有权选择另一方当事人承担违约责任或侵权责任,但此种侵权请求权与合同请求权的关系仅为请求权基础竞合关系,请求权基础方法的适用目的在于检视所有可能。① 本案中,甲对 A 公司的请求权构成请求权基础竞合,甲对 A 公司损害赔偿的主张具有两个规范基础。

三、结论

甲可以依据《民法典》第 577 条请求 A 公司承担违约损害赔偿责任。范围是 10 万元加律师费用和诉讼费用。

甲可以依据《个人信息保护法》第 69 条请求 A 公司承担损害赔偿责任。范围是 10 万元加律师费用和诉讼费用。

上述两个请求权,甲择一行使。

---

① 参见吴香香:《请求权基础:方法、体系与实例》,北京大学出版社 2021 年版,第 28-30 页。

第三讲

多数人侵权责任

一、多数人侵权责任的体系构成

(一)《民法典》中多数人侵权责任规范体系

我国《民法典》完全延续了《侵权责任法》对多数人侵权责任的规定,其第1168条至第1172条的规定与《侵权责任法》第8条至第12条相比,除个别文字表述的调整之外,完全相同。《民法典》采用多个条文(第1168条至第1172条)对多数人侵权责任加以规范。依据《民法典》的规定,多数人侵权责任体系分为以下两大类:其一,共同侵权,包括共同加害行为(第1168条)、教唆帮助行为(第1169条)以及共同危险行为(第1170条)。其二,无意思联络的数人侵权,包括承担连带责任的无意思联络数人侵权(第1171条)、承担按份责任的无意思联络数人侵权(第1172条),详见图3-1。

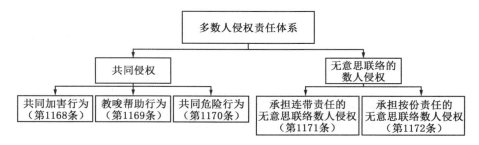

图 3-1　多数人侵权责任体系

（二）多数人侵权责任中因果关系的特殊性

当加害人是单独一人时，其加害行为与损害之间的因果关系形态为"一因一果"或"一因多果"，受害人证明因果关系的困难并不会太大。然而，在加害人为二人以上，他们在共同或分别实施加害行为给受害人造成多个损害或同一损害时，因果关系则表现为"多因一果"或"多因多果"。此时，受害人要证明因果关系会有很大的困难。为了消除受害人在多数人侵权责任中遇到的缺乏证明因果关系证据的困境，侵权责任法有必要对多数人侵权责任加以规范。

与单独的侵权责任、多个单独侵权责任的累积相比，多数人侵权责任的特殊之处就在于因果关系，具体表现为以下情形：

（1）多个加害人的侵权行为是造成损害的共同原因。当多个加害人不是分别实施而是共同实施加害行为，侵害他人民事权益造成损害的，基于"共同性"，多个加害人的行为就是损害的共同原因。"共同性"表现为：第一，主观上的共同性，即多个加害人是基于主观上的共同故意即意思联络而实施加害行为。第二，客观上的共同性，即多个加害人虽然主观上没有共同的故意，分别实施侵权行为，但他们的侵权行为给受害人造成了"同一损害"。"同一损害"是指各个分别实施侵权行为之人的行为，均与受害人遭受的损害具有责任成立的因果关系，即每一个侵权人的侵权行为都对损害的发生具有原因力。

（2）多个加害人的侵权行为是造成损害的择一原因，即多个加害人分别实施危及他人人身、财产安全的行为，但是，只有其中一人或数人的行为现实地给受害人造成了损害，而且，不能确定究竟是何人的行为现实地造成了损害后果，即无法确定具体的侵权人。此时，损害发生的原因必定存在于实施危及他人人身财产安全的数个行为人当中，可将多个加害人的行为作为一个整体来观察，进而认为数个行为人的行为与受害人的损害之间存在因果关系。

设例 27：

甲驾驶套牌车在公路上行驶时，与同向行驶的乙驾驶的客车相撞。两车冲下路基，客车翻滚致车内乘客王某当场死亡。交警部门认定，甲负主要责任，乙负次要责任，王某不负事故责任。

问题：

王某的损害应由谁承担？如何承担侵权责任？

设例 27 涉及的关键问题有两个：其一，交警部门的交通肇事责任的认定能否直接作为侵权责任中民事责任结果的认定依据；其二，甲违章撞乙的车致王某受到损害，但甲、乙均未直接侵害王某，王某的死亡与甲、乙违章行为是否具有因果关系。

针对前一个问题，虽然存在交警部门就甲、乙二人主要、次要责任的认定，但其主要依据为行政处罚角度下当事人的过错程度，而非从侵权责任构成角度基于主观过错或因果关系来确定的责任大小。该行政认定可以作为证据之一以用于判断过错的原因力，但并不能当然成为最终民事责任结果的认定依据。针对后一个问题，从法律角度衡量因果关系时，不应指向逻辑学的充分必要条件，而应以因果关系的相当性作为判断标准。虽然，若仅有甲或乙的行为，都不足以导致王某损害的发生，但是，换一种方式进行思考，若甲、乙当中任意一个人不违章，便不会导致损害后果的发生。

在设例 27 的原型案例中，法院根据 2003 年发布的《最高人民法院关于审理人身损害赔偿案件适用法律若干问题的解释》第 3 条的规定："二人以上共同故意或者共同过失致人损害，或者虽无共同故意、共同过失，但其侵害行为直接结合发生同一损害后果的，构成共同侵权，应当依照《民法通则》第一百三十条规定承担连带责任。二人以上没有共同故意或者共同过失，但其分别实施的数个行为间接结合发生同一损害后果的，应当根据过失大小或者原因力比例各自承担相应的赔偿责任"，最终裁判甲、乙承担连带责任。采用该条文作为裁判依据是因为《民法通则》关于多数人侵权的规定并不充分，该条文实际上扩张解释了《民法通则》第 130 条关于共同加害行为的规则，创造了"数个行为的直接结合性"的概念,①以直接结合和间接结合来区分。之后的《侵权责任法》《民法典》都抛弃了这一做法,转而以《民法典》第 1171 条、第 1172 条来对无意思联络的数人侵权进行区分。

 设例 28:

> 甲驾驶货车在立交桥上行驶时,因雨天路滑且操作不当而失控。货车车厢将水泥护墙上的一截钢管撞落,钢管坠下去中在下层行驶车辆上的张某。事后经查明,乙市政管理处对水泥护墙的维护有瑕疵。

问题:

张某的损害应由谁承担?如何承担侵权责任?

在解决设例 28 中的纠纷时,通常的做法是在《民法典》第 1171 条、第 1172 条之间确定请求权基础。《民法典》第 1171 条与第 1172 条的区别在于原因的竞合与聚合。第 1171 条是指原因的竞合,强调每个人的侵权行为都足以造成全部损害后果;而第 1172 条是指原因的聚合,数个侵权行为人分别实施侵权行为,并非每一个行为都足以导致全部损害,需要累积聚合。在设例 28 中,甲、乙单独一方的原因和过错都不足以导致全部的损害,故不能以《民法典》第 1171 条为依据请求甲、乙承担连带责任。此时读者可能就设例 27 和设例 28 的区别产生疑问,两个设例都是两个侵权行为结合导致了危害后果,若乙市政管理处尽到了维修义务,也不会出现这个结果,那么以设例 27 的思路来分析设例 28,是否也可以认为每一个主体的行为都可以导致全部责任?

无论是以直接结合、间接结合来考虑此问题,还是以无意思联络的数人侵权来分析,都需要考虑乙存在管理瑕疵的过错与甲违章行驶的过错。设例 27 和设例 28 的关键区别在于,行为的结合是否属于通常预见范围内能够同时发生的行为。设例 27 中两辆车违章的前提是二者皆行驶于道路之上,此时它们的结合是社会共识中能够预见的常态,而在设例 28 中,任何一方的行为都是孤立的,二者的结合带有强烈的偶然因素。两个设例真正的区分点在于因果关系的相当性。

---

① 参见最高人民法院民事审判第一庭:《最高人民法院人身损害赔偿司法解释的理解与适用》,人民法院出版社 2004 年版,第 47—48 页。

二、共同加害行为

共同加害行为又称狭义的共同侵权行为,是指二人以上共同过错实施侵权行为,造成他人损害,从而承担连带责任的情形。多数人侵权责任,是指有两个以上责任主体实施侵权行为对同一损害后果承担的侵权责任。《民法典》第1168条至第1172条是关于多数人侵权责任的一般规定,其承担责任方式包括:其一,数人对同一损害后果承担连带侵权责任(《民法典》第1168条);其二,数人对同一损害后果承担按份侵权责任(《民法典》第1172条);其三,在数个责任主体中,部分责任主体承担全部侵权责任,部分责任主体承担补充侵权责任(例如《民法典》第1198条),由于此种关系比较特殊,仅存在于特殊侵权场合,所以在一般的多数人侵权责任的规范当中并没有列举。

 **设例29:**

> 村民李某是种粮大户。村民甲、乙看李某的日子过得红火,心生嫉妒。某日月黑风高,甲来到李某家粮库的东头放了一把火,几乎同时,乙来到李某家粮库的西头也放了一把火。后虽经众人奋力抢救,粮库仍被烧光。

问题:

李某的损害应由甲、乙如何承担责任?

意思联络需要有特定的时间和明确的分工,在设例29中,甲与乙之间没有事前意思联络,甲、乙所造成之损害结果是巧合而非主观上的共谋,因此不构成共同加害行为,根据《民法典》第1172条承担无意思联络情形下的按份责任。

设例30:

> 甲和乙见楼道处停放多辆摩托车,遂共谋盗取车内汽油。两人分别盗取楼道两侧车内的汽油。由于天黑,甲点燃自己携带的打火机照明,不小心引燃了洒在地上的汽油引起火灾,二人见状逃离现场,后火灾致一楼住户马某夫妇被烧死。

问题：

马某夫妇的损害应由谁承担？如何承担侵权责任？

欲解决设例30中的纠纷，关键点在于判断甲、乙共同行为的认定是否终止于甲的点火行为。在设例30的原型案例中，法院最终裁判认定为共同加害行为下的多数人侵权。设例30的事实认定不应局限于最终的点火行为，甲、乙二人从共谋盗窃开始即可能产生危险，因为作为盗窃对象的汽油是一种极其易燃的物质。在盗窃过程中，甲、乙对于彼此行为的实施负有注意义务，也即作为同伙的乙要对甲携带打火机可能带来的严重危害后果负有相应的注意义务。作为整体，二者行为明显有意思联络，且有共同的故意，故构成共同加害行为。如果仅以甲点燃打火机照明引燃汽油致马某夫妇死亡来认定因果关系则会舍弃甲、乙共谋盗窃汽油的行为，此时容易偏向甲实施了放火行为，与事实不符。这是从社会最低价值共识的角度对因果关系进行分析，不排除其他角度的合理性。

结合设例29和设例30，会发现在多数人侵权类型化为两方面、五种具体类型时，对共同侵权这一概念最好做狭义理解，才能把各种类型所要指向的范围相对地精确化，否则就会出现适用上更多的模糊地带。

三、教唆帮助行为

（一）教唆帮助行为的规范目的

《民法典》第1169条规定："教唆、帮助他人实施侵权行为的，应当与行为人承担连带责任。教唆、帮助无民事行为能力人、限制民事行为能力人实施侵权行为的，应当承担侵权责任；该无民事行为能力人、限制民事行为能力人的监护人未尽到监护职责的，应当承担相应的责任。"在教唆、帮助他人实施侵权行为的案件中，教唆人和帮助人并非直接的、具体的实施加害行为的人，这就导致了受害人要证明并未直接实施加害行为的教唆人、帮助人的行为与损害之间的原因力和原因力的大小是比较困难的。为消除受害人证明因果关系上的困难，保护受害人权益，侵权责任法上将教唆人、帮助人等同于共同侵权人，让他们与直接加害人一起就受害人的全部损害承担赔偿责任。因此，受害人无须证明教唆人、帮助人的行为与损害的因果关系，而只要证明存在教唆行为或帮助行为，即可使得教唆人或帮助人与直接侵权人一起承担连带责任。根据《最高人民法院关于适用〈中华人民共和国民法典〉侵权责任编的解释(一)》第 11 条,教唆者、帮助者不得以其不知道且不应知道被教唆者、帮助者为无民事行为能力人或者限制民事行为能力人为由,主张不承担责任或者要求与被教唆者、被帮助者承担连带责任。

 设例 31:

> 某影视公司拍摄了电视剧《再进山城》。网络用户甲未获得影视公司的授权,将该电视剧上传到乙公司的视频网站。乙公司编辑了剧集列表和内容简介等内容,丙公司的视频网站也以剧集列表的方式在网站列明,但点开后会跳转到乙公司的网址进行播放。

问题:

影视公司的损失应由谁承担? 如何承担侵权责任?

设例 31 中甲实施了侵权行为,乙公司编辑了剧集列表和内容简介等内容,实施了帮助行为,作为以此为业的视频网站,乙公司违反了相应的注意义务。一般来说,视频网站存在用户自由上传、经审核上传等运营方式,显然在设例 31 中,侵权视频是经由乙公司审核编辑后上传的,乙公司的行为和其提供的服务与甲传播视频的侵权行为有共同的联络,但并非共同故意,乙公司对甲的侵权起到了帮助的作用,适用《民法典》第 1169 条第 1 款,承担连带责任。

丙公司转载乙公司网址播放视频,但播放源侵权并不一定导致转载者侵权,需根据《民法典》第 1194 条网络侵权的规定来具体判断。对于丙来说,因为乙已经进行了帮助行为,除非在丙知道或应该知道的情况下,才会要求丙承担注意义务,而丙公司简单的列明和跳转行为并不构成对影视公司的侵权。

(二)教唆行为的构成要件

1. 存在教唆人与行为人

教唆行为中至少有两个行为人:其一,实施教唆行为之人,即教唆人;其二,实施侵害他人权益行为之人,即行为人。教唆人可以是完全民事行为能力人,也可以是不完全民事行为能力人。如果是完全民事行为能力人,则教唆人属于侵权人,依《民法典》第 1169 条第 1 款与行为人承担连带责任;如果是不完全民事行为能力人,则由教唆人之监护人与行为人承担侵权责任(《民法典》第 1188 条第 1 款与第 1169 条第 2 款）。

2. 教唆人实施了教唆行为

教唆行为，是指利用言词对行为人进行开导、说服或通过刺激、利诱、怂恿等方法使该行为人从事侵害他人权益之行为。例如《最高人民法院关于审理侵害信息网络传播权民事纠纷案件适用法律若干问题的规定》第 7 条第 2 款规定："网络服务提供者以言语、推介技术支持、奖励积分等方式诱导、鼓励网络用户实施侵害信息网络传播权行为的，人民法院应当认定其构成教唆侵权行为。"

3. 教唆行为与被教唆人的加害行为存在因果关系

被教唆人的加害行为，是指被教唆人实施的侵害他人民事权益的行为是由被教唆人即行为人所实施的。教唆行为与加害行为存在因果关系意味着：其一，教唆行为通常都只能是发生在加害行为实施之前，不存在事后的教唆，如果在教唆之前加害行为已经实施完毕，则教唆行为与加害行为并无因果关系。其二，被教唆人所实施的加害行为正是教唆的内容，即教唆行为影响了被教唆人，从而引起了加害行为。倘若教唆行为并未对被教唆人产生影响，没有引起加害行为，则不发生侵权责任的问题。需要注意的是，若被教唆人从事的加害行为并不是教唆的内容或超出了教唆的内容，则被教唆人应单独承担侵权责任，教唆人不承担侵权责任，更无须承担连带责任。例如甲教唆乙入室窃取丙的笔记本电脑。乙入室后除窃取电脑外，还将丙的妻子丁奸污。就丙的电脑被盗这一损害而言，甲应与乙被视为共同侵权行为人，承担连带责任。但丁被奸污这一损害超出了教唆的范围，应由乙单独承担侵权责任。

4. 教唆人与被教唆人存在共同故意

教唆人与被教唆人都有侵害他人权益的主观故意，过失不可能构成教唆行为。教唆人明知或者应知其教唆他人实施之行为是侵权行为，而不要求教唆人对该行为属于哪一类侵权行为或者承担何种侵权责任有所认识。

（三）帮助行为的构成要件

1. 存在帮助人与行为人

帮助行为，是指给予他人帮助（例如提供工具或者指导方法），以使该人易于实行侵权行为。因此，在帮助行为中，存在帮助人与被帮助人，二者都是加害行为人。

2.帮助人实施了帮助行为

帮助行为既可以是精神上的帮助,也可以是物质上的帮助,可以是积极的作为,也可以是消极的不作为。积极的作为如为他人的侵权提供经费支持和信息情报;消极的不作为如网络服务提供者明知或者应知网络用户利用网络服务侵害信息网络传播权,却不依法采取删除、屏蔽、断开链接等必要措施。需要注意的是,帮助行为并不要求帮助人的行为是加害人实施加害行为的原因,即只要该帮助行为客观上使加害行为易于实施即可。这同时也意味着,帮助行为无须如教唆行为那样必须发生在加害行为实施之前,而是可以发生在加害行为实施过程中或者加害行为实施完毕后。

3.存在意思联络

帮助人主观上必须是故意的,这种故意可以是明知也可以是应知其行为在帮助他人实施侵权行为。例如《民法典》第1197条规定:"网络服务提供者知道或者应当知道网络用户利用其网络服务侵害他人民事权益,未采取必要措施的,与该网络用户承担连带责任。"

设例32:

甲要盗窃刘某的汽车,于是打电话找到乙开锁公司。乙开锁公司的工作人员丙打开了车锁,未核实甲的任何证件,甲将汽车盗走。

问题:

刘某的损害应由谁承担?如何承担侵权责任?

乙开锁公司、丙是雇佣单位与雇佣者的关系,根据《民法典》第1191条的规定,丙打开车锁的行为属于履行职务,因此,由乙开锁公司承担责任。甲实施了直接加害行为,那么乙开锁公司是否构成帮助行为?虽然在客观上乙开锁公司帮助甲实施了盗窃行为,但《民法典》第1169条中教唆、帮助行为是并立的,教唆行为需要具备明确的主观故意意图,同理帮助行为亦需要具备主观故意。如果只是发生了帮助的事实,则该帮助行为可能只是整个侵权行为发生的一个原因。丙未履行开锁核实身份的职务要求义务确有过错,但此过错与甲行为没有直接的关联,对常见的家用机动车进行开锁,要求丙作为开锁人明知或应知其为盗窃,不符合社会一般人的认知。因此,刘某的损害应该由甲承担侵权责任。当

侵权责任法鉴定式案例研习

然,如果设例 32 中丙的过错足够大,无意思联络的数人侵权也可能会成为侵权行为发生的原因。

四、共同危险行为

(一)共同危险行为的规范目的

共同危险行为,是指二人以上实施危及他人人身、财产安全的行为,其中一人或数人的行为实际造成了损害,但不能确定为何人所致,故而由全体参与实施危险行为之人承担连带赔偿责任(《民法典》第 1170 条)。共同危险行为也被称为"准共同侵权行为","准用"一词一般在法律方法论上会提到,是一个"类似的"观念,即看起来像狭义共同侵权行为,实际上不是。

共同危险行为的合理性在于:其一,虽然受害人不能确切地证明具体的加害人,但是加害人就隐藏在多个参与人之中,即加害人参与的危险活动与受害人的损害之间存在的是择一的因果关系或选择的因果关系;其二,通过实行举证责任的倒置有助于查明真相,使受害人不会因为其无法证明具体加害人而丧失损害赔偿请求权。

多数人侵权案件的思考顺序如图 3-2 所示:

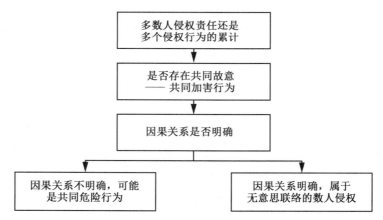

图 3-2　多数人侵权案件的思考顺序

设例33：

> 甲与乙同属于一个狩猎协会。在一次狩猎过程中,两人都出现了判断错误,以为周某所在的位置有猎物。甲、乙不约而同地向周某的方向各开一枪,其中一枪误伤了周某的眼睛。对于周某来说更为不幸的是,由于两人所使用的枪支和子弹均为相同规格,便没有充足的证据证明究竟是哪一个人射伤了他的眼睛。

问题：

周某的损害应由谁承担？如何承担侵权责任？

　　按照自己责任原则,被侵权人应当证明是谁造成的侵权结果,否则后果自负,但设例33的情况显然对周某产生了巨大的不公平,以他掌握的资源和具备的能力是无法证明该结果的。在此情形下,为了更好地保护被害人,法律制定时创造了共同危险行为概念,准用共同侵权的规则,由具备行为可能的加害人承担侵权责任。甲、乙都实施了危险行为,所以甲、乙承担连带责任。

　　《民法典》第1170条将因果关系不明的界定为"不能确定具体侵权人",并且规定"能够确定具体侵权人的,由侵权人承担责任"。因此,在我国法上,只有当加害人不明,即择一的因果关系形态时,方属于共同危险行为。如果仅仅是加害部分不明,则不适用共同危险行为。

设例34：

> 赵某从一栋楼房下经过,不幸被高空坠下的一把菜刀砸中头部,受重伤。赵某无法判断是从哪一个窗户掉下的菜刀。

问题：

赵某的损害应由谁承担？如何承担侵权责任？

　　设例34涉及的纠纷最早可追溯至罗马法上的规定。在罗马法时代,由于没有下水道等公共卫生处理系统,住户实施从窗户投掷垃圾、倒水这种危险行为是一种常态,因为在当时的社会背景下,虽然不认为这是正常的行为,却无法阻止这种行为发生,任何人都可能是投掷垃圾或倒水的行为人。因此,罗马法将此类行为认定为共同危险行为,需要承担连带责任。

如今,设例34中某住户将菜刀扔出窗外等此类危险行为是被社会所严格制止的,应当根据《民法典》第1254条的规定,适用不明抛掷物、坠落物致害责任。原因在于,其一,人们不再需要从窗户向外处理垃圾,换言之,从窗户向外扔东西属于偶然的状态。其二,目前社会技术手段和社会规则的要求都决定了从高空抛掷物品的行为不会成为常态化。若仅依据过错责任规则使建筑物使用人、物业服务企业等管理者承担责任是不合理的。针对本设例需进一步调查确定具体侵权人,若难以确定的,除能够证明自己不是侵权人的外,由可能加害的住户给予补偿,并判断物业服务企业等建筑物管理人是否采取了必要的安全保障措施。

(二)共同危险行为的连带责任

共同危险行为人应就被侵权人的损害承担连带责任,被侵权人有权要求全部或部分行为人就全部或部分的损害承担连带赔偿责任。而共同危险行为人内部应当按照责任大小确定赔偿份额,不能确定的平均承担责任;支付超出自己赔偿数额的连带责任人,有权向其他连带责任人追偿。

 设例35:

> 甲、乙、丙三人驾驶汽车行驶在公路上。甲欲从左侧车道超越高某所驾驶的三轮车,因车速过快处置不当而将高某的三轮车撞翻。乙踩刹车但避让不及撞上了高某,几乎同时丙也避让不及撞上了高某。高某骨折,但不能确定是哪辆车所致。

问题:

高某的损害应由谁承担?如何承担侵权责任?

在设例35的案件原型中,法院在裁判中适用了《民法典》第1170条共同危险行为承担责任的规则。甲、乙、丙三人在驾驶过程中均存在不当的行为,即实际上三者都有一定的过错。在道路行驶过程中,每一位驾驶员都承担着身为专业人士的注意义务,包括但不局限于正常行驶,还应该避免发生各种意外及损害。三人同危害结果的发生均存在因果关系,甲、乙、丙三人承担连带责任能最好地保护受害人高某的利益。

设例36：

> 孔某于4月21日晚间在宿舍喊叫,被甲拖至走廊一顿踢打,后孔某自
> 行回宿舍休息。4月22日上自习时,孔某又被同学乙、丙叫到操场一
> 顿踢打。4月24日孔某被医院诊断为脑震荡。

问题：

孔某的损害应由谁承担? 如何承担侵权责任?

欲解决设例36中的纠纷,关键在于对孔某受损害的原因进行分析,需要把所有可能致其损害后果的行为放在一起进行衡量。在设例36中,导致孔某脑震荡的原因有4月21日在走廊被甲踢打,4月22日被乙、丙踢打,无法确定是哪一次的殴打行为造成了孔某的损害。因此,甲、乙、丙所实施的危及孔某人身安全的行为构成共同危险行为,根据《民法典》第1170条可得,甲、乙、丙需对这一损害后果承担基于共同危险行为的连带责任。

(三)共同危险行为的免责事由与举证责任

共同危险行为实质上实行的是因果关系的推定,改变了因果关系证明责任的分配,将其转移给了共同危险行为人,即实行因果关系上的举证责任倒置。

在共同危险行为中,除了一个或多个侵权人的行为与损害之间存在真实的因果关系外,其他人的行为与损害之间存在的是"可能的因果关系"。因此,共同危险行为人有权通过证明自己的行为与损害之间不可能存在因果关系而免责。

对《民法典》第1170条中"能够确定具体侵权人"应作如下理解:第一,就受害人而言,无论是不能确定具体侵权人,还是能确定却故意不确定,在所不问。因为受害人要主张适用共同危险行为,还必须证明其他的构成要件。第二,对法院来说,如果发现具体的侵权人可以确定,则应排除共同危险行为的适用,确定由该具体的侵权人承担责任。第三,就共同危险行为人而言,可以通过证明损害是由某个或某些共同危险行为人所致而免责。但实践中,最后一点往往很难做到,不能将免责事由限定于此。只要行为人确实能够证明自己的行为与损害之间不存在因果关系,就可以免责,因为共同危险行为只是推定了行为与损害后果存在。

设例37：

甲、乙、丙、丁四个人为同一个单位的同事，四人一起出差入住某宾馆。当晚，四人在房间内打扑克，其间抽烟并乱扔烟头，后烟头引燃窗帘导致火灾。事后无法查明是谁扔的烟头。

问题：

宾馆的损害应由谁承担？如何承担侵权责任？

设例37中，根据《民法典》第1170条之规定，需由甲、乙、丙、丁四人承担连带责任。但需具体判断第1170条表述的"能够确定具体侵权人"究竟指向的是受害人能够向法院证明具体的侵权人，抑或法院能够查明具体侵权人，还是指共同危险行为人需要向法院证明何人是具体侵权人。在民事诉讼中，据此是否可以认为只有找到具体侵权人才可以成为免责事由；甲、乙、丙、丁四人是否必须找到侵权行为实施者；若能够证明自己没有抽烟，是否可以免责。通常来讲，在无法确定具体侵权人时，只要能够证明自身未实施危险行为即可免责，但如此便会与《民法典》第1170条的表述存在出入。

五、无意思联络的数人侵权

（一）无意思联络的数人侵权的规范目的

无意思联络的数人侵权，是指没有共同故意的数人基于故意或者过失，分别实施侵权行为，造成他人同一损害的情形。在多数人侵权责任中，无意思联络的数人侵权的类型与定位取决于如何理解共同加害行为中的"共同"。倘若采取意思联络说即共同故意说，则无意思联络的数人侵权的范围较大。反之，如果对共同加害行为中的"共同"做广义的解释，采取所谓客观共同说，则无意思联络的数人侵权适用的情形会很少，甚至完全不具有独立存在的必要。

《民法典》第1168条规定的共同加害行为中的"共同"仅限于共同故意即意思联络，因此，我国法上无意思联络的数人侵权的适用范围非常广泛。立法者考虑到在侵权责任法中对无意思联络的数人侵权作出规定，有助于建立完善的数人侵权责任制度，因此原《侵权责任法》第11条与第12条在比较法上率先对无意思联络数人侵权作出了专门的规定。我国《民法典》第1171条和第1172条延续了原《侵权责任法》第 11 条和第 12 条的规定,仅调整了个别表述,例如将"平均承担赔偿责任"修改为"平均承担责任"。

设例38:

> 出租车驾驶员甲未靠路边就停车下客。乘客乙打开出租车右后门时,将乘坐在丙驾驶的电动车后座上的杨某左膝碰伤。

问题:

杨某的损害应由谁承担? 如何承担责任?

在实际案例中,两类无意思联络的数人侵权情形的条件相似,较难判断。在设例 38 中,仅有出租车驾驶员甲未靠路边就停车或乘客乙下车都难以造成案例中丙的损害后果。驾驶员甲即便在路边停靠,也有确认下车环境是否安全的义务,乘客乙未经查看便下车也是一种危险行为,只有两个原因结合起来才能造成杨某的损害,是原因的累积和聚合。故甲、乙需根据《民法典》第 1172 条之规定承担责任。

设例39:

> 甲所有的配电房既未设置隔离围墙或者栅栏,亦未设置高压危险的警示标志。从高压输电线路连接该配电房的高压连接头按原设计距配电房顶的垂直距离为 2 米,乙施工队在进行检修时擅自将高压连接头下移至距屋顶 1.4 米。丙紧靠该配电房违章建房。该违章建筑房檐与配电房顶处在同一水平面,且相距仅 0.5 米。10 周岁的徐某为捡拾落在配电房顶的风筝,先爬到丙的违章建筑房顶,再跨过 0.5 米距离到达甲的配电房顶,被距房顶仅 1.4 米的高压连接头放电击伤,致两臂截肢。

问题:

徐某的损害应由谁承担? 如何承担侵权责任?

在设例 39 的案件原型中,法院的裁判结果更倾向于根据《民法典》第 1171 条认定甲、乙、丙承担连带责任。在判断责任主体时,须分析每一个主体应承担的注意义务与损害后果之间原因力的大小。甲未设置隔离围墙或者栅栏,亦未设置高压危险的警示标志的行为便足以造成全部损害。若高压电没有有效的防护措施,则很容易造成他人触电,其危险性及对相关设施的注意义务已超出普通人应该注意的范围。同理,乙施工队属于从事专业领域建设,电力施工准入门槛较高,除电力设施外还包括部分特殊要求,承担着较为严格的注意义务。另外,无论城市还是农村,都应严格执行《中华人民共和国城乡规划法》规定的明确标准,不需要行为人产生事实上的认同,丙应当知道只要建设违章建筑就存在产生更多危险的风险,更何况该违章建筑处于危险性较大的地带。特殊的场景决定了原因力在计算时的不同。和偶发性事件不同,设例39场景中三个人实施的任一行为足以将安全风险无限放大,三人违反注意义务均与损害后果发生存在较强的因果关系,在分析时应注意不能仅局限于这一事实场景中三者互为条件来判断。

(二)无意思联络的数人侵权的构成要件

1.二人以上分别实施侵权行为

无意思联络的数人侵权意味着加害人必须是二人以上,但是,他们并非"共同实施"侵权行为,而是"分别实施"侵权行为。所谓分别实施,就说明实施侵权行为的数人之间并无意思联络,即没有共同故意,否则就构成共同加害行为,应适用《民法典》第1168条。

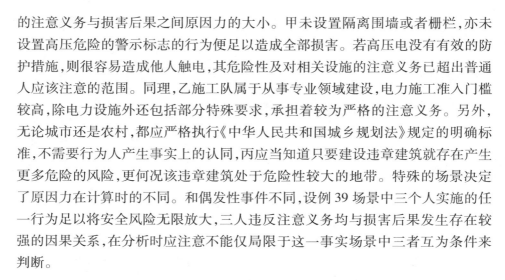

设例40:

> 马某横穿高速公路,被一辆不知牌照的轿车撞倒,后遭到甲驾驶的重型货车、乙驾驶的轿车先后碾压,不幸死亡。

问题:

马某的损害应由谁承担?如何承担侵权责任?

在设例40中,马某有无过错仅作为不知牌照的轿车的驾驶人、甲、乙的减责事由考虑,在机动车致人损害的场合,除非受害人故意碰撞机动车,否则不存在免责的情形。在高速公路上机动车行驶速度快,每一次碰撞都足以造成马某的全部损害,故行为人应根据《民法典》第1171条的规定承担连带责任。

2.造成了同一损害

无意思联络的数人侵权与数个侵权行为并存的重要区别在于,前者是数人造成了同一损害,后者是分别造成了不同的损害。那么,如何理解"同一损害"? 其一,"同一损害"既不限于分别实施侵权行为的数人给受害人造成一个损害结果的情形,也不要求必须造成同一性质的损害。例如,甲、乙二人分别在自己的田里放火烧稻草,结果风势将两把火都引向了丙的房屋,以致丙被烧伤、房屋被毁。在此案中,丙有两个不同的损害:一为房屋被毁的财产损失,二为被烧伤的人身伤害,但仍应认为分别实施侵权行为的甲、乙给丙造成了同一损害。倘若每一把火都足以导致丙的全部损害,就应适用《民法典》第 1171 条,否则适用《民法典》第 1172 条。第二,依据文义解释方法中的"同一解释规则",同一法律中的相同词汇应做相同的解释。既然《民法典》第 1171 条和第 1172 条中均出现了"同一损害"的表述,就不应以损害的不可分性作为"同一损害"的要求。因为损害是否可分取决于损害能否被分摊给每个侵权人,如果存在合理的基础来判断每个侵权人的作用在总体损害的形成中所占的比例,损害就是可分割的,否则就是不可分割的。《民法典》第 1172 条中"能够确定责任大小"的表述就说明了同一损害与非同一损害的实质性区别不在于损害是否能够合理地予以分摊,即无论损害是否可分,都有可能适用《民法典》第 1171 条或第 1172 条。

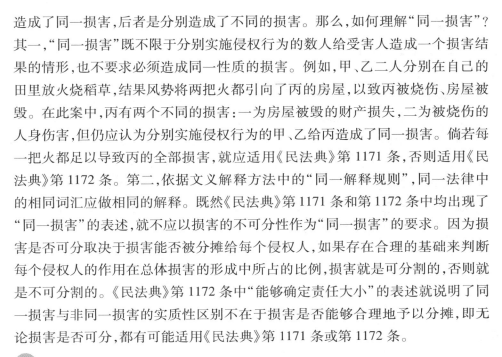

设例 41:

张某驾驶摩托车行驶到一建筑工地门前时,与甲在此施工时所留的土堆相撞,导致张某从摩托车上摔下。而后张某的头部与公路东侧乙的广告牌下方外露的角铁部位接触,导致张某头部受重伤,摩托车损坏。

问题:

张某的损害应由谁承担? 如何承担侵权责任?

设例 41 中没有明确广告牌设置是否存在问题,应分情况讨论:若广告牌设置合理,则甲的行为导致了全部的损害,由甲单独承担责任;若广告牌设置不合理,致害原因则为二者结合。单一行为不足以导致损害结果发生,此时,甲、乙根据《民法典》第 1172 条承担按份责任。

设例 42:

甲投放毒药欲毒害邻居王某的一条狗,毒药的发作期限是三天,但是在甲投毒的第二天,王某的狗即被乙打死。

问题：

王某的损害应由谁承担？如何承担责任？

在设例 42 中，若将狗的死亡作为损害后果，则甲的行为足以造成全部的损害后果。若将狗在毒发之前被打死作为单独行为，则并不会与甲毒害狗的行为指向同一后果，可认定为两个后果。换言之，甲、乙二人分别实施了侵权行为，但甲的侵权行为并未发生损害后果，而乙的行为直接造成了狗死亡这一结果的发生。在民法的领域，出于保护被害人的角度，通常将狗的死亡视为危害后果，即投毒成功后必然导致狗的死亡，即使在毒发前狗被人打死也并不能阻断前一个因果关系，故二人均需对受害人进行赔偿。

案例研习 3
网络出版抄袭案

甲为一名网络作家。某日,甲发现 A 公众号"新书速递:青春文学必读"文章中列出的小说第三章内容与其三年前在某书刊网发表的小说《青春》情节十分相似,根据公众号跳转链接显示,该篇文章源于 B 读书网网络独家出版小说《致青春》,书的作者为乙。甲立即联系 A 公众号及 B 读书网,要求其删除该文,并通过发送版权书、内容比对等方式予以证明。A 公众号表示会进行处理,B 读书网则表示将联系作者乙,并暂时关闭了该小说的阅读访问链接。但半个月过去,双方均未再联系甲。甲无奈在其社交平台曝光此事,引起网民广泛关注。

经查,《致青春》小说的确抄袭了甲的小说,但重复内容实为乙的助手丙编写,丙并非该书的署名作者,撰写后从乙处获得报酬。A 公众号为业内知名新书推广公众号,涉案的推广文章为 B 读书网投放的广告,A 公众号所属公司获得广告费 2000 元。经过投放,B 读书网点击量、阅读量大增,获利 5000 元。甲的小说因受到关注亦获利 5000 元。

问题:

甲可以依据何种请求权基础向谁提出何种主张?

一、请求权基础预选

本案中甲的损害表现为著作权受到侵害,侵权行为涉及 B 读书网、作者乙、助手丙、A 公众号共四个主体。因本案仅涉及侵权请求权,可依人物顺序展开检视。

第一,乙为《致青春》小说的著作权人。因抄袭了甲的小说,侵犯了甲的著作权,故甲对乙可能存在著作权侵权请求权,请求权基础可能为《民法典》第

1165 条第 1 款:"行为人因过错侵害他人民事权益造成损害的,应当承担侵权责任。"

第二,因《致青春》小说抄袭部分由乙的助手丙撰写,而乙为《致青春》小说的著作权人,应当检视乙、丙是否构成共同侵权行为,甲的请求权基础可能为《民法典》第 1168 条:"二人以上共同实施侵权行为,造成他人损害的,应当承担连带责任。"又因丙为乙的助手,通过撰写第三章从乙处获得报酬,为此,应当检视乙、丙之间的法律关系,以明确丙是否应对抄袭行为承担责任。乙、丙之间可能涉及的法律关系为个人劳务关系或承揽关系。若为个人劳务关系,适用《民法典》第 1192 条第 1 句"个人之间形成劳务关系,提供劳务一方因劳务造成他人损害的,由接受劳务一方承担侵权责任",丙仅在与乙的内部关系中承担责任,甲无法对其主张侵权责任。若为承揽关系,适用《民法典》第 1193 条"承揽人在完成工作过程中造成第三人损害或者自己损害的,定作人不承担侵权责任。但是,定作人对定作、指示或者选任有过错的,应当承担相应的责任",甲可能据此向丙行使侵权请求权。

第三,乙的小说《致青春》由 B 读书网网络出版,若乙侵害甲的著作权,则 B 读书网可能因出版该小说的行为而侵犯甲的著作权。存在疑问的是,B 读书网出版剽窃他人成果的图书是否与作者乙构成共同侵权。若构成共同侵权,则请求权基础为《民法典》第 1168 条:"二人以上共同实施侵权行为,造成他人损害的,应当承担连带责任。"若不构成共同侵权,因出版社出版图书应具有合理审查义务,若未尽审查义务,则存在过错。甲的请求权基础为《民法典》第 1165 条第 1 款:"行为人因过错侵害他人民事权益造成损害的,应当承担侵权责任。"

第四,A 公众号刊发文章对于乙的小说《致青春》进行推荐,因乙的小说的抄袭问题,A 公众号亦可能承担责任,并可能与 B 读书网等主体构成《民法典》第 1168 条或第 1169 条规定的多数人侵权之情形。同时,因 A 公众号在收到甲的通知后未及时删除,其可能对于甲损害的扩大承担责任。

上述行为均属于网络侵权行为,《民法典》对于网络侵权行为是依照网络用户及网络服务提供者不同主体身份进行规定的,应优先判断 A 公众号的主体身份,进而确定可能涉及的网络侵权责任的请求权基础。A 公众号的主体身份应被定性为网络用户,甲仅可能依据《民法典》第 1194 条向 A 公众号请求网络侵权请求权。我国规定的网络服务提供者较为宽泛,既包括提供接入、缓存、信息存储空间、搜索以及链接等服务类型的技术服务提供者,也包括主动向网络用户提供内容的内容服务提供者,①其中,易产生网络服务提供者中的内容服务提供者与本案涉及的公众号这类主体的混淆。二者的显著区别在于,内容服务提供者所提供的内容服务是依据其自身的网络平台实施的,而公众号等网络主体虽同样提供内容服务,但依赖于网络服务提供者的网络平台。依据《互联网用户公众账号信息服务管理规定》等规范,公众号等网络主体属于互联网用户公众账号信息服务"使用者",与其对应的"提供者"是"微信"等互联网用户公众账号信息服务提供主体。因此,在本案中,A 公众号涉及的网络侵权请求权基础仅可能适用《民法典》第 1194 条,不包括第 1195 条等网络服务提供者承担侵权责任的情形。

二、甲对乙的过错侵权请求权

乙是小说《致青春》的署名作者,为该小说的著作权人,应首先判断乙是否侵权。假设甲依据《民法典》第 1165 条第 1 款"行为人因过错侵害他人民事权益造成损害的,应当承担侵权责任",请求乙承担侵权责任。

(一)请求权是否成立

1. 成立要件

《民法典》第 1165 条的构成要件为:其一,受保护的民事权益受到侵害;其二,存在加害行为;其三,二者间存在因果关系;其四,侵害行为具有不法性(不法性抗辩);其五,侵害人具有责任能力(责任能力抗辩);其六,行为人在主观层面上存在过错。

(1)甲是否有受保护的民事权益遭受侵害

甲为小说《青春》的著作权人,乙的小说与该小说内容存在重复,甲的著作权可能受到侵害,属于侵权法保护的权益。该要件满足。

(2)乙是否构成剽窃行为侵害甲的著作权

尽管抄袭部分实质为丙所写,但乙作为著作权人仍需对抄袭行为承担责任,应当依据《著作权法》第 52 条判断本案涉及的抄袭行为是否构成剽窃他人作品。认定作品是否构成剽窃,主要采用"接触+实质性相似"标准,即考虑侵权一

---

① 参见黄微:《中华人民共和国民法典侵权责任编解读》,中国法制出版社 2020 年版,第 121-122 页。

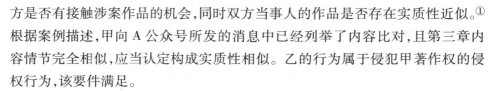

方是否有接触涉案作品的机会,同时双方当事人的作品是否存在实质性近似。①根据案例描述,甲向 A 公众号所发的消息中已经列举了内容比对,且第三章内容情节完全相似,应当认定构成实质性相似。乙的行为属于侵犯甲著作权的侵权行为,该要件满足。

(3)乙的行为与甲的权益受侵害是否存在因果关系

在本案中,甲的著作权受侵害是因为乙小说剽窃所直接导致的,二者具有因果关系。该要件满足。

(4)侵害行为是否具有不法性

不法性要件的认定基于推定,即若满足上述三个要件便可推定加害行为具有不法性,除非存在不法性阻却事由。依照对乙小说剽窃行为的认定,乙不可能构成《著作权法》规定的法定使用、合理使用等情形,不存在不法性抗辩。该要件满足。

(5)乙是否具有责任能力

本案情形未涉及此要件,视为具有责任能力。该要件满足。

(6)乙是否具有过错

《致青春》小说剽窃《青春》小说的内容虽为丙所写,但乙作为著作权人未发现该问题,存在过失。该要件满足。

2. 责任范围

需要对于损害、行为与损害范围的因果关系进行认定。本案未交代明确的损害范围,需依据《著作权法》第 54 条、《最高人民法院关于审理著作权民事纠纷案件适用法律若干问题的解释》第 24 条至第 26 条进行认定。

需要说明的是,案例中"甲的小说因受到关注亦获利 5000 元"情形的认定,即甲的获利是否影响责任范围的认定的问题值得关注。应当认为,甲获利属于抄袭舆论引发的客观结果,对于确定乙侵权损害并不产生影响。

3. 成立抗辩

本案中不存在责任能力抗辩、受害人故意等情形,不存在权利阻却抗辩。

(二)请求权是否已消灭

不存在权利消灭抗辩,请求权未消灭。

---

① 参见吴汉东:《知识产权法》,中国政法大学出版社 2004 年版,第 123 页。

（三）请求权是否可行使

不存在权利阻止抗辩，请求权可行使。

（四）中间结论

甲可以依据《民法典》第 1165 条第 1 款请求乙承担著作权侵权责任。

三、甲对乙、丙的共同侵权请求权

检视甲对乙、丙能否请求共同侵权请求权，根据预选部分的论证，应首先认定乙、丙之间的法律关系，即乙与丙是个人劳务关系还是承揽关系。

个人劳务关系，如雇佣，与承揽关系都为典型的提供服务、完成劳务性质的法律关系，但各有侧重，需从完成工作的"独立性"上进行判断。在个人劳务关系中，提供劳务方与接受劳务方之间往往存在特定身份上的支配与从属关系，提供劳务的方式、时间等往往由接受劳务方决定，故提供劳务方往往依照其劳务行为获得报酬，体现为报偿责任原理。而在承揽关系中，承揽人往往以完成特定的工作为目的，与定作人之间仅为监督与被监督关系，具有一定的独立性，因此定作人仅需对指示错误承担责任。[①]

本案中，丙虽然基于代写从乙处获得稿酬 5000 元，但其获得此次报酬源于其为乙的助手。人们往往是基于信任将某项工作交由助手完成，身为助手，丙对于乙而言有特定的人身依附性，是依据乙的指示完成工作，这也是上文认定乙对于侵害甲的著作权存在过错的原因。据此，乙、丙之间应当认定为个人劳务关系，而非承揽关系。依据《民法典》第 1192 条的规定，个人之间形成劳务关系，提供劳务一方因劳务造成他人损害的，由接受劳务一方承担侵权责任。

因此，丙无法突破与乙的内部关系，成为甲侵权请求权的行使对象，无须继续对构成要件进行检视，该请求权不存在。

四、甲对 B 读书网的侵权请求权

检视甲对 B 读书网的侵权请求权，应首先明确 B 读书网与作者乙是否构成共同侵权。本案主要存在的疑问是，B 读书网与作者乙是否具有共同侵权的主

---

① 参见最高人民法院民事审判第一庭：《最高人民法院人身损害赔偿司法解释的理解与适用》，人民法院出版社 2015 年版，第 157 页。

观过错,以及主观过错的状态。这一内容同时涉及对于共同侵权认定的争议。

根据学者总结,围绕狭义的共同侵权行为的认定,有共同故意说、共同过错说、共同行为说、主客观结合说、主客观共同说等观点,目前以共同故意说与共同过错说为主流,二者的分歧主要为是否承认共同过失。[①] 本案中,B读书网是否存在过错还需要依照其是否尽到了合理审查义务进行判断(下文详述),但因二者并不存在侵害甲著作权的意思联络,且依据《最高人民法院关于审理著作权民事纠纷案件适用法律若干问题的解释》,出版社侵权的情形往往被视作侵权行为人本人侵权,[②]B读书网与乙作者无法适用《民法典》第1168条狭义共同侵权的规范情形。

因此,甲的请求权基础可能为《民法典》第1165条第1款:"行为人因过错侵害他人民事权益造成损害的,应当承担侵权责任",请求B读书网承担侵权责任。

(一)请求权是否成立

1. 成立要件

《民法典》第1165条的构成要件为:其一,受侵权保护的权益受到侵害;其二,存在加害行为;其三,二者间存在因果关系;其四,侵害行为具有不法性(不法性抗辩);其五,侵害人具有责任能力(责任能力抗辩);其六,行为人在主观层面存在过错。

(1)甲是否有受保护的民事权益遭受侵害

甲对于《青春》小说享有著作权,具有发行权、授权出版的权利。该要件满足。

(2)B读书网出版行为是否侵害甲的著作权

B读书网出版小说存在剽窃等侵犯著作权的行为事实,应认定其为侵犯著作权的行为。原因在于,B读书网为专门的网络出版单位,其网络出版行为与一般的纸质出版一致,因《致青春》小说内容剽窃了甲的小说,B的出版行为也就导致了对甲著作权的客观侵害,属于加害行为。该要件满足。

---

① 参见邹海林、朱广新:《民法典评注:侵权责任编》(第1册),中国法制出版社2020年版,第37页。

② 参见邹海林、朱广新:《民法典评注:侵权责任编》(第1册),中国法制出版社2020年版,第45页。

（3）乙的行为与甲的权益受侵害是否存在因果关系

本案中，B读书网出版剽窃小说，导致甲的著作权受侵害，二者具有因果关系，属于直接因果关系。该要件满足。

（4）侵害行为是否具有不法性

不法性要件的认定基于推定，即若满足上述三个要件便可推定加害行为具有不法性，除非存在不法性阻却事由。该要件满足。

（5）B读书网是否具有责任能力

本案情形未涉及此要件，视为具有责任能力。该要件满足。

（6）B读书网是否具有过错

根据《最高人民法院关于审理著作权民事纠纷案件适用法律若干问题的解释》第20条"出版物侵害他人著作权的，出版者应当根据其过错、侵权程度及损害后果等承担赔偿损失的责任。出版者对其出版行为的授权、稿件来源和署名、所编辑出版物的内容等未尽到合理注意义务的，依据《著作权法》第四十九条的规定，承担赔偿损失的责任。出版者所尽合理注意义务情况，由出版者承担举证责任"的规定，认定B读书网出版该小说是否尽到了合理审查义务，是判断其是否存在过错的关键。但根据该条规定，举证责任由出版社承担，故在请求权基础的检视中应默认为B读书网具有过错。该要件满足。

2. 责任范围

此处责任范围的认定与甲对乙的请求权检视内容一致，该要件符合。

3. 成立抗辩

此处需讨论的成立抗辩可能有两种：第一，B读书网主张其出版图书时尽到了合理注意义务；第二，B读书网在收到甲的通知后及时关闭了访问，避免了损失的扩大。

本案案情未交代B读书网是否尽到合理审查义务，应视为不存在该抗辩。但需要说明的是，在具体的合理审查义务的判断中，不应对出版社课以过高的审查标准。原因在于对于出版社的合理审查义务，主要从"出版行为的授权、稿件来源和署名、出版物的内容"三方面进行认定。出版社仅能基于自身的专业、工具等尽可能发现稿件中是否存在剽窃行为，仅能在其专业范围内审查作品的原创性,①在事实上无法对作品内容进行无遗漏的检索和审查。② 本案中两本小说均为网络小说,剽窃部分并非特定或典型的知名情节内容,若在已使用一定的专业技术监测等查重后完成的出版工作,可以认定 B 读书网已尽到了合理审查义务。

对于抗辩理由二,仅在责任范围部分得以考虑,但并未整体上否定 B 读书网侵权责任的成立,该抗辩不满足。

(二)请求权是否已消灭

不存在权利消灭抗辩,请求权未消灭。

(三)请求权是否可行使

不存在权利阻止抗辩,请求权可行使。

(四)中间结论

甲可以依据《民法典》第 1165 条第 1 款请求 B 读书网承担著作权侵权责任,若 B 读书网已通过一定的技术手段完成了图书出版前的合理审查义务,则无须担责。

五、甲对 A 公众号的网络侵权请求权

假设甲可以依据《民法典》第 1194 条"网络用户、网络服务提供者利用网络侵害他人民事权益的,应当承担侵权责任。法律另有规定的,依照其规定",请求 A 公众号承担侵权责任。

(一)请求权是否成立

1. 成立要件

《民法典》第 1194 条网络侵权请求权的构成要件包括:其一,侵权人为网络用户或网络服务提供者;其二,存在加害行为;其三,受侵权法保护的权益受到侵害;其四,二者间存在因果关系;其五,行为人在主观层面存在过错。

---

① 参见李劲松:《数字出版平台侵权行为的法律规制研究——以平台类型划分为视角》,载《中国发行出版》2023 年第 12 期,第 72—73 页。
② 参见王润贵:《出版社的合理注意义务及法律依据》,载《人民司法》2007 年第 11 期,第 89—91 页。

（1）A 公众号是否为网络用户或网络服务提供者

根据请求权基础预选部分的论述，A 公众号是以提供信息内容服务为主要业务的互联网用户公众账号，本质上仍旧是网络用户。该要件满足。

（2）A 公众号是否存在加害行为

本案中，A 公众号可能涉及的侵权行为主要是：其一，推荐 B 读书网刊发的小说《致青春》；其二，甲证明《致青春》小说侵权后，未及时删除公众号文章，可能导致损害扩大，应做具体分析。

①针对第一种情形，A 公众号本身的新书推荐行为并不属于加害行为。

原因在于，A 公众号推文仅为《致青春》小说宣传的形式，B 读书网与 A 公众号用户主体之间可能成立委托或承揽合同，宣传对象为《致青春》小说，而非甲的《青春》小说。在此种情形下，无法课以 A 公众号权利人以过高的注意义务，其作为商业宣传主体也无法对于该小说是否侵犯他人著作权进行实质审查。

②针对第二种情形，A 公众号因未能及时删除该推广文章，可能导致甲著作权侵权损害的持续或严重程度加深，构成对甲的著作权的侵害。公众号虽为网络用户，但可参考《民法典》第 1195 条、《最高人民法院关于审理侵害信息网络传播权民事纠纷案件适用法律若干问题的规定》第 3 条和第 7 条等有关网络服务提供者侵害著作权的规定，对加害行为进行认定。本案中，A 公众号作为提供新书推荐服务的商业经营主体，应确保其经营行为合法。其在收到甲提供的著作权证明后，应当初步判断知道或应当知道《致青春》一书可能涉及著作权侵权行为，但仍未删除该文章，放任该侵权行为的发生。该要件满足。

此处还可能涉及的问题是，A 公众号的加害行为是否可能与 B 读书网构成共同侵权，因主要涉及对于主观状态的认定，即是否具有共同故意等，将这一问题置于下述（5）部分进行讨论。

（3）甲的著作权是否受到侵害

A 公众号在知道该书可能侵害甲的著作权的情形下，仍未删除推荐文章，使得甲的著作权进一步受到侵害，主要涉及甲的署名权、保护作品完整权等。该要件满足。

（4）A 公众号的加害行为与甲著作权受侵害之间是否具有因果关系

A 公众号作为业内知名推荐公众号，未及时删除推荐文章，必将导致甲著作权受侵害程度加深，尽管该损害的发生以 B 读书网、乙等人的直接侵权导致，但

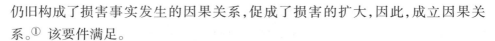

仍旧构成了损害事实发生的因果关系,促成了损害的扩大,因此,成立因果关系。① 该要件满足。

（5）A 公众号是否存在过错

根据上文论证,A 公众号在知道涉案小说侵权后仍未删除推荐文章,存在过错。该要件满足。

需要论证的是,A 公众号的行为是否可能构成与 B 读书网的共同侵权,这可能涉及狭义的共同侵权与帮助侵权两种情形。

①A 公众号与 B 读书网不构成狭义的共同侵权行为（《民法典》第 1168 条）。

本案中,A 公众号对于损害的发生可能存在过失,B 读书网亦因未能有效审查乙提供的书稿而存在过失,但二者就甲著作权受侵害均不存在意思联络,参考网络传播侵权责任的其他情形,"再传播"等侵权责任往往构成独立的、新的侵权。② 因此 A 公众号与 B 读书网不构成共同侵权行为。

②A 公众号的侵权行为亦不属于对 B 读书网侵权的帮助行为（《民法典》第 1169 条）。

帮助行为往往被视为共同侵权行为,其要求行为人为侵权人提供了实质性帮助,并以主观上的故意为要件。③ 在以故意为主流观点的要件要求下,本案中 A 公众号的放任行为应认定为过失,与帮助侵权行为要求的故意要件不符。

可能存在疑问的是,在利用信息网络侵犯著作权的案件中,根据《信息网络传播权保护条例》第 22 条的规定,网络服务提供者因过失成立帮助侵权的情形。④ 但网络用户的帮助侵权无法以此为参考。其一,在网络服务提供者帮助侵权的认定中,网络用户所实施的侵权行为以特定的网络平台为发生场域,得以产生网络服务提供者作出了实质性帮助的判断。而本案中,除 A 公众号涉及网络侵权外,B 读书网及作者乙的侵权行为都是因抄袭行为导致的,A 公众号的推荐只是在客观结果上导致了损害的增加。其二,网络服务提供者的帮助侵权行

---

① 参见程啸:《侵权责任法》(第 3 版),法律出版社 2021 年版,第 239 页。

② 参见罗斌、宋素红:《再传播侵权责任形态及份额——转载与转播侵权责任的分配》,载《中国出版》2018 年第 10 期,第 57—58 页。

③ 参见最高人民法院民法典贯彻实施工作领导小组:《中华人民共和国民法典侵权责任编理解与适用》,人民法院出版社 2020 年版,第 61 页。

④ 参见邹海林、朱广新:《民法典评注:侵权责任编》(第 1 册),中国法制出版社 2020 年版,第 54 页。

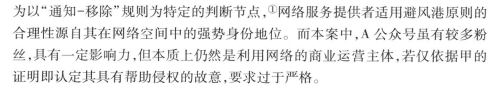

为以"通知-移除"规则为特定的判断节点,①网络服务提供者适用避风港原则的合理性源自其在网络空间中的强势身份地位。而本案中,A 公众号虽有较多粉丝,具有一定影响力,但本质上仍然是利用网络的商业运营主体,若仅依据甲的证明即认定其具有帮助侵权的故意,要求过于严格。

2. 责任范围

需检视 A 公众号网络侵权行为与甲著作权受侵害的损害之间的因果关系。根据《著作权法》第 52 条,著作权受侵害的责任承担方式包括停止侵害、消除影响、赔礼道歉、赔偿损失等。针对本案,主要需要判断 A 公众号给甲造成的损害。

《著作权法》第 54 条规定:"侵犯著作权或者与著作权有关的权利的,侵权人应当按照权利人因此受到的实际损失或者侵权人的违法所得给予赔偿。"本案中,甲虽因 A 公众号等侵权行为获得舆论关注,《青春》小说阅读量增加获取收益,但其著作权仍然遭受侵害,其获利的客观结果并非侵权人权利阻却抗辩或得以减轻责任的情形。A 公众号的网络侵权行为给甲造成的损失,可以依据其获利的 2000 元进行认定。

3. 成立抗辩

本案中不存在责任能力抗辩、受害人故意等情形,不存在权利阻却抗辩。

(二)请求权是否已消灭

不存在权利消灭抗辩,请求权未消灭。

(三)请求权是否可行使

不存在权利阻止抗辩,请求权可行使。

(四)中间结论

甲可以依据《民法典》第 1194 条第 1 句请求 A 公众号运营主体承担网络侵权责任。

六、结论

甲可以依据《民法典》第 1165 条第 1 款请求乙承担著作权侵权责任。

---

① 参见薛军:《民法典网络侵权条款研究:以法解释论框架的重构为中心》,载《比较法研究》2020 年第 4 期,第 133-141 页。

甲可以依据《民法典》第 1165 条第 1 款请求 B 读书网承担著作权侵权责任,若 B 读书网已通过一定的技术手段履行了图书出版前的合理审查义务,则无须担责。

甲可以依据《民法典》第 1194 条第 1 句请求 A 公众号运营主体承担网络侵权责任。

第四讲

侵权责任的承担方式和损害赔偿

一、侵权责任的承担方式

侵权责任的承担方式,是指侵权人依法应对侵权损害承担的不利法律后果的形式和类别。一个国家的侵权责任法规定哪些侵权责任方式,取决于该国的民事立法政策和法律文化传统等因素。

(一)侵权责任承担方式的类别

《民法典》和《侵权责任法》关于侵权责任承担方式的规定并不一致,直接表现为《民法典》侵权责任编并未直接使用"承担侵权责任的方式"的表述。《民法典》在一定程度上限定了侵权责任的承担方式,除《民法典》侵权责任编第二章损害赔偿规定外,承担方式还包括第 1167 条所表述的停止侵害、排除妨碍、消除危险等。此外,民事责任中还有如恢复原状等责任承担方式,但没有被侵权责任编列出。其原因在于,从传统民法的角度,恢复原状也是损害赔偿的范畴,而

《民法典》侵权责任编第二章"损害赔偿"只能在一定程度上与《民法典》第179条中的"赔偿损失"相对应,但显然二者间不应画等号,所以《民法典》侵权责任编用了与赔偿损失相区分的概念。《民法典》第179条与侵权责任编"损害赔偿"规范的适用反映出的原理是,只有以对民法典体系认识清晰为前提,才能确定承担侵权责任方式的范围,如返还财产不应是承担侵权责任的方式。其原因在于,返还财产对应的是对绝对权的保护,体现在《民法典》第235条(返还原物请求权)中。采用"返还原物"而非"返还财产"的表述是因为除物权、债权外,知识产权、股权和其他投资性的权利、网络虚拟财产也属于绝对权,"财产"并不能完全涵盖,因此称之为"返还原物"更为恰当。

一个国家的侵权责任的承担方式除了取决于该国的民事立法政策和法律文化传统等因素外,更关键的是科学化的立法和体系化的思维。立法的过程本身就是一个不断地去试图科学化的过程。既然存在统一的《民法典》,就不能以后果归结的观念解释承担侵权责任的方式,而应让每一个概念、每一个解决问题的方法限定在其应发挥作用的领域,否则就会带来适用上的争议。

(二)民事责任的内涵与发展

"责任"一词最早是被确立作为民法的范畴。"范畴"本义是指"基本概念",但在今天很多词语被滥用且产生表达错位的背景下,"范畴"混同于"范围"而被使用。传统民法上,范畴仅指向"权利"和"义务",今天民法的范畴则扩张为"权利"、"义务"和"责任"。《民法通则》中共有68处使用"责任"一词。通过对比可以发现,第16条、第17条中的"监护责任"是职责的意思,第35条规定的"合伙人清偿责任"则指的是义务,第六章"民事责任规定"才是法律后果意义上的"责任"。此外,第133条规定的"责任"之含义也需要斟酌。《侵权责任法》实际上创造了一个"超级侵权责任法",即其承担整个民法的权利保护功能,相当于《俄罗斯联邦民法典》中关于权利保护的规定。《民法典》的"民事责任"和《民法通则》的"民事责任"在内涵上并不一致。在《民法典》中,侵权行为即是债的发生原因,产生的后果是债权债务关系。侵权责任包括侵害物权的责任,还包含恢复物权的责任承担方式。因此,"侵权"在《民法典》中成为一个分裂的概念,既是债的发生原因的"侵权行为",也是包括了侵权的债法上后果、侵权的物权法上后果的"侵权责任"。

从《民法通则》到《民法典》,广义上的民事责任概念均被采用。民事责任与债分离是我国《民法通则》的创造,有学者认为其来源于苏联的民法。但通过解读苏联的民事立法和有关教科书可以发现,其试图构造民事责任的概念,但仅存于理论研究而并未真正在民事立法中构造如此庞杂的民事责任基本概念。[①] 魏振瀛在其主编的《民法》中,将民事责任这一基本概念进行了清晰明了的阐释。通过他的阐释可以得知,我国民法中的“民事责任”不同于传统民法的逻辑,也不同于《苏俄民法典》的逻辑,只是有相似之处。以下,以设例43阐明要从体系上将民事责任与后果归结相区分的原因。

设例43：

甲的土地 A 和乙的土地 B 相邻。甲因为某种个人需要而往下挖自己的土地 A,导致 A 和 B 两土地有 1 米的落差。某一天高处的泥土塌下,乙的土地上的石头滚落到甲的土地上。乙要求甲送还石头,甲要求乙自己把石头拿走。(不考虑石块产生的原因。)

问题：

甲、乙有关石头的纠纷怎么解决?

欲解决设例43中的纠纷,应先从请求权基础的角度分析甲、乙的请求可否分别在法律上得到支持。依据《民法典》第 235 条和第 236 条,甲、乙双方提出的请求都能得到法律上的支持,不考虑侵权问题,甲的请求可以依据第 236 条排除妨碍请求权得到支持,乙的请求可以依据第 235 条返还原物请求权得到支持。在双方请求都可以得到支持时,需要运用诉讼法上审判的公权力进行引导,虽然甲、乙双方的请求都可以得到支持,但纠纷并未得到解决。实际上,争议焦点是搬石头的费用由谁承担的问题,此时出现的损失应由有责任的人来承担。

对比《民法典》第 1165 条和《侵权责任法》第 6 条,前者规定的是侵害他人民事权益造成损害,后者规定的是侵犯了他人的民事权利。《民法典》中增加了损害,也就是所造成的损害也可以适用该条,因此,搬石头的费用或可以依据《民法典》第 1165 条之规定来确认责任的构成。若有对应的权益存在,便会产生损害,进而可以要求责任人承担侵权责任,此时应当按照第 1165 条确认责任的构成。

通过对设例43的分析,可以发现,过度依赖体系思维或将产生负面作用,复

---

① 参见李国强:《〈民法典〉民事责任制度的演进逻辑及体系解释基础》,载《当代法学》2021 年第 6 期,第 62 页。

杂问题中简单类型化的区分会出现偏差。《民法典》第1167条规定:"侵权行为危及他人人身、财产安全的,被侵权人有权请求侵权人承担停止侵害、排除妨碍、消除危险等侵权责任。"该条在侵权责任编陈述了作为后果归结的绝对权请求权的内容,保留在《民法典》中可能是个立法错误。而事实上,立法从不缺乏错误,在立法的过程中实际上充斥着各种非法学或者非法学思维的内容,人为的错误在任何一部法典当中都可能出现。《民法典》第1167条所处的位置可能存在问题,不能因为在侵权责任编就片面地认为其规定的是侵权责任的承担方式。

二、恢复原状

(一)独立责任说

该说认为,恢复原状并非损害赔偿的方法,而是一种与损害赔偿相并列的、处于同等地位的独立的民事责任形式。[①] 我国民法上的恢复原状,是将损害的财产加以修复。[②]

(二)损害赔偿方法说——回复原状

该说主要源自对《民法通则》第134条的解释,指向传统大陆法系民法中的"回复原状",但从适用范围上看,我国民法上"恢复原状"与"回复原状"并不一致。所谓恢复原状,是指恢复受害人假想的应有状态,即假设损害没有发生时,受害人应处的状态。因此,界定恢复原状的关键就在于根据立法本意、法律文义及体系合理地确定其限度。我国民法中许多原本属于恢复原状的内容被剥离出来,成为一类单独的民事责任承担方式。主要表现为以下方面:

第一,"赔礼道歉"作为民事责任承担方式独立存在。传统大陆法系民法认为,"赔礼道歉"亦为恢复原状的具体表现形式。这表现在,如侵害人格权法益尤其是名誉权时,加害人仅为金钱赔偿,不足以恢复受害人受贬损的名誉,因此不仅要求加害人承担金钱赔偿,还"命为登报谢罪等适当处分,此为名誉受侵害

---

① 参见王利明:《侵权责任法研究》(上卷),中国人民大学出版社2016年版,第650页;魏振瀛:《〈民法通则〉规定的民事责任——从物权法到民法典的规定》,载《现代法学》2006年第3期,第45页;最高人民法院侵权责任法研究小组:《〈中华人民共和国侵权责任法〉条文理解与适用》,人民法院出版社2010年版,第18页。

② 参见王利明:《民法总则研究》(第2版),中国人民大学出版社2012年版,第508页。

恢复原状的一种特殊方式"。① 例如《日本民法典》第 723 条规定："对于损坏他人名誉的人,法院根据受害人的请求,可以替代损害赔偿或与损害赔偿同时,命令其作出有利于恢复名誉的适当处理。"而《民法典》中规定的"赔礼道歉"并非恢复原状的类型,且适用范围也不限于侵害名誉权。理论界与实务界认为,"赔礼道歉"原则上适用于那些给被侵权人造成精神损害(无论严重与否)的侵权行为,例如侵害名誉权、肖像权、隐私权等人格权,侵害死者的肖像、隐私、名誉等人格利益以及其他一些包含明显的精神利益的权利,如著作权。至于财产权如物权、商标专用权和以财产利益为主的一些权利如专利权等被侵害,不适用赔礼道歉。②

第二,"返还财产""修理、重作、更换"作为民事责任承担方式独立存在。传统大陆法系民法亦将"返还财产""修理、重作、更换"认定为恢复原状的表现形式。其中,返还财产适用于侵夺物的占用的情形,受害人要求加害人返还该物;修理、重作、更换则适用于物被损毁的情形。我国《民法典》第 179 条第 1 款以及《民法通则》第 134 条第 1 款将二者均规定为独立的民事责任承担方式。

第三,我国学者一般将实物赔偿作为赔偿损失的方式。正是由于自《民法通则》始,我国法律将许多原本属于恢复原状的内容都规定为独立的民事责任承担方式,《民法典》第 179 条第 1 款以及《民法通则》第 134 条第 1 款中的"恢复原状"的含义因此而相对狭窄,只能将之理解为:恢复原状就是对受损物品的修复,是专门用于保护财产所有权的一种民事责任方式。

从我国民法对"恢复原状"范围的限缩可以看出,《民法典》第 179 条虽然将恢复原状作为独立的民事责任承担方式,但其存在如本书上文所提及的"体系解释的误解",仍是损害赔偿之具体方式。

设例44:

甲的父母均已去世。其父母遗留房屋四间,其中三间是祖传房屋且已办理所有权登记,另一间为其父母在世时私建。2017 年 3 月 30 日,甲的堂兄乙借用修祖厝之名,未经甲同意,组织 20 多人擅自拆毁四间房屋。甲提起诉讼请求要求乙将四间房屋恢复原状。

---

① 参见王泽鉴:《人格权法:法释义学、比较法、案例研究》,北京大学出版社 2013 年版,第 430 页。

② 参见最高人民法院民事审判第一庭:《民事审判实务问答》,法律出版社 2005 年版,第 134 页;王利明:《侵权责任法研究》(上卷),中国人民大学出版社 2016 年版,第 660 页。

问题：

甲的请求能否得到支持？

欲解决设例44中的纠纷，应将这四间房屋区分探讨。其一，其中一间房屋系甲父母在世时私建，私建的房屋属于违章建筑，应予拆除。该间房屋被拆毁后，甲无权要求乙对私建房屋恢复原状。不过，尽管甲对于违章建筑不可向乙主张恢复原状，但可以向乙主张损害赔偿。其二，其余三间已办理所有权登记的房屋，在甲的父母均已去世后，甲因对这三间房屋享有继承权而成为所有权人，乙未经甲的同意无权拆毁此三间房屋，故甲有权请求乙将此三间已办理所有权登记的房屋恢复原状。

三、赔礼道歉、消除影响、恢复名誉

赔礼道歉、消除影响、恢复名誉是人格权受侵害的主要承担方式。

（一）赔礼道歉

赔礼道歉，是指侵权人通过口头或者书面方式向被侵权人进行道歉，以取得谅解的一种侵权责任承担方式，主要适用于人格权受侵害的情况，尤其是在侵害自然人的名誉权、姓名权、肖像权、人身自由的情况下。

《民法典》第179条虽然将赔礼道歉明确为独立地承担民事责任的方式，但不乏学者基于传统的"恢复原状"将赔礼道歉视作其类型之一。"通过消除影响、恢复名誉、精神损害赔偿等责任形式完全可以达到弥补受害人精神损害的目的，并无必要设置赔礼道歉责任，通过赔礼道歉来抚慰受害人。"[①]但从《民法典》相关规定内容上看，以赔礼道歉为代表的责任承担方式得以更为充分地救济侵害名誉权等案件，且依据《民法典》第1000条第2款之规定，"行为人拒不承担前款规定的民事责任的，人民法院可以采取在报刊、网络等媒体上发布公告或者公布生效裁判文书等方式执行，产生的费用由行为人负担"。

（二）消除影响、恢复名誉

消除影响、恢复名誉，是指依据被侵权人请求，人民法院责令侵权人在一定范围内采取适当方式消除被侵权人名誉的不利影响，以使其名誉（尤其是名誉

---

① 参见杜文勇：《认真对待"良心自由"》，载《河北法学》2010年第5期，第69页。

的客观方面,即社会评价方面)得到恢复的一种侵权责任方式。主要适用于人格权受侵害的情况,尤其是在侵害自然人的名誉权、姓名权、肖像权、人身自由的情况下,但不适用于侵害隐私权的情况。

设例45:

甲被乙医院的丙医生诊断患有梅毒,后经其他医院诊断并非梅毒。甲将乙医院告上法院索赔上万元,并要求赔礼道歉。甲称,自从被误诊后,顾客跑了,生意没了,老婆也与他离婚了,这些损失是再多的金钱也弥补不了的。法院判决乙医院赔偿损失,并赔礼道歉。判决后医院很快将赔偿金支付给甲,但始终未进行赔礼道歉。

问题:

赔礼道歉如何执行?

在《民法典》第1000条对消除影响、恢复名誉、赔礼道歉等民事责任的承担明确规定后,本案的问题得到较为简单的解决。第一,因丙医生的诊断行为系执行工作任务,根据《民法典》第1191条第1句之规定,"用人单位的工作人员因执行工作任务造成他人损害的,由用人单位承担侵权责任",则该行为造成的侵权责任应由用人单位承担。第二,根据《民法典》第1000条第2款之规定,"行为人拒不承担前款规定的民事责任的,法院可以采取在报刊、网络等媒体上发布公告或者公布生效裁判文书等方式执行,产生的费用由行为人负担",若医院拒不承担赔礼道歉责任的,法院可以采取在报刊、网络等媒体上发布公告或公布生效裁判文书等方式执行,产生的费用应由医院承担。若丙医生存在过错,医院在承担相应责任后,可以向其追偿。

四、赔偿损失

赔偿损失以"损害"存在为前提,"损害"也是所有民事赔偿责任必备的构成要件之一。我国对于损害的界定,多限于现实损害或客观损害,主要指向从客观的角度来看待的,任何物质的或精神的利益的非自愿的丧失,且该损害应被限定在"法律上的损害"。法律上的损害,或者具有可赔偿性的损害的判断要在协调各种价值目标的基础上进行,具体而言,应当考虑以下因素:

其一,该损害是由侵权人侵害了他人的民事权益所致,这是因为侵权责任法保护的是法益的归属,从而也保护享有该法益的主体。

其二,损害并非过于遥远以致不应由侵权人加以赔偿。法律在划定保护范围时必须考虑各种对立的利益,因为法律在确认保护一个人的利益和权利的同时,也会要求其他人合理地尊重这些权利和利益。受保护的权利或利益的权利人不必忍受没有正当理由的侵害,其有权请求禁令或进行合理的自我防卫。因此,为了维护人们的合理行为自由,对于因果关系上过于遥远的损害,也会被排除在可赔偿的损害之外。

其三,不同民事权益的位阶不同,保护的利益范围和保护的强度也不尽相同,侵害不同民事权益所造成的损害中,可补偿的损害范围也存在一定的区别。我国《民法典》第998条规定:"认定行为人承担侵害除生命权、身体权和健康权外的人格权的民事责任,应当考虑行为人和受害人的职业、影响范围、过错程度,以及行为的目的、方式、后果等因素。"这一规定实际上表明,生命权、身体权和健康权受到最严格的保护,侵害这三类人格权的损害赔偿的范围最广,既包括所受损害、所失利益等财产损害,也包括精神损害。

设例46:

甲因为乙的过错导致身体残疾,甲的妻子丙以乙的行为导致甲残疾影响正常夫妻生活、精神痛苦为由,要求乙赔偿精神损失费1万元。

问题:

丙的主张应否得到法律的支持?

欲解决设例46所涉及的纠纷,需考虑乙的行为导致甲残疾影响正常夫妻生活是否属于法律中精神损害赔偿所保护的权益,主要参考《最高人民法院关于确定民事侵权精神损害赔偿责任若干问题的解释》的规定。

设例47:

甲、乙、丙三人的母亲张某因交通事故去世,肇事方赔偿死亡赔偿金60余万元。甲要求三人平分,乙认为自己是唯一的儿子,补偿金应属于自己,丙一直和张某一起生活,虽未结婚也要求多分。

问题：

损害赔偿金应如何分配？

欲解决设例47所涉及的纠纷,需首先判断该损害赔偿金是否可以适用遗产分配比例的规定,依照遗产继承规则进行认定。显然乙的请求不会得到支持。而丙的请求比较容易联想到《民法典》第1130条"对被继承人尽了主要扶养义务或者与被继承人共同生活的继承人,分配遗产时,可以多分"的规定,但实际上判断的前提就存在问题,死亡赔偿金不是遗产,不能以遗产继承的逻辑进行分配。因此,张某的死亡赔偿金应由甲、乙、丙三人平分。

五、惩罚性赔偿

惩罚性赔偿,是指超过可以衡量的实际损失的范围确定侵权人对被侵权人予以额外的金钱赔偿,以示对侵权人的惩罚。广义的惩罚性赔偿包括精神损害赔偿,狭义的惩罚性赔偿是法律对特定情况下的侵权行为规定的具有惩罚性的金钱赔偿。

惩罚性赔偿责任是针对侵权人主观恶性较大的侵权行为给予的一种惩戒,它针对的就是故意侵权行为。例如,我国《民法典》第1185条、第1207条以及第1232条都是以故意为要件。再如《中华人民共和国食品安全法》第148条第2款明确规定:"生产不符合食品安全标准的食品或者经营明知是不符合食品安全标准的食品,消费者除要求赔偿损失外,还可以向生产者或者经营者要求支付价款十倍或者损失三倍的赔偿金;增加赔偿的金额不足一千元的,为一千元。但是,食品的标签、说明书存在不影响食品安全且不会对消费者造成误导的瑕疵的除外。"

设例48：

美国一位79岁的老太太到麦当劳吃饭。由于服务生未把咖啡的温度调好,高了十几度(标准应当是68摄氏度,而供应的咖啡为82~88摄氏度),老太太不小心烫到了自己的腿,被诊断为三度烫伤。老太太起诉要求赔偿。法院判决麦当劳赔偿270万美元。

问题：

270万美元的惩罚性赔偿是否合理？

惩罚性赔偿的目的是防止再有类似情节出现,是针对侵害人存在故意的情况而规定的。本设例中,麦当劳并未充分尽到对顾客进行提示的义务,即应当提示顾客咖啡的温度较高而没有告知,使其被烫伤,因此对其进行惩罚性赔偿具有合理性,但应具体考量惩罚性赔偿的限额标准。

六、赔偿金的支付

原则上,任何财产性损害都属于可补偿的损害。财产性损害的确定采取的是"差额说",即将受害人在损害发生之前的财产状况与损害发生后的财产状况进行比较,如有差额则有损害,否则就不存在损害。然而,对于非财产性损害,各国法上一般都予以相应的限制,只有在符合法律规定时才能得到赔偿。这并不是因为精神利益相对于财产利益而言不重要,而是因为精神损害有无的确定以及计算上的难度明显要大于财产性损害。

对于财产性损害赔偿金的支付,《民法典》第 1187 条规定:"损害发生后,当事人可以协商赔偿费用的支付方式。协商不一致的,赔偿费用应当一次性支付;一次性支付确有困难的,可以分期支付,但应当提供相应的担保。"同时,《最高人民法院关于审理人身损害赔偿案件适用法律若干问题的解释》第 20 条引入了定期金的支付方式:"赔偿义务人请求以定期金方式给付残疾赔偿金、残疾辅助器具费的,应当提供相应的担保。人民法院可以根据赔偿义务人的给付能力和提供担保的情况,确定以定期金方式给付相关费用。但是,一审法庭辩论终结前已经发生的费用、死亡赔偿金以及精神损害抚慰金,应当一次性给付。"

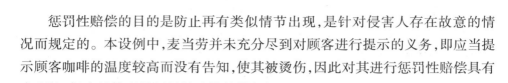

设例 49:

甲因为攀爬高压变电房遭电击致残,终生丧失劳动能力。人民法院欲判决乙供电公司给予赔偿金,可以选择的方案有两种:一种是一次性赔偿 207 万元;另一种是每年赔偿 5 万元,至死亡时止。

问题:

哪种方案更为合理?

欲解决设例 49 所涉及的纠纷,比较容易联想到的是《最高人民法院关于审理人身损害赔偿案件适用法律若干问题的解释》第 20 条,但该条款并未直接给出答案。依据我国《工伤保险条例》第 35 条的规定可知,完全丧失劳动能力属于一级至四级伤残,按照工伤赔偿标准,一级至四级伤残需要赔付一次性伤残补助金和按月享受伤残津贴(按月支付),应提供一次性伤残补助金后按月支付伤残津贴。就两种方案的合理性,需考虑甲的身体健康情况综合考虑。

七、影响赔偿数额的规则

(一)损益相抵规则

损益相抵,是指被侵权人在遭受损失的同时也得到了利益,应将其所得到的利益从应得的赔偿金额中扣除的一项规则。

损益相抵并未在我国《民法典》中明确规定,《最高人民法院关于当前形势下审理民商事合同纠纷案件若干问题的指导意见》第 10 条第 1 句、《最高人民法院关于审理买卖合同纠纷案件适用法律问题的解释》第 31 条对违约赔偿责任中损益相抵的适用作出了规定。

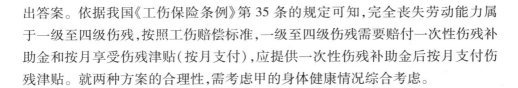

设例 50：

甲的女儿乙在上班途中被骑自行车的丙撞倒在地,造成脑出血,经抢救无效死亡。甲要求丙承担损害赔偿。丙认为,赔偿是应该的,但甲在女儿遗体告别时获得的奠仪金 5 万元,应当适用损益相抵规则予以扣除。

问题：

丙的理由是否成立?

欲解决设例 50 所涉及的纠纷,关键点在于判断"奠仪金"是否符合《民法典》的损益相抵规则。

在设例 50 中,甲在女儿遗体告别时获得的奠仪金 5 万元并不属于被侵权人在遭受损失的同时得到的利益,5 万元与损害事件没有相当因果关系,因此,丙并不可以主张损益相抵。

(二)过失相抵规则

过失相抵也称"与有过失"或"比较过失",是指被侵权人对损害的发生也有过错的,应当依据其过错的大小或种类减轻直至免除行为的责任。

《民法典》第1173条规定了过失相抵规则,"被侵权人对同一损害的发生或者扩大有过错的,可以减轻侵权人的责任"。过失相抵规则主要是基于公平之考量,因此与损益相抵不同。

(三)衡平规则

在个别案件中,按照侵权责任具体条文规定的构成要件,侵权人应当完全赔偿被侵权人的损失,但是这样的结果可能又是不公平或者违反公序良俗的。在此种情况下,法官应当考虑通过公平原则和公序良俗原则的适用来减少赔偿数额。

 设例51:

> 甲的10周岁的儿子乙在玩耍时,因爬上高压电线铁塔上的顶端而触电致死。经派出所侦查确定,是乙自行爬到高压电线杆上触电身亡的。对于乙触电死亡的事故,甲认为是乙爬上铁塔顶掏鸟窝时触电致死,而丙供电公司否认铁塔顶上有鸟窝,认为是乙安全意识淡薄、贪玩而触电致死的。
>
> **问题:**
>
> 乙的损害如何赔偿?

欲解决设例51所涉及的纠纷,关键在于判断供电公司是否承担了相应的安全保障义务,其所主张的是"乙安全意识淡薄、贪玩而触电致死"不能成为其不承担责任的抗辩理由。若供电公司对外放置了安全警示牌,并尽到了合理范围之内的安全保障义务,则由甲自行承担乙的损害;若供电公司未尽到安全保障义务,则需要对乙的损害进行赔偿。

八、精神损害赔偿

精神损害,是指法律或司法解释规定可以以金钱赔偿作为救济方式的狭义的精神损害,包括被侵权人一方精神痛苦、肉体疼痛或其他严重精神反常情况。

(一)精神损害赔偿的适用范围

我国《民法典》第1183条规定:"侵害自然人人身权益造成严重精神损害的,被侵权人有权请求精神损害赔偿。因故意或者重大过失侵害自然人具有人身意义的特定物造成严重精神损害的,被侵权人有权请求精神损害赔偿。"由此可见,我国《民法典》中规定的精神损害赔偿的适用存在一定的限制,具体体现为:

其一,体现在可赔偿性上。因为在社会生活中人和人的个体差异很大,每个人因心理承受能力不同而引发的各种心理不适应或痛苦大相径庭。如果精神损害赔偿可以普遍适用,将使侵权赔偿责任漫无边际,妨害人们的合理行为自由。

其二,体现在可补偿性上。非财产损害无法精确地按照较为客观的市场价格加以计算,只能在考虑精神痛苦的严重程度、受害人的个人因素等具体情况的基础上加以估算。这一点使得法官在精神损害赔偿数额的确定上具有很大的自由裁量权。为了限制法官的自由裁量权,有必要由法律对精神损害的可补偿性加以限制。对此,我国《民法典》第 1183 条第 1 款规定,只有侵害"自然人"的"人身权益"并造成"严重"精神损害时,被侵权人才有权请求精神损害赔偿。

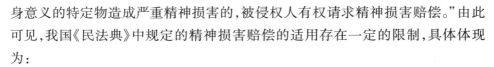

设例 52:

> 甲的父亲将自己收藏的一枚"放光芒"邮票交给甲收藏。该邮票是盖销票,票面有"1956.10.16·江西南昌"的邮戳。甲的朋友乙以给专家看帮助鉴定真伪为由将该邮票带走,后乙声称邮票丢失。

问题:

邮票的损失如何赔偿?

欲解决设例 52 所涉及的纠纷,关键在于判断邮票的价值。除需考虑邮票本身所具有的可以用金钱衡量的价值外,还需判断该邮票是否属于"具有人身意义的特定物"。

设例 52 中的邮票虽然系甲的父亲赠与甲收藏的,但一般而言,普通的邮票难以称之为"具有人身意义的特定物",因此,该邮票是否能够体现"人身权益",还应结合具体案情进一步分析。

设例 53:

> 甲为唐山大地震的幸存者,其父母在地震中遇难,当时甲还是一周岁的小孩。之后甲从亲属处得到一张父母的结婚照片,极为珍视。后来照片在交给乙照相馆扩印加工的时候毁损灭失。

问题:

甲的损失如何赔偿?

欲解决设例 53 所涉及的纠纷,需判断该结婚照片是否属于"具有人身意义的特定物",从而适用《民法典》第 1183 条。本设例中,甲的父母因地震而遇难,甲仅有一张其父母的结婚照片,对于甲而言该照片系"具有人身意义的特定物",对甲的意义非凡。该照片因照相馆扩印照片加工时毁损灭失,属于照相馆的重大过失,故甲可以向照相馆主张精神损害赔偿。

(二)精神损害赔偿的适用要件

1. 侵害自然人的人身权益或具有人身意义的特定物

人身权益,包括人格权益和身份权益。其中,人格权中就包含作为一般人格权的人身自由和人格尊严,也包括具体人格权,如作为物质性人格权的生命权、身体权、健康权和作为精神性人格权的姓名权、名誉权等。人格利益包括个人信息,死者的姓名、肖像、名誉等,以及自然人基于人身自由、人格尊严享有的其他人格利益。根据《最高人民法院关于适用〈中华人民共和国民法典〉侵权责任编的解释(一)》第 2 条,非法使被监护人脱离监护,导致父母子女关系或者其他近亲属关系受到严重损害的,应当认定为严重精神损害。

自然人具有人身意义的特定物品,是指自然人的凝聚了人身利益(人格意义或身份意义)的物。该人身利益与物已经紧密地结合,一旦物被侵害而毁损或灭失,则该人身利益也将被侵害。也即,特定的物是自然人的,且该特定物是具有人身意义的物。

值得注意的是,宠物是否属于"具有人身意义的特定物",换言之,宠物因侵权而死亡或丢失,侵权人除了承担财产损害赔偿责任外,是否需要承担精神损害赔偿责任。通常来说,宠物属于物,被侵权人对宠物享有的只是物权而非其他利益。因此,侵权人实施侵权行为导致他人宠物丢失、受伤或死亡的,侵权人原则上不应承担精神损害赔偿责任。但是,宠物又不同于一般的物,人与宠物相处一定时间后,相互间会发生双向的感情交流。在此种情形下,因宠物被他人侵害而死亡必然会导致主人的精神痛苦。因此,如果被侵权人确实能够证明其与宠物之间存在密切而强烈的感情联系,从而使得该宠物成为《民法典》第 1183 条第 2 款规定的"具有人身意义的特定物",侵权人也应当承担精神损害赔偿责任。

2.造成严重的精神损害

就侵害他人人格权而产生的精神损害赔偿,应区分物质性人格权和精神性人格权以进行判断。

第一,在侵害物质性人格权时,即生命权、身体权和健康权受侵害的情形下,只要造成受害人死亡或残疾,便可以直接认定造成了严重的精神损害。然而,构成伤残可以认定精神损害严重只是一个原则,在有些情形下,虽然没有构成伤残,但是毁损了受害人的容貌,影响其正常生活、工作的,也会构成严重精神损害。

第二,在侵害精神性人格权时,认定是否构成严重精神损害需要综合考虑多种因素,例如加害行为的性质程度和方式(如披露他人的隐私、诽谤他人、在发行量巨大或读者众多的媒体上实施侵害行为等)、侵权人的主观过错程度(故意还是重大过失抑或轻微过失)、损害后果的类型以及被侵权人因侵权而引起的连锁反应(如出现失眠、学习成绩下降、企图自杀)等。

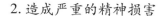 **设例54：**

> 某咨询公司市场主管甲在进入乙公司开办的酒吧时,酒吧工作人员以其"面容不太好,怕影响店中生意"为由拒绝其入内。甲起诉到法院,要求赔偿5万元精神损失费。

问题：

甲的请求是否成立?

欲解决设例54所涉及的纠纷,需判断酒吧工作人员以"甲面容不好为由而拒绝其进入"是否能给甲带来"严重"的精神损害。此为判断精神损害赔偿构成的必要要件。

设例55：

> 女大学生甲在离开超市的时候警报器响动。女保安乙上前拦住甲并将甲带进办公室,后通过电子探测器确定在甲身上有磁信号。在另一女职员丙在场的情况下,甲解开裤子接受检查,但并未发现商品。甲起诉超市,要求赔偿精神损失费50万元。

问题:

甲的请求是否成立?

欲解决设例 55 所涉及的纠纷,关键点在于判断超市员工的行为对甲是否造成严重的精神损害。其一,侵害自然人的人身权益或具有人身意义的特定物属于适用精神损害赔偿的要件之一,在设例 55 中,女保安乙拦住甲并将其带进办公室以及让甲解开裤子接受检查的行为系侵犯甲的人格权益。其二,对于超市员工的行为能否对甲造成严重的精神损害,需要综合考虑上文所述的多种因素进行具体判断。

(三)刑事附带民事诉讼中的精神损害赔偿

对于刑事附带民事诉讼中的精神损害赔偿问题,最高人民法院已通过司法解释进行规定。根据《最高人民法院关于人民法院是否受理刑事案件被害人提起精神损害赔偿民事诉讼问题的批复》:"根据刑法第三十六条和刑事诉讼法第七十七条以及我院《关于刑事附带民事诉讼范围问题的规定》第一条第二款的规定,对于刑事案件被害人由于被告人的犯罪行为而遭受精神损失提起的附带民事诉讼,或者在该刑事案件审结以后,被害人另行提起精神损害赔偿民事诉讼的,人民法院不予受理。"同时,《最高人民法院关于适用〈中华人民共和国刑事诉讼法〉的解释》第 175 条规定:"被害人因人身权利受到犯罪侵犯或者财物被犯罪分子毁坏而遭受物质损失的,有权在刑事诉讼过程中提起附带民事诉讼;被害人死亡或者丧失行为能力的,其法定代理人、近亲属有权提起附带民事诉讼。因受到犯罪侵犯,提起附带民事诉讼或者单独提起民事诉讼要求赔偿精神损失的,人民法院一般不予受理。"

九、人身损害赔偿范围

(一)依"所失利益"进行的赔偿

所失利益,是指被侵权人因人身损害而丧失的预期收入,包括因误工减少的收入以及残疾赔偿金、死亡赔偿金。

1.误工费

误工费是指侵权人应当向被侵权人支付的,被侵权人从遭受伤害到恢复治愈或者定残这一期间内因无法从事正常的工作或者劳动而失去减少的工作、劳动收入的赔偿费用。

2. 残疾赔偿金

残疾赔偿金是指在侵权人因对被侵权人身体、健康实施侵害导致其残疾,而应对残疾这一单纯的损害后果进行的金钱赔偿。

3. 死亡赔偿金

死亡赔偿金是指在被侵权人因遭受侵权而死亡的情况下,侵权人一方对死者近亲属承担的综合性的赔偿责任。死亡赔偿金在性质上是为维持死者近亲属的一定水平的物质生活条件而作出的财产性赔偿。

(二)依"所受损害"进行的赔偿

1. 医疗费

医疗费包括医药费和治疗费,是指被侵权人遭受人身伤害之后接受医学上的检查治疗所必须支出的各种费用。它不仅包括已经支出的费用,也包括将来要发生的医疗费用即后续治疗费。其一,对于医疗费赔偿的性质问题,医疗费的赔偿是财产性质的损害赔偿而不是精神损害赔偿,也完全独立于死亡赔偿金和残疾赔偿金;医疗费赔偿的请求权主体,在被侵权人尚存活的情况下往往是被侵权人本人,在实施抢救等医疗措施后被侵权人死亡的,医疗费的请求权则多为被侵权人的近亲属或者支付了医疗费的其他主体所拥有。其二,对于医疗费的举证和计算,可根据《最高人民法院关于审理人身损害赔偿案件适用法律若干问题的解释》第6条第1款"医疗费根据医疗机构出具的医药费、住院费等收款凭证,结合病历和诊断证明等相关证据确定。赔偿义务人对治疗的必要性和合理性有异议的,应当承担相应的举证责任"的规定执行。其三,对于医疗费计算的时间标准,可根据《最高人民法院关于审理人身损害赔偿案件适用法律若干问题的解释》第6条第2款"医疗费的赔偿数额,按照一审法庭辩论终结前实际发生的数额确定。器官功能恢复训练所必要的康复费、适当的整容费以及其他后续治疗费,赔偿权利人可以待实际发生后另行起诉。但根据医疗证明或者鉴定结论确定必然发生的费用,可以与已经发生的医疗费一并予以赔偿"的规定执行。

2. 护理费

护理费是指被侵权人因遭受人身损害,生活无法自理,需要他人护理而支出的费用。

3. 交通费

交通费是指被侵权人及其必要的陪护人员因就医或者转院治疗所实际发生的用于交通的费用。

4. 营养费

营养费是指被侵权人在遭受损害后为辅助治疗或使身体尽快康复而购买日常饮食之外的营养品所支出的费用。

5. 住院伙食补助费

住院伙食补助费是指被侵权人遭受人身损害后,在住院期间支出的伙食费用超过平时在家的伙食费用,而由侵权人就其合理的超出部分予以赔偿的费用。

6. 残疾生活辅助器具费用

残疾生活辅助器具费用是指伤残的被侵权人在因侵权行为造成身体功能全部或部分丧失后而购买、购置生活自助用具而支出的相关费用。

7. 丧葬费赔偿

丧葬费赔偿是指侵权人一方对侵害他人生命权致人死亡时发生的丧葬费用的金钱赔偿。需要特别说明的是,《民法典》第 1180 条规定:"因同一侵权行为造成多人死亡的,可以以相同数额确定死亡赔偿金。"

8. 康复治疗费

康复治疗费是指为使被侵权人遭受损害的器官功能重新恢复而进行的训练,包括物理疗法、语言治疗以及作业疗法中的"功能训练"的费用。

 设例 56:

甲为中学生,在学校与同学乙嬉戏时,右眼不慎被同学乙打伤,在当地公立医院和北京同仁医院治疗花费数万元,但没有完全治愈。甲后经人介绍在当地一"高人"处花费 1000 元治好了眼睛。

问题:

乙(乙的监护人)是否应当赔偿 1000 元治疗费?

欲解决设例 56 所涉及的纠纷,关键在于"高人治疗费"是否属于侵权责任

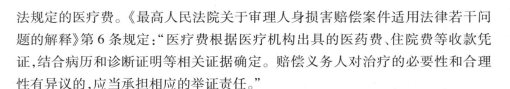

法规定的医疗费。《最高人民法院关于审理人身损害赔偿案件适用法律若干问题的解释》第6条规定："医疗费根据医疗机构出具的医药费、住院费等收款凭证,结合病历和诊断证明等相关证据确定。赔偿义务人对治疗的必要性和合理性有异议的,应当承担相应的举证责任。"

在设例56中,在"高人"处治疗显然不属于一般的医疗机构治疗,甚至可能被定性为非法行医等情形,无法适用《民法典》关于医疗损害责任的规定。因此,1000元的治疗费乙(乙的监护人)无须赔偿。

案例研习 4
不负责任的检修公司案

　　A 影院发现大厅中的广告牌螺丝松动,于是请来 B 检修公司对广告牌进行加固。B 检修公司在完成 A 影院要求的工作内容后,观察到本该整齐排列的天花板有几块已经微微倾斜突出,便出于好意及想要把检修工作完成得尽善尽美,在向 A 影院的工作人员说明情况后,在工作人员的带领下来到 A 影院二楼开始施工。不巧的是,B 检修公司将倾斜突出的天花板拆卸完成后,才发现当天所带的工具不足,无法将天花板装回原位,接着自行离开了 A 影院。此后 A 影院多次联系 B 检修公司来进行善后工作,B 检修公司都以业务繁忙为由一再推脱。对于 B 检修公司留下的残局,其他检修公司的报价为 5000 元。A 影院的二楼并没有观影厅,不对观众开放,为此 A 影院在一楼通往二楼的楼梯前竖立了一块告示牌,告示牌上醒目地书写着观众止步。某天,观众李某去 A 影院观看电影,李某抵达时,还未到电影的放映时间,于是四处闲逛。当他来到二楼走廊尽头的房间时,发现门并未上锁,便贸然推门而入,不料此门后是一楼天花板的施工场所。李某不明就里,踩破天花板跌入影院,将观众张某砸成重伤,治疗花费近 5 万元。李某因为摔下时有张某的缓冲,只是受了轻微伤。

　　问题:

　　1. 张某可以依据何种请求权基础向谁提出何种主张?

　　2. A 影院对 B 检修公司可以依据何种请求权基础提出何种主张?

一、请求权基础预选

(一)张某对 A 影院、B 检修公司的请求权

本案中,张某在 A 影院被李某砸伤,而李某坠落的原因是 B 检修公司未及

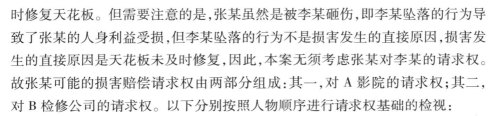

时修复天花板。但需要注意的是,张某虽然是被李某砸伤,即李某坠落的行为导致了张某的人身利益受损,但李某坠落的行为不是损害发生的直接原因,损害发生的直接原因是天花板未及时修复,因此,本案无须考虑张某对李某的请求权。故张某可能的损害赔偿请求权由两部分组成:其一,对 A 影院的请求权;其二,对 B 检修公司的请求权。以下分别按照人物顺序进行请求权基础的检视:

第一,张某在 A 影院受伤,A 影院可能违反了安全保障义务。此义务的来源既包括《民法典》侵权责任编之安全保障法定义务,也包括张某和电影院之间以给付义务为核心形成的合同义务群中作为附随义务的保护义务。因此,需检视合同违约请求权以及侵权请求权。具体言之,其一,需检视张某是否可根据《民法典》第 577 条"当事人一方不履行合同义务或者履行合同义务不符合约定的,应当承担继续履行、采取补救措施或者赔偿损失等违约责任"的规定,请求 A 影院承担违约损害赔偿。其二,需检视张某是否可根据《民法典》第 1198 条"宾馆、商场、银行、车站、机场、体育场馆、娱乐场所等经营场所、公共场所的经营者、管理者或者群众性活动的组织者,未尽到安全保障义务,造成他人损害的,应当承担侵权责任"的规定,请求 A 影院承担侵权责任。

第二,张某受到伤害的根本原因,是 B 检修公司未及时修复天花板。需检视张某是否可根据《民法典》第 1165 条第 1 款"行为人因过错侵害他人民事权益造成损害的,应当承担侵权责任"的规定,请求 B 检修公司承担侵权责任。

(二) A 影院对 B 检修公司的请求权

A 影院的天花板原本只是有几块微微倾斜,并不会产生某人或某物坠落进而使第三人受损的风险,然而 B 检修公司拆卸天花板且未完全修复的行为增加了 A 影院(所有权人)利用物的风险。因此,需检视 A 影院是否可根据《民法典》第 236 条"妨害物权或者可能妨害物权的,权利人可以请求排除妨害或者消除危险"的规定向 B 检修公司主张物权请求权。

此外,本案中,就 A 影院与 B 检修公司之间是何种法律关系存在争议,有必要先对此进行讨论。

1. B 检修公司维修天花板不构成无偿帮工

根据《民法典》第 1192 条第 1 款的规定:"个人之间形成劳务关系,提供劳务一方因劳务造成他人损害的,由接受劳务一方承担侵权责任。接受劳务一方承担侵权责任后,可以向有故意或者重大过失的提供劳务一方追偿。提供劳务一方因劳务受到损害的,根据双方各自的过错承担相应的责任。"该条第1款中的劳务关系不以有偿为限,无偿劳务关系(帮工)亦可适用该条款。(《最高人民法院关于审理人身损害赔偿案件适用法律若干问题的解释》第4条第1、2句与第5条第1款第1分句)。从责任形态角度考虑,接受劳务方的责任是替代责任,即行为主体与责任主体相分离,由接受劳务方直接对外承担责任。接受劳务方的责任同时也是单独责任,即接受劳务方是对外承担侵权责任的唯一主体。依据《最高人民法院关于审理人身损害赔偿案件适用法律若干问题的解释》第4条第3句,在无偿提供劳务的情形下,被帮工人明确拒绝帮工的,不承担侵权责任。此规定是劳务接受方的免责事由。

无偿帮工具有三个特征,分别是:其一,帮工以完成一定的劳动为标的;其二,强调被帮工人对帮工人的支配与指挥;其三,无偿性。① 在本案的具体判断中,B检修公司无偿提供劳务,以完成修复天花板这一劳动成果为目的。在修复过程中,以其技术与工具为依托,A影院并未对其工作进行指挥。因此,B检修公司对天花板的修缮不构成无偿帮工,无法基于法律关于无偿帮工的规定由A影院承担替代责任。

2. B检修公司维修天花板不构成加工承揽合同法律关系

根据《民法典》第770条第1款"承揽合同是承揽人按照定作人的要求完成工作,交付工作成果,定作人支付报酬的合同"的规定,承揽合同包括承揽人按照要求完成承揽工作,交付工作成果、定作人支付相应报酬两项主给付义务。承揽合同的特征可以概括为:其一,承揽人工作具有独立性;其二,以交付工作成果为标的;其三,系双务有偿法律关系。

在本案当中,维修天花板不满足承揽法律关系之双务有偿性,因此B检修公司和A影院之间不构成加工承揽合同法律关系。

3. B检修公司维修天花板属于好意施惠行为

B检修公司出于道德上互帮互助之友好情谊,无偿修缮A影院天花板,属于好意施惠行为。《民法典》并未直接规定好意施惠,但根据《民法典》中与好意施惠关系相关的条文(《民法典》第1217条"好意同乘"、第897条"无偿保管")所体现的立法者的态度可知,施惠人在主观上存在故意或者重大过失的情形下,才不受到法律之优待。在本案当中,B检修公司迟迟不修复天花板的行为,较高程

---

① 参见曹东子:《关于帮工责任的若干思考》,载《甘肃社会科学》2011年第4期,第91—94页。

度地增加了危险发生的可能性,且作为具有丰富相关工作经验的主体,其知道或应当知道天花板未修复带来的危险性,因此,其具有重大过失。A 影院可以请求 B 检修公司承担损害赔偿责任。

基于此,此案还应当检视 A 影院是否可依据《民法典》第 1165 条第 1 款"行为人因过错侵害他人民事权益造成损害的,应当承担侵权责任"的规定向 B 检修公司主张侵权损害赔偿责任。

二、张某对 A 影院的合同请求权

安全保障义务最直接的来源是作为《民法典》侵权责任编之法定义务,除此之外,以给付义务为核心形成的合同义务作为附随义务的保护义务,为受害人之固有利益的保护提供了合同编救济路径。

假设张某可以依据《民法典》第 577 条"当事人一方不履行合同义务或者履行合同义务不符合约定的,应当承担继续履行、采取补救措施或者赔偿损失等违约责任"的规定,请求 A 影院进行损害赔偿。

(一)违约损害赔偿请求权的成立

若请求权成立,则需满足如下要件:(1)合同有效成立;(2)不履行合同义务或者履行合同义务不符合约定;(3)可归责性。

1. 合同是否有效

本案中,张某购买电影票的行为符合《民法典》第 143 条的要件,因此,A 影院与张某之间的消费服务合同有效成立。

2. 不履行或者履行不符合约定

通常来讲,合同义务不仅包括当事人的合意,还包括基于诚信原则或法律规定,旨在服务于当事人固有利益的保护义务。[①]

合同一方当事人可预见到的损害之范围决定了保护义务之大小,A 影院清楚地知道其控制的场域正在施工,有潜在的安全风险,并且可预见天花板缺口有坠落人或物件致害的可能,但其既没尽隐蔽性危险的告知义务,也未采取一般的保护措施,即未履行作为合同义务的保护义务。因此该要件成立。

---

① 参见张家勇:《论统一民事责任制度的建构——基于责任融合的"后果模式"》,载《中国社会科学》2015 年第 8 期,第 232 页。

3. 可归责性

违反附随义务过错归责应当与侵权责任法保持一致,①只有当债务人对违反保护义务负责任时,才成立损害赔偿请求权。② 因此,应当考察 A 影院的可归责性。A 影院因过失未履行保护义务具有可归责性。因此,在本案中 A 影院应当为张某的损害负责。

4. 是否存在权利阻却抗辩

本案例不存在《民法典》第 590 条第 1 款第 1 句规定的不可抗力事由。

5. 中间结论

张某对 A 影院的合同违约损害赔偿请求权成立。

(二)合同违约损害赔偿请求权的范围

根据《民法典》第 584 条的规定:"当事人一方不履行合同义务或者履行合同义务不符合约定,造成对方损失的,损失赔偿额应当相当于因违约所造成的损失,包括合同履行后可以获得的利益;但是,不得超过违约一方订立合同时预见到或者应当预见到的因违约可能造成的损失",就合同损害赔偿的范围应当检视:

A 影院未尽保护义务,属于应作为而不作为。不作为与作为不同,并不存在一个因果链条。其考量的依据是,若无此不作为,则结果发生的可能性必定大为降低。因为对于不作为,所考量的并非真实的,而是被设想的因果关系。若可以证明"即使尽到了作为的义务,损害也不可避免",则可推翻因果关系。

若 A 影院采取一定的保护措施,则损害发生的可能性将大幅降低。张某被砸伤所支出的医疗费用,与 A 影院未尽保护义务之间存在因果关系,且 A 影院可以预见到该损害,因此 A 影院依据合同损害赔偿请求权之规定应当赔偿张某支付的用于康复的医疗费用。

(三)请求权未消灭、可行使

本案中不存在权利消灭抗辩,且请求权可行使。

---

① 参见汪倪杰:《论〈民法典〉中合同与侵权的开放边界——以附随义务的变迁为视角》,载《法学家》2022 年第 4 期,第 28 页。

② 参见[德]海因·克茨:《德国合同法》,叶玮昱、张焕然译,中国人民大学出版社 2022 年版,第 373 页。

（四）小结

张某可以依据《民法典》第 577 条请求 A 影院赔偿被砸伤后所支出的治疗费用。

三、张某对 A 影院的侵权请求权

假设张某可以依据《民法典》第 1198 条第 1 款"宾馆、商场、银行、车站、机场、体育场馆、娱乐场所等经营场所、公共场所的经营者、管理者或者群众性活动的组织者，未尽到安全保障义务，造成他人损害的，应当承担侵权责任"的规定，向 A 影院主张侵权损害赔偿。

（一）请求权是否成立

1. 成立要件

根据《民法典》第 1198 条第 1 款的规定，该请求权的成立要件包括：（1）第三人遭受损害；（2）安全保障义务的违反；（3）责任成立因果关系。

（1）第三人是否遭受损害

张某在影院内被砸伤，其健康权受到损害。该要件成立。

（2）A 影院是否违反安全保障义务

根据《民法典》第 1198 条的规定，A 影院具有安全保障义务，但 A 影院违反该义务。A 影院应当及时消除危险或者采取更谨慎合理的措施防止他人靠近危险源。A 影院在楼梯口放置观众止步的提示既未妥善地起到警示作用，也未对可能的危险进行提示预告。该要件满足。

（3）责任成立因果关系

此处应检视成立因果关系的条件性和相当性，包括两个层面：

第一，条件性，即若无此行为即无此结果。本案中，若 A 影院未违反安全保障义务，张某就不会受伤，条件性满足。

第二，相当性，即在"最佳观察者"来看，通常有此行为即有此结果，而非难得一见、极为罕见、依据事物通常的发展不可能发生的情形，目的在于排除因果关系较远的事件。本案中，A 影院未及时修缮天花板之缺陷以及未采用其他更加合理谨慎的措施以避免无关人员接近危险源的行为，会极大程度地提高第三人受伤的可能性，即损害发生的概率很高。该要件满足。

2. 权利阻却抗辩

本案不存在权利阻却抗辩。

（二）请求权是否已消灭

不存在权利消灭抗辩,请求权未消灭。

（三）请求权是否可行使

不存在权利阻止抗辩,请求权可行使。

（四）中间结论

张某可以依据《民法典》第 1198 条第 1 款的规定,向 A 影院主张侵权损害赔偿。

四、张某对 B 检修公司的侵权请求权

假设张某可以根据《民法典》第 1165 条第 1 款"行为人因过错侵害他人民事权益造成损害的,应当承担侵权责任"的规定向 B 维修公司主张侵权损害赔偿请求权。

（一）请求权是否成立

1. 成立要件

本案中,天花板之缺陷系 B 检修公司先前行为所造成,B 维修公司对其开启的危险有监管和消除的义务,但其并未监管和消除。根据《民法典》第 1165 条第 1 款的规定,该请求权构成要件包括:其一,存在 B 的加害行为;其二,B 的行为造成了损害结果;其三,责任成立因果关系;其四,B 具有过错。

（1）B 是否存在加害行为

B 维修公司先前修缮天花板却未完全修复的行为开创了危险源,其本应该及时消除该危险源,却在 A 影院多次催促下仍未修缮,构成了不作为的加害行为。该要件满足。

（2）张某是否受到损害

张某在影院内被砸伤,其健康权受到损害。该要件成立。

（3）作为义务的违反与第三人遭受损害之间成立因果关系

此处应检视成立因果关系的条件性和相当性,包括两个层面:

第一,条件性。本案中,若 B 检修公司及时消除该危险,张某就不会受伤,条件性满足。

第二,相当性。本案中,B 检修公司未及时修缮天花板之缺陷以及未采用其他更加合理谨慎的措施以避免无关人员接近危险源的行为,会极大程度地提高第三人受伤的可能性,即损害发生的概率很高。该要件满足。

(4)B 检修公司存在过错

B 检修公司作为长期从事该领域工作的主体,其应当知道天花板未修复完善所可能产生的损害后果。因此,B 检修公司存在过错。

2. 权利阻却抗辩

本案不存在权利阻却抗辩。

(二)请求权是否已消灭

不存在权利消灭抗辩,请求权未消灭。

(三)请求权是否可行使

不存在权利阻止抗辩,请求权可行使。

(四)中间结论

张某可以根据《民法典》第 1165 条第 1 款的规定向 B 检修公司主张侵权损害赔偿。

五、A 影院对 B 检修公司的请求权

(一)A 影院对 B 检修公司的物权请求权

假设 A 影院可以依据《民法典》第 236 条的规定向 B 检修公司主张排除妨害请求权。其构成要件包括:其一,受害人是物权人;其二,加害人实施了妨害行为;其三,阻碍权利人正常行使权利。

1. 请求权是否成立

(1)A 影院是否为物权人

A 影院是天花板的所有权人,该要件满足。

(2)B 检修公司是否实施了妨害行为

B 检修公司拆卸天花板,虽然属于好意施惠行为,但是其未及时修复的行为

事实上对天花板所有权人 A 影院造成了利用天花板的妨害。该要件满足。

（3）是否阻碍权利人正常行使权利

天花板未及时修复，A 影院就无法使用二楼区域，甚至可能因为天花板给一楼观众带来的风险，导致后续 A 影院一楼也无法正常使用，因此，B 检修公司阻碍了 A 影院对天花板的正常利用。该要件满足。

2. 权利阻却抗辩

本案不存在权利阻却抗辩。

3. 权利消灭抗辩

本案不存在权利消灭抗辩。

4. 中间结论

A 影院可以依据《民法典》第 236 条的规定向 B 检修公司主张排除妨害物权请求权。

（二）A 影院对 B 检修公司的侵权请求权

假设 A 影院可以依据《民法典》第 1165 条第 1 款的规定向 B 检修公司主张侵权责任。

1. 请求权是否成立

（1）成立要件

本案中，B 检修公司侵权责任的成立需满足以下构成要件：其一，利益受损；其二，存在加害行为；其三，责任成立因果关系；其四，存在过错；其五，不存在责任成立的抗辩。

①是否存在利益受损

A 影院所有的天花板被拆卸且未复原，存在损失。该要件满足。

②存在加害行为

B 检修公司存在将天花板拆卸但不修缮的行为。该要件满足。

③是否存在责任成立的因果关系

本案具有明显的因果关系。该要件满足。

④B 检修公司是否存在过错

B 检修公司迟迟不修复天花板的行为，较大程度地增加了危险发生的可能性，且作为具有丰富相关工作经验的主体，其知道或应当知道天花板未修复带来的危险性。因此，其具有重大过失。

（2）责任成立抗辩

本案不存在责任成立的抗辩。

2. 请求权是否已消灭

不存在权利消灭抗辩，请求权未消灭。

3. 请求权是否可行使

不存在权利阻止抗辩，请求权可行使。

4. 中间结论

A 影院可以依据《民法典》第 1165 条第 1 款的规定请求 B 检修公司承担侵权责任。

六、结论

（一）问题 1

张某可以依据《民法典》第 577 条的规定请求 A 影院承担合同违约责任。

张某可以依据《民法典》第 1198 条的规定请求 A 影院承担侵权责任。

张某可以依据《民法典》第 1165 条的规定请求 B 检修公司承担侵权责任。

（二）问题 2

A 影院可以依据《民法典》第 236 条的规定向 B 检修公司主张排除妨害物权请求权。

A 影院可以依据《民法典》第 1165 条第 1 款的规定请求 B 检修公司承担侵权责任。

第五讲

侵权责任主体的特别规定

一、监护人责任

监护人责任是指无民事行为能力人或者限制民事行为能力人造成他人损害,赔偿责任由监护人予以承担的特殊侵权责任。《民法典》第1188条至第1190条规定的是监护人责任,其中第1190条是丧失意识侵权责任的规定。在监护人责任的规定中,《民法典》依据行为人的行为能力将行为人区分为无民事行为能力人和限制民事行为能力人,隐含未成年人、成年不能辨认和不能完全辨认自己行为的人,对于监护人来说则涉及法定监护人、意定监护人(《民法典》总则编第33条)、委托监护人(《民法典》第1189条)。

(一)《民法典》有关监护人认定和监护职责的规定

《民法典》有关监护人认定与监护人责任的规范逻辑并未贯彻一致,这表现在《民法典》侵权责任编第1188条规定的"监护职责"与《民法典》总则编第34

条至第 35 条规定的"监护职责"的区别。其原因在于,《民法典》第 1188 条仍延续的是《侵权责任法》的规定,仅将"监护责任"的表述改为"监护职责",但这一改变并不合理,且造成了与第 34 条至第 35 条规范的混淆。在认定监护人之前,被监护人的配偶、父母或者其他近亲属对被监护人并不会承担《民法典》第 1188 条所规定的"监护职责"。对比德国《民法典》和我国台湾地区现行"民法",第 1188 条的"监护职责"更应理解为法定监督义务,而非职责。作为监护人意味着要对被监护人履行法定监督义务,约束被监护人不对他人造成侵权。监护人在履行法定的监督义务的过程中,相对应会享有一些权利。对于父母来说,对应的是身份性的权利即亲权;对于其他的监护人,比如《民法典》第 33 条规定的具有完全民事行为能力的成年监护人,在履行法定监督义务时相对应的权利可能是获得报酬的权利。

设例57:

甲患有神经性强迫症。甲病情好转后,经人介绍与乙结婚,婚后二人和甲父丙一起生活。从甲、乙二人认识开始到结婚后,丙一直未将甲患有精神病的事情告诉乙。一日,甲、乙到乙的老家探亲,晚上甲用砖头将乙砸死,甲自杀未遂。在刑事诉讼程序中,经鉴定甲无刑事责任能力。

问题:

乙的亲属应根据何种规范对谁提出何种请求?

欲解决设例57所涉及的纠纷,关键在于判断甲的监护人究竟是谁。根据《民法典》第 1181 条的规定,乙死亡后其请求权应当由乙的近亲属行使,故乙的近亲属应依《民法典》第 1188 条主张侵权责任。因甲已被认为无刑事责任能力,根据《民法典》第 1188 条的规定,首先需要确定甲的监护人。根据《民法典》第 28 条有关监护人选任和监护职责的规定,无民事行为人或者限制民事行为能力的成年人确定监护人时需按照以下顺序担任:(一)配偶;(二)父母、子女;(三)其他近亲属;(四)其他愿意担任监护人的个人或者组织,但是须经被监护人住所地的居民委员会、村民委员会或者民政部门同意。由于甲患有精神病的事实在甲、乙结婚之前便存在,其父丙应是甲的监护人。故乙的近亲属得以依据《民法典》第 1188 条向丙主张侵权责任。

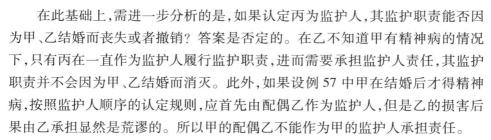

在此基础上,需进一步分析的是,如果认定丙为监护人,其监护职责能否因为甲、乙结婚而丧失或者撤销? 答案是否定的。在乙不知道甲有精神病的情况下,只有丙在一直作为监护人履行监护职责,进而需要承担监护人责任,其监护职责并不会因为甲、乙结婚而消灭。此外,如果设例57中甲在结婚后才得精神病,按照监护人顺序的认定规则,应首先由配偶乙作为监护人,但是乙的损害后果由乙承担显然是荒谬的。所以甲的配偶乙不能作为甲的监护人承担责任。

该设例的检视顺序实质反映出《民法典》第28条存在漏洞,该条确立了一个当然顺序的监护人的认定规则,但是,从比较法上看各国在监护人领域的相关规则,监护人身份应采用选任的方式,而不是直接认定。基于《民法典》第34条和第35条的规范内容,监护职责并不包括防止被监护人去侵犯他人的内容,更多的是强调怎么保护被监护人。在监护这一章节,监护人的职责以有利于被监护人为价值导向。但是,《民法典》第28条是通过确定一个固定的顺序来认定未成年人的监护人,顺序为:首先是配偶、父母,然后是子女,最后是近亲属和其他。然而,在现代老龄化的背景下,对于需要被监护的人来说,第28条最先的两个顺位恰恰是最不可靠的,第28条简单而僵化的固定次序,并没有按照监护人法律关系的目的和宗旨来确定一个选任的规则。从比较法上看,日本、韩国的相关规定是配偶、父母、四亲等以内的其他亲属,包括检察官都可以提出选任监护人之诉,从而为被监护人选任一个合适的监护人。如此,可最大程度地保护被监护人的利益。

(二) 监护人责任的立法模式

监护人责任的立法模式主要有两种,一种为替代责任,另一种为自己责任。替代责任建立在被监护人有责任的前提之下,包括过错推定责任、无过错责任和混合责任。自己责任主要指的是过错责任。

对于我国监护责任的立法模式,学界并没有形成统一的认识。不过,认为监护人责任是与用人者责任一样的替代责任的观点并不合理。替代责任的前提是行为人应当对其行为承担责任。根据《民法典》第1188条第1款的规定,"无民事行为能力人、限制民事行为能力人造成他人损害的,由监护人承担侵权责任",如果一个7周岁的未成年人将他人打伤,因其没有识别能力和辨认能力,便不存在过错,则不构成侵权。此时,监护人所承担的是自己责任而非替代责任。实际上,《民法典》第1188条构造了一种无民事行为能力人和限制行为能力人只要实施侵权行为并造成侵权后果,监护人就要承担责任的结果责任。但这不意味着我国监护人所承担的是无过错责任。其一,要求监护人对被监护人承担无过错责任,必然会引发监护人对被监护人过于严格的监管、约束,会不适当地缩小或者限制无民事行为能力人和限制民事行为能力人的自由。其二,无过错责任的理论依据是,持有危险物品或者从事危险活动而获利益者,应当承担其危险所致损害的责任,而无民事行为能力人和限制民事行为能力人并不能被视为一种危险源。

实际上,对于如何确定监护人责任问题,我国《民法典》第 1188 条只是构造了主体的规定,真正要确认责任人,还需判断监护人有没有尽到监护职责。换言之,需判断责任人有没有法定的监督义务,进而确定是否承担责任。《民法典》第 34 条规定的监护人的监护职责主要包括代理监护人实施民事法律行为、保护被监护人的人身财产权利以及其他合法权益,不履行监护职责或者侵害被监护人合法权益的应当承担法律责任。该条款并没有涉及对被监护人的约束,防止其实施侵权行为。除此之外,第 33 条规定的成年人的意定监护也没有包括上述内容。意定监护归根结底是委托合同的扩张,相关的权利义务不外乎就是两项,一个是财产管理,一个是人身保护。

▪ 设例58：

> 甲、乙的监护人分别与丙学校签订入学协议,将甲、乙送入丙寄宿制学校小学部五年级入读。甲、乙为同一宿舍。一日晚,甲、乙在宿舍中吃水果,甲在自己的床上往乙的床铺扔橘子,不料砸中了乙的眼睛,导致乙的眼睛受伤去医院进行手术治疗。

问题：

乙的监护人应根据何种规范对谁提出何种请求？

解决设例 58 所涉及的纠纷,通常的做法是依据《民法典》中限制民事行为能力人侵权的相关规定,判断需承担责任的主体。该设例主体主要涉及甲的监护人以及丙学校。根据《民法典》第 1188 条第 1 款的规定:"无民事行为能力人、限制民事行为能力人造成他人损害的,由监护人承担侵权责任。监护人尽到监护职责的,可以减轻其侵权责任。"上小学五年级的甲是限制民事行为能力人,在与乙打闹过程中将乙的眼睛砸伤,甲有损害行为,乙有损害,且甲的损害行为是导致乙损害的直接原因,甲的监护人应当对此承担侵权责任。丙学校在设例 58 中不存在过错,不承担责任。

虽然我国对监护人承担责任问题的立法模式是结果责任,但是,有行为不一定要承担责任。假设一名 3 岁的幼儿园小孩,在完全没有识别能力的情况下打伤了同学,有两种可能:一种是因教育机构未尽教育、管理职责而承担责任;另一种属于不幸的意外,不能要求监护人或者教育机构承担责任。并非每一个风险都会有人承担责任,比如在爬山时不小心摔伤了,如果以该山所有权归国家或管理权归自然保护区而主张国家和自然保护区承担责任,并不合理。部分风险是结果自担,并非只要有损害就有填补损害的侵权责任。

(三)用人者责任

用人者责任,也称"雇主责任""使用人责任""雇佣人责任",是指用人者对被使用者在从事职务活动时致人损害的行为承担赔偿责任。用人者责任有广义和狭义之分。狭义的用人者责任,仅指被使用者因执行工作任务或提供劳务造成他人损害时,用人者依法应当承担的侵权责任。此种用人者责任属于替代责任,既包括民法上的用人者责任(《民法典》第 1191 条、第 1192 条第 1 款第 1句),也包括公法上的用人者责任,即国家赔偿。广义的用人者责任除包括上述责任外,还包括被使用者因执行工作任务或提供劳务而遭受损害时,用人者依法应当承担的责任,即被雇佣者受害责任。

《最高人民法院关于适用〈中华人民共和国民法典〉侵权责任编的解释(一)》规定,与用人单位形成劳动关系的工作人员、执行用人单位工作任务的其他人员以及个体工商户的从业人员,因执行工作任务造成他人损害的,侵权责任的确定适用用人单位责任的规定。

■ 设例 59:

张某受甲的雇用为其开车。某晚,张某在驾驶出租车时,遭到乙的抢劫并被杀害。在刑事诉讼中,凶手乙赔偿 16 380 元。之后查明,出车前由于车子违章、行驶证被扣,甲已告知张某不要出城,但他还是出城了,并且在出城时也没有进行登记。另外,甲和丙公司签订有《出租汽车资产全额补偿承包经营合同》。

问题:

张某的亲属应根据何种规范对谁提出何种请求?

在设例59中,张某不能根据《民法典》第1191条对丙公司主张侵权责任,因为张某与丙公司之间没有劳动合同,并非劳务关系或个人关系。张某也不能根据《民法典》第1192条对甲主张侵权责任,第1192条第1款规定:"提供劳务的一方因劳务受到损害的,根据双方各自的过错承担相应的责任。"换言之,接受劳务一方承担责任需要以过错为前提,设例59中甲并不存在过错,还尽到了注意事项的提醒义务,故不应对此承担侵权责任。

二、执行工作任务或提供劳务的判断依据

判断工作人员或提供劳务者的行为是不是执行工作任务或提供劳务,是用人者责任构成的关键点,也是最复杂且最富有争议的。对此存在着各种学说,主要包括:其一,主观说,即雇主意思说和雇员意思说,顾名思义,在判断工作人员的活动是不是执行工作任务时,按照雇主或雇员的主观意思进行认定。其二,客观说,即在判断工作人员的活动是不是执行工作任务时,应当"从行为的外观断之,凡受雇人之行为外观具有执行职务之形式,或客观上足以认定其为执行职务者,纵令其为滥用职务行为、怠于职务行为或利用职务上之机会与执行职务之时间或处所有密切关系之行为,亦应涵摄在内"。其三,折中说,即以雇员意思说为原则,例外采取客观说;或者以客观说为原则,结合雇主和雇员双方意思说。

我国司法实践中采取的是客观说,判断工作人员是否因执行工作任务造成他人损害或提供劳务一方是否因劳务造成他人损害的标准分为两个层次:其一,看该活动是否为用人单位或接受劳务一方所授权或指示的活动。如果造成他人损害的行为就是在用人单位或接受劳务一方授权或指示范围内的活动,由此造成的损害当然属于因执行工作任务或因劳务造成的损害,用人单位或者接受劳务一方应当承担侵权责任。其二,如果工作人员或者提供劳务一方造成他人损害的行为并非用人单位或接受劳务一方授权或指示的活动,此时并不当然排除用人单位或接受劳务一方的替代责任,而是要考察该活动的表现形式是否为履行职务或者与履行职务有内在联系。

■ 设例60:

甲搭乘乙经营的挂靠在丙出租汽车公司名下的出租汽车回家,途中被该车驾驶员丁故意杀害致死。

问题：

甲的亲属应根据何种规范对谁提出何种请求？

解决设例 60 所涉及的纠纷，通常的做法是依照人物关系检视甲的请求权基础及对象。其一，需检视甲是否可依据《民法典》第 1165 条第 1 款请求丁承担侵权责任。因丁实施了不法行为，甲的生命健康利益受到损害，且丁的不法行为与甲的损害具有直接的因果关系，不存在责任成立的抗辩，请求权可以行使且没有消灭，故甲可以根据《民法典》第 1165 条对丁主张侵权责任。其二，需检视甲是否可根据《民法典》第 1191 条对乙主张侵权责任。在设例 60 中，丁属于乙公司的工作人员，应考察丁的杀人行为是否属于因执行工作任务造成他人损害，丁的行为超出了乙公司授权或指示范围，但用人单位或接受劳务一方不可能仅以此种抗辩就能否定替代责任。造成他人损害的加害行为不仅包括用人单位或接受劳务一方能够预见并应采取措施予以避免的风险，还包括因为雇用了特定的某个工作人员或提供劳务一方而增加的风险。出租车经营者应当预见并采取措施来避免司机造成他人损害，例如设置格挡等避免司机与乘客接触。出租车司机在开车时属于执行工作任务，虽然出租车公司通常很难预见并控制司机伤害乘客的风险，但是由于出租车司机在执行工作任务时对车内环境存在一种绝对控制权，与其故意伤害行为存在一定的内在联系，故设例 60 发生用人者责任问题，甲可根据《民法典》第 1191 条对乙公司主张侵权责任。其三，因该车挂靠在丙公司，甲可以依据《民法典》第 1211 条请求丙公司承担连带责任。

 设例 61：

甲系乙公司职工。某日，丙公司职工丁在工作过程中违规作业，从高处抛掷钢管，将正在现场从事工作的甲头部砸伤，致其患重度颅脑外伤和外伤性尿崩症等。根据区职工劳动能力鉴定委员会出具的伤情鉴定，甲因工致残程度为四级。

问题：

甲应根据何种规范对谁提出何种请求？

解决设例 61 所涉及的纠纷，通常的做法是判断直接侵权行为人丁以及其公司丙是否需对甲的损害承担责任。又因甲为乙公司职工，需检视乙公司是否需承担责任。本设例中,甲可以根据《民法典》第1191条对丙公司主张侵权责任。设例61中丁为丙公司的工作人员,在执行职务过程中造成甲的损害,应由用人单位丙公司承担侵权责任。需注意的是,《最高人民法院关于审理人身损害赔偿案件适用法律若干问题的解释》第3条规定:"依法应当参加工伤保险统筹的用人单位的劳动者,因工伤事故遭受人身损害,劳动者或者其近亲属向人民法院起诉请求用人单位承担民事赔偿责任的,告知其按《工伤保险条例》的规定处理。因用人单位以外的第三人侵权造成劳动者人身损害,赔偿权利人请求第三人承担民事赔偿责任的,人民法院应予支持。"受害人甲既可以按照《工伤保险条例》请求乙公司赔偿,也可以按照《民法典》第1191条请求丙公司赔偿。但损害赔偿应以填补受害人损失为基本理念,受害人不得因损害赔偿而获益。

三、定作人责任

(一)定作人责任的构成要件

1. 独立的承揽合同

成立定作人责任的前提是存在独立的承揽合同。在具体的认定中,易产生承揽合同与雇佣合同的混淆。承揽合同和雇佣合同的重要区别在于,前者重在工作成果的交付,后者重在劳务的提供。因此,如果某合同关系重在工作成果的交付,往往涉及承揽合同。如果该合同重在劳务的给付,则该合同为劳动合同或者雇佣合同,其中提供劳务的一方当事人属于雇员。

2. 定作人存在定作、指示或选任上的过失

定作人是否具有定作、指示或者选任上的过失,首先应当依据法律的规定加以判断,在法律没有明确规定的时候,应当依照定作人是否尽到交易上的必要注意而认定。其一,定作人的定作过错,主要包括以下情形:(1)定作人要求独立契约人完成的工作成果属于违法事项。(2)定作人要求独立契约人完成的工作成果虽属合法,但其知道或者应当知道该工作成果存在固有的危险性或者会涉及不同寻常的危险,却因过失而未告知。(3)定作人提供的材料、设计图纸或技术要求不合理或者侵害了他人的权利。其二,指示过错,是指定作人知道或者应当知道其于承揽人在完成承揽工作中发出指示是违法的或者可能侵害他人合法权益,仍然发出该指示,导致他人的权益遭受损害。其三,选任过错,是指定作人知道或应当知道独立契约人不能胜任该工作或者不具有法律要求的从事该工作

的资质，仍要求其完成该工作。

3. 需因完成承揽工作而致害

依据《民法典》第1193条，只有"承揽人在完成工作过程中造成第三人损害"时，才会发生定作人因其过失承担相应赔偿责任的问题。所以承揽人致他人损害的行为必须发生在承揽工作的过程中。

4. 定作人的过失与损害之间存在因果关系

要满足因果关系要件应包括两个层面因果关系的满足，一是定作人的过失与承揽人工作之间的因果关系；二是承揽人工作与受害人受到损害之间的因果关系。

（二）用人者责任与定作人责任的关系

我国《民法典》第1193条对定作人责任作出了明确规定："承揽人在完成工作过程中造成第三人损害或者自己损害的，定作人不承担责任。但是定作人对定作、指示或者选任有过错的，应当承担相应的责任。"《最高人民法院关于适用〈中华人民共和国民法典〉侵权责任编的解释（一）》第十八条规定，承揽人在完成工作过程中造成第三人损害的，人民法院依照《民法典》第1165条的规定认定承揽人的民事责任。定作人责任与用人者责任的最大区别就在于：用人者责任适用无过错责任，只要被使用者是因执行工作任务或劳务给他人造成损害的，不管用人者有无过错，均应承担责任。然而，在定作人责任中，定作人既不对承揽人完成工作过程中对第三人造成的损害承担责任，也不对承揽人自身遭受的损害承担责任。只有当定作人存在定作、指示或者选任过失时，才承担相应的责任。

 **设例62：**

> 甲、乙系朋友关系。甲在村里开办加弹厂，乙懂得电机修理，平时甲的加弹机有问题经常找乙修理。一日，正在修理加弹机的乙，被旁边正常运转的机器轧伤手指。

问题：

乙应根据何种规范对谁提出何种请求？

欲解决设例62所涉及的纠纷，关键点在于判断甲与乙之间就维修加弹机的

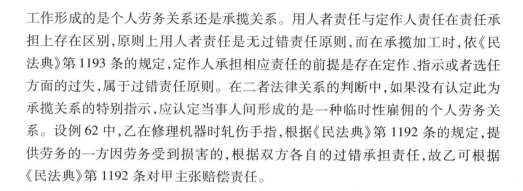

工作形成的是个人劳务关系还是承揽关系。用人者责任与定作人责任在责任承担上存在区别,原则上用人者责任是无过错责任原则,而在承揽加工时,依《民法典》第1193条的规定,定作人承担相应责任的前提是存在定作、指示或者选任方面的过失,属于过错责任原则。在二者法律关系的判断中,如果没有认定此为承揽关系的特别指示,应认定当事人间形成的是一种临时性雇佣的个人劳务关系。设例62中,乙在修理机器时轧伤手指,根据《民法典》第1192条的规定,提供劳务的一方因劳务受到损害的,根据双方各自的过错承担责任,故乙可根据《民法典》第1192条对甲主张赔偿责任。

四、网络侵权责任

网络侵权责任,是指网络用户利用网络服务实施侵害他人民事权益而产生的侵权责任,其中既包括直接或具体实施侵权行为的网络用户应当承担的侵权责任,也包括提供网络服务的网络服务提供者应当承担的侵权责任。我国《民法典》在《侵权责任法》第36条的基础上,通过四个条文,即第1194条至第1197条对网络侵权责任作出了规定,主要包括三种类型。

1. 单独责任

《民法典》规定的网络侵权责任是单独责任,网络用户或者网络服务提供者利用网络单独从事侵害他人民事权益的行为时,依法应独自承担侵权责任。无论是网络用户还是网络服务提供者,实施了侵害他人民事权益的侵权行为,原则上都应当依据《民法典》第1165条第1款的过错责任原则,承担侵权赔偿责任。网络服务提供者不能以权利人没有通知其采取删除、屏蔽、断开链接等必要措施作为抗辩,因为侵权行为就是网络服务提供者自己实施的,不适用通知规则。

2. 违反"通知-移除"义务的连带责任

《民法典》第1195条被称为"避风港原则之通知规则",当网络用户利用网络服务实施侵权行为时,权利人有权通知网络服务提供者采取删除、屏蔽、断开链接等必要措施,但要求权利人达到最低程度的举证,主要包括构成侵权的初步证据及权利人的真实信息。网络服务提供者在接到通知之后,首先应该及时通知发布信息的相关网络用户,然后根据构成侵权的初步证据和服务类型采取必要的措施,比如断开链接、删除侵权信息等。如果没有采取必要措施,便需要对损害扩大的部分承担连带责任。相应地,为保障网络用户的利益,《民法典》第

1196 条规定了"避风港原则之反通知规则",网络用户在接到通知之后,可以发出不存在侵权行为的声明,网络服务提供者在收到声明后应该及时转送给发出通知的权利人,并告知可以向有关部门投诉或者起诉。在合理期限内,权利人没有投诉或者起诉的,网络服务提供者应当及时终止所采取的必要措施,防止侵害网络用户的合法权益。

3. 明知或应知的连带责任

根据《民法典》第 1197 条的规定,如果网络服务提供者知道或者应当知道网络用户利用网络服务侵害他人民事权益,而不采取必要措施的,意味着网络服务提供者主观上具有故意,不采取必要措施的行为就足以表明,其与网络用户是共同故意侵害他人民事权益或者为实施侵权行为的网络用户提供帮助,二者构成共同加害行为或帮助侵权行为。此时,依据《民法典》第 1168 条及第 1170 条,网络服务提供者当然要与网络用户承担连带责任。

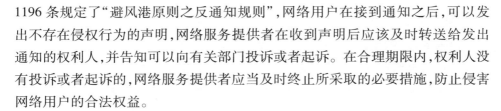

设例 63：

甲是微博博主。在导演乙去世之际,其在微博上发表了两篇损害乙名誉的文章内容。多家报纸纷纷通过电话等形式采访甲,甲肯定了上述文章内容的真实性。随后多家报纸进行报道,产生了极坏的影响,后经乙亲属证实文章内容均为虚假。

问题：

乙的近亲属应根据何种规范对谁提出何种请求?

在设例 63 中,乙已经去世,根据《民法典》第 1181 条的规定,乙的请求权可以由其近亲属行使。《民法典》第 1194 条的适用须在网络环境下实施侵权行为,甲利用网络发布关于乙的虚假信息,实施侵权行为,乙因此名誉受损,且甲的侵权行为与乙的名誉受损具有直接因果关系。设例 63 中不存在通知删除或者网络服务提供者明知或应当知道侵权行为的情形,故乙的近亲属可根据《民法典》第 1194 条对甲提出网络侵权请求权。

设例64：

甲网络公司经营的视频网站通过其提供的网络播放软件传播了乙影视公司拍摄的影片《疯狂的三轮车》。乙公司以电子邮件的形式向甲公司发出"关于作品《疯狂的三轮车》的告知函"，要求甲公司在未经许可的情况下，勿以链接的形式传播相关内容，并同时发送了快递，显示甲公司的签收人为"高某"。诉讼中，甲公司称未收到邮件，公司并不存在快递的签收人高某。

问题：

乙公司应根据何种规范对谁提出何种请求？

欲解决设例64所涉及的纠纷，关键点在于对《民法典》第1194条"通知-移除"规则的具体适用。在设例64中，乙可以依据《民法典》第1194条对甲公司提出网络侵权请求权。甲公司未经乙公司的许可就在线播放其影视资料，严重侵犯了乙公司的网络著作权利，应当对乙公司承担侵权责任。《民法典》虽然规定了权利人有通知的权利，但并未规定通知的形式。《最高人民法院关于审理利用信息网络侵害人身权益民事纠纷案件适用法律若干问题的规定》第5条规定，被侵权人应当以"书面形式或者网络服务提供者公示的方式"向网络服务提供者发出通知。所谓书面形式，包括信件、电报、电子邮件、传真等。"网络服务提供者公示的方式"是指网络服务提供者预先告知网络用户在发现有人利用网络服务实施侵权行为时应当如何通知网络服务提供者。通知是否到达则需要根据《民法典》第137条的规定进行判断。在设例64中，甲公司已经签收快递，在快递没有送错的情形下，应视为到达。乙公司已经通知了甲公司删除相关侵权内容，甲的抗辩事由并不成立，甲公司有义务配合删除要求。

 设例65：

博客博主甲发表涉及乙个人隐私的文章，于是乙向丙网络公司发出律师函要求采取必要措施，丙网络公司采取了必要措施。乙又要求丙公司提供甲的个人真实信息，丙公司未提供。

问题：

乙是否有权要求丙公司提供甲的个人信息？

根据《民法典》第 1195 条和第 1196 条规定的"避风港原则之通知规则"和"避风港原则之反通知规则",甲发表了乙的个人隐私,存在利用网络侵权的行为,若甲没有提出抗辩,则乙有权要求丙提供甲的个人真实信息,以便投诉或者向人民法院起诉。丙网络公司采取必要措施不意味着受害人不需要向侵权人请求承担责任,因为网络服务提供者采取必要措施是《民法典》第 1195 条规定的义务,且采取必要措施需要一定的时间,当被侵权人知道此信息的时候,可能已经产生了局部的影响。此时被侵权人除可要求删除侵权信息外,还可要求行为人承担侵权责任。在权利人发送通知给网络服务提供者时,通知的内容包括侵权的初步证据以及权利人的真实信息,网络服务提供者在接到该通知时应当转送给网络用户,网络用户收到通知时若提出侵权抗辩,此时网络服务提供者不能直接把网络用户信息告诉权利人。权利人可以通过投诉的方式或者其他合法的方式来获取。如果说网络用户默认了侵权行为的存在,网络服务提供者需要将网络用户的个人信息提供给权利人,以便权利人投诉或者起诉。

五、违反安全保障义务的侵权责任

《民法典》第 1198 条在《侵权责任法》第 37 条和《中华人民共和国消费者权益保护法》第 18 条的基础上,对安全保障义务作出了更完善的规定。违反安全保障义务的侵权责任,是指对他人负有安全保障义务的人,违反该义务造成他人损害的,应当承担的侵权责任。

(一)安全保障义务的性质

对于安全保障的性质,学界存在诸多争议,主要包括附随义务说和法定义务说。其一,附随义务说认为,安全保障义务是合同法上的附随义务,安全保障义务在某种情况下具有传统意义上的缔约过失责任的特征。缔约过失责任涵盖性强,包含了很多抽象的内容。安全保障义务具体列举了很多场合负担的特定的义务。比如甲在商场购物,因地面湿滑而滑倒受伤,甲去商场买东西与商场进行了缔约,商场从而负担了除主给付义务、从给付义务外,基于诚实信用原则产生的照顾、保护、忠实、协助等附随义务。因此,安全注意义务是附随义务的一种。其二,法定义务说认为,经营者在其服务场所对消费者等主体的人身和财产安全负有的保障义务是一种法定义务。我国实证法中有大量的法律法规直接规定了安全保障义务。

无论主张安全保障义务是附随义务还是法定义务,都有其合理性,但也同样存在不周延之处,没有必要将安全保障义务性质简单地界定为附随义务或法定义务。安全保障义务实质上仅是判断经营者、管理者或组织者过错的标准,具体内容可能来自法律的规定,也可能来自合同的约定,甚至基于诚实信用原则而产生,通过多种义务来源才能够更全面地保护民事主体的人身、财产利益。

(二)安全保障义务的主体

《民法典》第1198条第1款列举了负有安全保障义务的主体,主要包括经营场所、公共场所的经营者、管理者和群众性活动的组织者。对于经营场所、公共场所的范围,《民法典》明确列举了"宾馆、商场、银行、车站、机场、体育场馆、娱乐场所"。以"等"字兜底意味着公共场所、经营场所并不限于《民法典》所列举的,如茶楼、洗浴中心、游乐场等也属于经营场所、公共场所的范围。群众性活动是指面向社会不特定公众举办的活动,如博览会、人才招聘会、展销会等。而近几年新兴的网约车平台是否属于经营场所、公共场所或者群众性活动,很难根据《民法典》第1198条将其解释为该条所规定的范围。

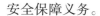 **设例66:**

> 甲入住乙酒店。随后,甲在该酒店一楼通道内通行时,因坠入已拆除轿厢且未设置防护装置的电梯井而受伤。据查,拆除轿厢为酒店租用大楼的所有权人丙公司所为。

问题:

甲应根据何种规范对谁提出何种请求?

在设例66中,甲可以依据《民法典》第1198条第1款对丙公司主张侵权责任。丙公司拆除轿厢后并没有设置防护装置存在侵权行为,甲因此坠入电梯井受伤,甲受伤的结果与丙的侵权存在因果关系。同时,丙公司为该楼的所有权人,是该楼的管理者,在拆除轿厢时未及时设置防护装置,视为未尽到安全保障义务,应对此承担责任。此外,甲可以根据《民法典》第1198条第2款对乙酒店主张补充责任。在乙公司为甲提供服务的过程中,丙公司拆除轿厢未设置防护装置的行为属于第三人侵权,除由第三人承担侵权责任外,经营者、管理者未尽到安全保障义务的应承担相应的补充责任。乙酒店作为经营者,未及时检查电梯环境,应视为未尽到安全保障义务,故甲可以根据第 1198 条第 2 款要求乙酒店承担补充责任。

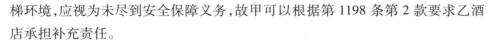 **设例 67：**

> 甲为乙学校退休教师。某日中午 12 点,甲到乙学校退休活动中心活动。活动中心大门位于台阶上,甲上两层台阶后去拽门把手开门,门未开,甲再使劲拽,把手脱落,甲从台阶上摔下,头部着地,后送医抢救不治身亡。经查,退休活动中心门上贴着中午 11 点到下午 1 点午休,但一般情况下门也是开着的。

问题：

甲应根据何种规范对谁提出何种请求?

欲解决设例 67 所涉及的纠纷,关键在于判断乙学校是否尽到了安全保障义务。在设例 67 中,乙学校的退休活动中心向公众开放,是供不特定的主体进出或者活动的地点。学校作为公共场所的经营者或管理者,没有违反安全保障义务,其张贴的告示页也尽到了提示义务,不存在违反安全保障义务的情形。甲用力过猛导致从台阶上摔落是甲自我判断和行为的失误,学校不应对此承担责任,故甲不得根据《民法典》第 1198 条对学校主张侵权责任。

六、教育机构侵权责任

教育机构侵权责任,是指无民事行为能力人或限制民事行为能力人在幼儿园、学校和其他教育机构学习、生活期间遭受人身损害时,教育机构因未尽到教育、管理职责而依法承担的侵权责任。教育机构侵权责任仅仅是教育机构就无民事行为能力人或限制民事行为能力人在校园期间遭受的人身损害承担的侵权赔偿责任。在《民法典》中,教育机构的侵权责任既非泛指教育机构的一切侵权责任,也并非教育机构就学生在校园期间遭受的一切损害而承担的民事责任。教育机构因未尽到教育、管理职责而承担的侵权赔偿责任属于过错责任或过错推定责任。

根据《民法典》第 1199 条至第 1201 条的规定,教育机构责任的类型主要为两种:其一,教育机构直接侵权时的责任。在此情形下又以受害人是无民事行为能力人还是限制民事行为能力人承担两种类型的责任。当受害人是无民事行为能力人时,根据《民法典》第1199条的规定,幼儿园、学校或其他教育机构适用过错推定责任原则承担侵权责任。即首先推定其对无民事行为能力人所受伤害存在过错,之后由幼儿园、学校或其他教育机构承担举证责任,证明其已经尽到了教育、管理职责,如不能证明则承担不利后果。当受害人是限制民事行为能力人时,根据《民法典》第1200条的规定,幼儿园、学校或其他教育机构适用一般过错责任原则承担侵权责任,此时举证责任不再倒置,而是谁主张谁举证。即需要由限制民事行为能力人及其监护人承担举证责任,若限制民事行为能力人及其监护人不能举证证明学校或其他教育机构存在过错,则需承担不利后果。其二,第三人侵权时教育机构的责任。根据《民法典》第1201条的规定,学校、幼儿园和教育机构对第三人侵害无民事行为能力人和限制民事行为能力人造成的损害承担补充责任。《最高人民法院关于适用〈中华人民共和国民法典〉侵权责任编的解释(一)》规定,当无法确定实施侵害行为的第三人或者实施侵害行为的第三人没有赔偿能力,由幼儿园、学校等教育机构承担与其过错相应的责任。教育机构承担责任后,对确定了造成损害的第三人、幼儿园、学校等教育机构,有权向其追偿。

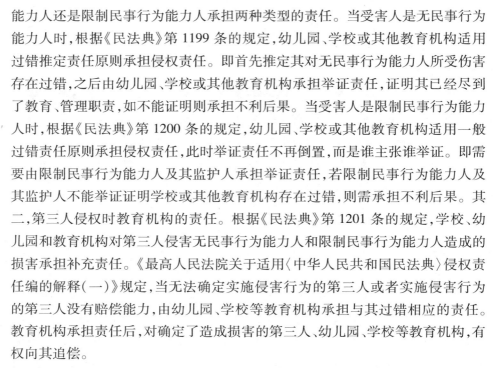

设例68:

甲原系乙中学初二学生。某日中午,甲突然从学校三楼男厕所窗台坠落受伤,昏迷不醒,学校随即拨打"120"和"110",并通知甲家长,双方一起送甲就医。甲因从高处坠伤致双腿多处粉碎性骨折,经鉴定已构成九级伤残。事发后,甲家长将乙学校告上法院,认为甲的坠楼与学校厕所小便池位置安装不合理、窗外未设防护栏存在直接因果关系,学校在安全教育及管理方面存在瑕疵,应对甲进行赔偿。乙学校则认为,校方设施均符合安全标准,本次事故是由于甲自行攀爬厕所窗台造成,事发后校方已及时救助并垫付医疗费,故校方在教育、保护、管理上不存在过失,不应承担赔偿责任。

问题:

甲应根据何种规范对谁提出何种请求?

在设例68中,乙学校并不构成侵权。《民法典》第1199条到第1201条规定的学校教育机构的职责所对应的应该是与其工作职能相一致的注意义务。本案中,甲的事故是由于自行攀爬厕所所致,学校很难避免个人异常的行为,乙学校并没有违反应尽的注意义务,故甲不得对乙学校主张侵权请求权。

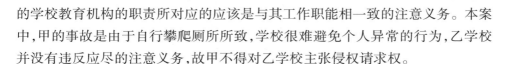

设例69:

甲、乙均系丙小学五年级一班的学生,为同桌。某日上自然课时,老师授课完毕后吩咐同学们自由安排,甲便在课桌下面的简易抽屉内玩起了塑料玩具"木来虎",转动着的"木来虎"无意中与置于简易抽屉内的搪瓷盅发生碰撞,发出了悦耳的声响。乙觉得声音好听,便拿起搪瓷盅欲碰"木来虎",甲担心自己的搪瓷盅被碰坏而予以制止,乙在放下搪瓷盅的一瞬间,"木来虎"再次与搪瓷盅发生碰撞,致"木来虎"破碎,碎片溅入甲的右眼内,致使其右眼球穿通伤、外伤性白内障、角膜新生血管,属八级伤残。

问题:

丙小学是否承担侵权责任?

欲解决设例69所涉及的纠纷,关键在于判断丙小学是否违反了安全保障义务。实践中认定学校管理义务和安全保障义务需注意:学生人身损害结果的产生,是由于学校对学校活动管理不善而非疏于对学生的管理,设例69发生在自由活动期间,在老师没有听到该声音的前提下,老师很难注意到甲与乙的行为,学校对学生负有的安全保障义务并不是监护义务,仅仅是注意义务。因此,本案不能认定丙小学违反了安全保障义务而承担侵权责任。

案例研习 5
篮球场碰撞案

　　A 中学与 B 大学两校相邻,B 大学的操场对公众免费开放。为防止学生逃课出去玩,A 中学制定了相关安全管理制度、中学生日常行为规范,并通过主题班会、家长会等方式向学生及家长进行宣传教育,禁止逃课。甲、乙是 A 中学初二的学生。某周五下午,老师们集体开会,学生们上自习课。自习课时,甲向乙等几名同学提议去隔壁 B 大学打篮球,于是几人翻墙出去,到 B 大学打篮球。7岁的丙在其父亲的带领下在 B 大学玩篮球,其篮球不小心滚到甲、乙等人所在的篮球场地。篮球场设有“球场危险,请勿穿越”立牌,丙穿过场地去捡球,此时乙正持球反攻,在奔跑过程中躲闪不及,与刚捡球站起的丙相撞,两人均受伤。

　　问题:

　　乙、丙的损害由谁承担侵权责任?

乙的请求权

一、请求权基础预选

　　本案围绕侵权责任展开,仅检视人物的侵权请求权。

　　第一,乙的损害是因与丙相撞导致的,其请求权行使的对象可能为丙。本案中乙的损害是由丙直接造成的,然而侵权人丙年仅 7 岁,属于无民事行为能力人。据此,需检视乙是否可根据《民法典》第 1188 条第 1 款“无民事行为能力人、限制民事行为能力人造成他人损害的,由监护人承担侵权责任。监护人尽到监护职责的,可以减轻其侵权责任”的规定,请求丙的父母承担侵权责任。

第二，甲提议带乙等几名同学去 B 大学打篮球，乙在打篮球的过程中受伤，有必要检视甲是否为群众性活动的组织者，若甲为群众性活动的组织者，乙是否可根据《民法典》第 1198 条第 2 款第 2 句"经营者、管理者或者组织者未尽到安全保障义务的，承担相应的补充责任"的规定，请求甲承担侵权责任。

第三，乙打篮球受到的损害是在 B 大学内发生的，有必要检视乙可否以《民法典》第 1198 条第 2 款第 2 句"经营者、管理者或者组织者未尽到安全保障义务的，承担相应的补充责任"为依据，请求 B 大学承担相应的补充责任。

第四，乙是初二学生，应为限制民事行为能力人，在周五自习时间翻墙去校外打篮球，应检视乙可否以《民法典》第 1200 条"限制民事行为能力人在学校或者其他教育机构学习、生活期间受到人身损害，学校或者其他教育机构未尽到教育、管理职责的，应当承担侵权责任"为依据，请求 A 中学承担侵权责任。

二、乙对丙父母的监护人责任请求权

假设乙可以根据《民法典》第 1188 条第 1 款"无民事行为能力人、限制民事行为能力人造成他人损害的，由监护人承担侵权责任。监护人尽到监护职责的，可以减轻其侵权责任"的规定，请求丙父母承担侵权责任。

（一）请求权是否成立

1. 成立要件

依据《民法典》第 1188 条第 1 款的规定，监护人责任为无过错责任，即监护人责任的成立无须以过错为要件，而且无法以无过错而免责。该请求权的成立要件包含：其一，被监护人有加害行为；其二，监护人和被监护人之外的第三人遭受损害；其三，损害与加害行为间存在因果关系。而监护人尽到监护职责的，仅可以减轻责任，不能作为免责事由。

（1）加害行为

是否存在加害行为，要考量该行为是否具有违法性。"侵害他人民事权益"征引了违法性，一个行为如果造成了他人民事权益遭受侵害的后果，原则上就具有违法性。[①] 违法性是对行为人行为的一种客观评价，有学者认为违法性是指

---

① 参见李承亮:《侵权责任的违法性要件及其类型化——以过错侵权责任一般条款的兴起与演变为背景》，载《清华法学》2010 年第 5 期，第 89-91 页。

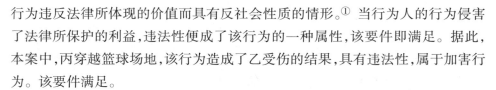

行为违反法律所体现的价值而具有反社会性质的情形。① 当行为人的行为侵害了法律所保护的利益,违法性便成了该行为的一种属性,该要件即满足。据此,本案中,丙穿越篮球场地,该行为造成了乙受伤的结果,具有违法性,属于加害行为。该要件满足。

（2）乙的绝对性权益受到侵害

本案中,乙的健康权受到侵害。该要件满足。

（3）因果关系

此处应检视成立因果关系的条件性和相当性,两个层面:

第一,条件性,即若无此行为则无此结果。本案中,若无丙穿越篮球场的行为,乙就不会受伤。条件性满足。

第二,相当性,即在"最佳观察者"来看,通常有此行为即有此结果,而非难得一见、极为罕见、依据事物通常的发展不可能发生的情形,目的在于排除因果关系较远的事件。本案中,乙在打球时与穿越球场的丙相撞并受伤是通常会发生的结果,并非罕见。相当性满足。

2. 权利阻却抗辩

本案中应予讨论的抗辩事由有二:

（1）丙的父母是否尽到监护职责

关于监护职责的认定,《民法典》第 34 条第 1 款较为概括地规定了监护人的职责,表述为:"监护人的职责是代理被监护人实施民事法律行为,保护被监护人的人身权利、财产权利以及其他合法权益等。"因此,在解释上应着眼于对"等"字的理解。是否尽了监护职责,与监护人过去如何尽心尽力没有关系,法律上只考虑在被监护人造成他人损害行为发生时监护人是否尽了监护责任。由于监护人责任是无过错责任,司法裁判实践中有观点认为,只要被监护人造成了他人损害,就表明监护人没有尽到监护责任。②

篮球活动是较为激烈的体育运动,随意闯入篮球场地,因运动者难以及时躲避,既易冲击正常的体育活动秩序,侵害运动者的人身安全,也易侵害闯入者的人身安全,在闯入者为儿童的情况下,危害更甚。本案中,场地周围设置"禁止穿越"立牌的目的之一正是防止他人随意闯入,丙的父亲作为正常的成年人,应

---

① 参见张俊浩:《民法学原理》(重排校订版),中国民主法制出版社 2024 年版,第 778 页。
② 参见杨洪逵:《侵权损害赔偿案例评析》,中国法制出版社 2003 年版,第 357—358 页。

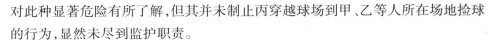
对此种显著危险有所了解,但其并未制止丙穿越球场到甲、乙等人所在场地捡球的行为,显然未尽到监护职责。

（2）是否适用与有过失规则

本案中,乙受伤是因其与丙相撞导致的,此时应当考虑能否适用《民法典》第 1173 条与有过失规则。在责任人应负无过错责任的场合,受害人有过错的,亦能依法构成与有过失。受害人的行为虽是损害发生或扩大的共同原因,但其主观上无过错的,不构成与有过失。[1] 对于不完全民事行为能力人能否适用与有过失规则,我国法采取了"形式上否定,实质上肯定"的态度。[2]

本案中,乙参加的篮球运动是典型的群体性激烈对抗运动,在运动过程中发生碰撞非常常见。在激烈的对抗性运动中,参与者在极短的时间内要作出思考、判断、决定,然后实施特定动作,由于人的体力、智力存在上限,因而不可能每个决定、动作都准确无误。乙持球反攻,在急速奔跑的情况下来不及躲闪将丙撞倒,情有可原,且乙不可能预见到会有其他人出现在球场,在运动的合理范围内,乙本身并没有过错。据此,本案不存在权利阻却抗辩,请求权成立。

（二）请求权是否已消灭

不存在权利消灭抗辩,请求权未消灭。

（三）请求权是否可行使

不存在权利阻止抗辩,请求权可行使。

（四）中间结论

乙可以根据《民法典》第 1188 条第 1 款请求丙的父母承担侵权责任。

三、乙对甲的侵权请求权

假设乙可以根据《民法典》第 1198 条第 2 款第 2 句"经营者、管理者或者组织者未尽到安全保障义务的,承担相应的补充责任"的规定,请求甲承担侵权责任。

---

[1]　参见徐涤宇、张家勇:《〈中华人民共和国民法典〉评注》（精要版）,中国人民大学出版社 2022 年版,第 1227 页。

[2]　参见邹海林、朱广新:《民法典评注:侵权责任编》（第 1 册）,中国法制出版社 2020 年版,第 98 页。

（一）请求权是否成立

1. 成立要件

《民法典》第 1198 条第 2 款第 2 句所涉之安全保障义务人的补充责任请求权的成立要件包含：其一，相对人为安全保障义务人；其二，受侵权保护的绝对权受到侵害；其三，相对人未尽到安全保障义务；其四，损害是由第三人造成的。

（1）甲是否为安全保障义务人

安全保障义务人即为该条表述的经营场所、公共场所的经营者、管理者或者群众性活动的组织者。结合本案而言，需要围绕"群众性活动"及"组织者"身份进行判断。其中，"群众性活动"是指非家庭内部的组织多人聚集的活动，既可能是大型的，也可能是规模较小的，篮球比赛与此并不冲突。因此，需要判断甲是否为群众性活动的组织者。甲并非组织者，仅为发起者，发起者并非《民法典》第 1198 条第 2 款规范的情形。从身份上分析，组织者必须是实际承担活动策划任务的主体，且有能力也有义务预见到可能发生的危险；而活动发起者是指倡议做某件事情的人。需要特别指出的是，在某些松散的群众性活动中，虽然有人最初提议举办该活动，但该人对活动的发起并不意味着其承担了活动组织者的责任。具体而言，组织者与发起者有以下三点区别：

第一，两者在是否具体组织策划活动上有所不同。活动组织者承担活动的具体策划工作，活动的各项细节等均由组织者谋划；但发起者更多承担的是召集、呼吁等工作，活动开展起来以后主要由活动参与人自主进行。

第二，两者对活动的控制能力有所不同。组织者具体策划活动，对活动的进程应当有相当的控制能力，具体到活动的时间、地点、人员、方式等；而发起者对活动控制能力较弱，除活动的召集外，其他具体活动内容多由参与者集体决定。

第三，两者对活动中可能出现的危险的预见能力不同。由于组织者事先策划活动，其更加了解活动流程，对组织者而言有时间和能力去预测活动开展中的各项可能的风险；发起者并不能掌控活动进程，所以对发起者而言，其对活动中可能的危险的预见能力很低。

本案中，甲为初二学生，向同学们提议一起打篮球，属活动的发起者，其并没有对活动进行策划，也不具有相应的控制能力，打篮球这项活动最终是由同学们一起决定的。因此，甲并不是群众性活动的组织者，即不是安全保障义务人。该项要件不满足。

（2）其他要件

第一个要件不满足,不必检视其余要件。

2. 权利阻却抗辩

上述要件不满足,不必检视权利阻却抗辩,请求权不成立。

（二）请求权是否已消灭

不必再检视。

（三）请求权是否可行使

不必再检视。

（四）中间结论

乙不得根据《民法典》第 1198 条第 2 款第 2 句请求甲承担侵权责任。

四、乙对 B 大学的侵权请求权

假设乙可以根据《民法典》第 1198 条第 2 款第 2 句"经营者、管理者或者组织者未尽到安全保障义务的,承担相应的补充责任"的规定,请求 B 大学承担责任。

（一）请求权是否成立

1. 成立要件

《民法典》第 1198 条第 2 款第 2 句所涉之安全保障义务人的补充责任请求权的成立要件包含:其一,相对人为安全保障义务人;其二,受侵权保护的绝对权受到侵害;其三,相对人未尽到安全保障义务;其四,损害是由第三人造成的。

（1）B 大学是否为安全保障义务人

《民法典》第 1198 条第 1 款之下的安全保障义务人包括两类主体:其一,宾馆、商场、银行、车站、机场、体育馆、娱乐场所等经营场所、公共场所的经营者、管理者;其二,群众性活动的组织者。上述宾馆、商场、银行等属于通过举例的方法对义务的发生空间加以界定,以"等"字结尾,因此,除上述提及的场所外,其他具有"向公共开放"的空间特征的场所也属于公共场所,而公共场所的管理者是指对公共场所拥有管理控制力的自然人、法人或法人组织。

结合本案来看,B 大学为事业单位法人,其操场对公众免费开放,满足"向公共开放"的特征,属于公共场所。B 大学依据法律的规定,对学校拥有控制力及管理职责。据此,B 大学为安全保障义务人。该要件满足。

(2)乙的绝对性权益受到侵害

本案中,乙的健康权受到侵害。该要件满足。

(3)B 大学是否未尽到安全保障义务

安全保障义务人负有的防止或制止第三人侵权的义务,内容为安全保障义务人应尽到一定程度的注意义务,在合理的限度范围内降低第三人对他人实施侵权行为的风险或在侵权行为发生时予以制止,从而减少受害人的损害。[①] 安全保障义务是一种合理注意义务,而非无限的安全担保,损害应是可预见的,能为一般人所认识的。义务的内容依损害发生的可能性、损害的可预见性、损害的严重程度及合理防范措施的成本等因素综合确定。对于《民法典》第 1198 条第 2 款中经营者、管理者或组织者未尽到安全保障义务的理解,是指义务人对第三人加害能够预见和防范而未加防范、对第三人加害能够阻止而未阻止,或在第三人实施加害行为后对受害人能够救助而不求助。[②] 因此,本案中需对 B 大学的义务范围作出合理认定。

第一,法律不能要求安全保障义务人为他人的人身财产安全而奋不顾身,这是道德的要求而不是法律的要求。所以,法律上只是要求安全保障义务人在合理的限度范围内,采取相应的行为预防和制止第三人实施侵权行为,从而降低损害发生的概率或损害程度。即便安全保障义务人尽到了该义务,却没有起到预防和制止第三人侵权的作用,也不能据此就认定安全保障义务人需要承担责任。

第二,不同行业的义务人对不同保护对象负有不同的义务,应参考行业的普遍情况、所在地区的具体条件、活动的形式规模等因素。[③]《民法典》虽将经营场所之外的非营利性场所,即公共场所的管理者囊括在安全保障义务人之中,但非营利性公共场所与营利性公共场所的管理人在责任基础上具有差异,二者的业务标准和限度应当予以区分。非营利性公共场所的管理人的责任基础具有特殊性,对危险源的管理和控制不密切,其承担的义务应较一般的安全保障义务轻。管理人与被侵权人之间并无其他密切关系,其注意义务的要求应该更低,仅依诚

---

① 参见程啸:《侵权责任法》(第 3 版),法律出版社 2021 年版,第 524 页。

② 参见邹海林、朱广新:《民法典评注:侵权责任编》(第 1 册),中国法制出版社 2020 年版,第 356 页。

③ 参见徐涤宇、张家勇:《〈中华人民共和国民法典〉评注》(精要版),中国人民大学出版社 2022 年版,第 1260 页。

信原则和惯例来认定安全保障义务即可。一般来说,在无法确定标准时,非经营性公共场所的安全保障义务只需达到一般的注意义务即可。① 不过,无法律法规等作为安全保障义务的依据,并不意味着非营利性公共场所无须履行安全保障义务,但亦不能为弥补受害人损失而肆意加重管理者的安全保障义务。安全保障义务的认定应当以合理、现实为必要。

本案中,B 大学免费向公众开放的操场作为非营利性公共场所,其安全保障义务来源于诚信原则和习惯,仅需尽到一般的注意义务即可。导致损害发生的危险是由打球造成的,这并非法律所不允许的风险,且管理者已经在操场设置了"球场危险,请勿穿越"的立牌,起到了警示性的作用。丙是在强行穿越场地的情况下与乙发生冲突,对于此种强行穿越的行为,一般无法预见,可以认为 B 大学已尽到安全保障义务。因此,本项要件不满足。

(4)其他要件

第二个要件不满足,不必检视其余要件。

2.权利阻却抗辩

上述要件不满足,不必检视权利阻却抗辩,请求权不成立。

(二)请求权是否已消灭

不必再检视。

(三)请求权是否可行使

不必再检视。

(四)中间结论

乙不得根据《民法典》第 1198 条第 2 款第 2 句请求 B 大学承担侵权责任。

五、乙对 A 中学的侵权请求权

假设乙可以根据《民法典》第 1200 条"限制民事行为能力人在学校或者其他教育机构学习、生活期间受到人身损害,学校或者其他教育机构未尽到教育、管理职责的,应当承担侵权责任"的规定,请求 A 中学承担侵权责任。

---

① 参见程啸:《侵权责任法》(第 3 版),法律出版社 2021 年版,第 531 页。

（一）请求权是否成立

1. 成立要件

《民法典》第1200条所涉之限制行为能力人在教育机构受损的过错请求权的成立要件包含：其一，学校未尽教育和管理职责；其二，限制民事行为能力人受到"人身损害"；其三，两者间存在因果关系。

（1）A中学是否尽教育和管理职责

该要件的检视以"教育""管理"职责的认定为中心。《学生伤害事故处理办法》第5条第1款第1分句是对"教育"职责的规定，"学校应当对在校学生进行必要的安全教育和自护自救教育"；第2分句是对"管理"职责的规定，"应当按照规定，建立健全安全制度，采取相应的管理措施，预防和消除教育教学环境中存在的安全隐患"。

结合本案来看，不能认为学校未尽教育、管理职责，具体理由如下：

第一，A中学已制定相关安全管理制度、中学生日常行为规范，通过主题班会、家长会等方式向学生及家长进行宣传教育，作为义务教育机构已履行与其管理和控制能力相适应的安全保障义务。

第二，事故发生在学校老师开会期间，从逃课到乙受伤发生，时间间隔较短，即使发生学生逃课、旷课行为，学校亦需要一个发现、核实的过程。据此，并不能说学校未尽到教育管理职责。该要件不满足。

（2）其他要件

第一个要件不满足，不必检视其余要件。

2. 权利阻却抗辩

上述要件不满足，不必检视权利阻却抗辩，请求权不成立。

（二）请求权是否已消灭

不必再检视。

（三）请求权是否可行使

不必再检视。

（四）中间结论

乙不得根据《民法典》第1200条请求A中学承担侵权责任。

六、小结

乙对丙父母的被监护人致害责任请求权成立,可以根据《民法典》第 1188 条第 1 款请求丙的父母承担侵权责任。

乙对甲的侵权请求权不成立,不得根据《民法典》第 1198 条第 2 款第 2 句请求甲承担侵权责任。

乙对 B 大学的侵权请求权不成立,不得根据《民法典》第 1198 条第 2 款第 2 句请求 B 大学承担侵权责任。

乙对 A 中学的限制民事行为能力人在教育机构受损责任请求权不成立,不得根据《民法典》第 1200 条请求 A 中学承担侵权责任。

丙的请求权

一、请求权基础预选

第一,丙的损害是由乙直接造成的,乙是限制民事行为能力人,据此,需检视丙是否可根据《民法典》第 1188 条第 1 款"无民事行为能力人、限制民事行为能力人造成他人损害的,由监护人承担侵权责任。监护人尽到监护职责的,可以减轻其侵权责任"的规定,请求乙父母承担侵权责任。

第二,丙的损害发生在 B 大学,有必要检视乙可否以《民法典》第 1198 条第 2 款第 2 句"经营者、管理者或者组织者未尽到安全保障义务的,承担相应的补充责任"为依据,请求 B 大学承担责任。但由前文乙对 B 大学的请求权的论证可知,B 大学已经尽到了安全保障义务,因此,该项请求权不再检视。

二、丙对乙父母的监护人责任请求权

假设丙可以根据《民法典》第 1188 条第 1 款"无民事行为能力人、限制民事行为能力人造成他人损害的,由监护人承担侵权责任。监护人尽到监护职责的,可以减轻其侵权责任"的规定,请求乙父母承担侵权责任。

（一）请求权是否成立

1.成立要件

依据《民法典》第 1188 条第 1 款,监护人责任的成立无须以过错为要件,而且无法以无过错而免责,所以监护人责任为无过错责任。该请求权的成立要件主要包含:其一,被监护人有加害行为;其二,监护人和被监护人之外的第三人遭受损害;其三,损害与加害行为间存在因果关系。监护人尽到了监护职责的,仅可以减轻责任,不能作为免责事由。

（1）加害行为

由前述可知,当行为人的行为侵害了法律所保护的利益,即认为具有违法性。本案中,乙的行为造成丙受伤的结果,具有违法性,属于加害行为。该要件满足。

（2）丙的绝对性权益受到侵害

本案中,丙被撞伤,其健康权受到侵害。

（3）因果关系

本案因果关系十分明显。

2.权利阻却抗辩

（1）乙父母是否尽到监护职责

目前实践中,认定监护人尽到了监护责任往往是被监护人在学校等教育机构学习、生活期间造成他人损害的情形。[①] 在教育机构学习、生活的期间,包括时间和空间两个方面。《学生伤害事故处理办法》第 2 条规定了"期间"的时间维度,即"在学校实施的教育教学活动或者学校组织的校外活动中";以及"期间"的空间维度,即"在学校负有管理职责的校舍、场地、其他教育教学设施、生活设施内发生的"。

本案中,事故发生于 A 中学自习课期间,应属于在教育机构学习、生活期间。然而,A 中学已向学生及家长进行宣传教育,禁止逃课,乙依旧违反纪律,在自习课期间与同学翻墙到 B 大学打篮球,因此,不能认为乙的父母尽到了监护职责。

---

① 参见程啸:《侵权责任法》(第 3 版),法律出版社 2021 年版,第 441 页。

（2）是否适用与有过失规则

本案中，丙受伤是因其与乙相撞导致的，此时应当考虑能否适用《民法典》第1173条与有过失规则。与有过失规则不要求受害人行为违法，仅要求该行为不当，在责任人应负无过错责任的场合，受害人有过错的，亦能依法构成与有过失，对于受害人是无民事行为能力人的，仍可确定其监护人对此有无过失。

本案中，篮球属于较大程度上依赖于体力的身体接触性活动，具有一定的风险性。丙仅有7岁，为无民事行为能力人，但根据其年龄、精神状况、活动类型等因素，其对篮球的风险情况应当有一定的认知，且其在父亲陪同的情况下作出该行为，即使无法确定丙有无过失，但其父并未制止丙闯入篮球场，应当认为丙的父亲具有过错，成立与有过失。

（二）请求权是否已消灭

不存在权利消灭抗辩，请求权未消灭。

（三）请求权是否可行使

不存在权利阻止抗辩，请求权可行使。

（四）中间结论

丙可以根据《民法典》第1188条第1款请求乙的父母承担侵权责任，但应减轻其赔偿责任。

结论

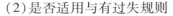

第一，乙可以请求丙的父母承担侵权责任。因为甲只是活动的发起者，并非活动的组织者，A中学也尽到了教育管理职责，乙对甲、A中学的请求权均不成立。

第二，丙可以请求乙的父母承担监护人的替代责任，但因其行为是损害发生的原因，成立与有过失，可以减轻乙父母的赔偿责任。

第三，B大学操场免费向公众开放，是非营利性公共场所，安全保障义务来源于诚信原则和习惯，已尽到警示提醒义务，乙、丙对其的请求权均不成立。

案例研习 6
命运多舛的师徒案

　　甲是当地公认的焊接高手,乙为甲所收学徒。某日,A 公司请甲帮忙进行焊接,甲去 A 公司前曾告知乙,若有人请求帮忙焊接,乙可以独自前去。焊接前需要购买相关设备,A 公司派丙随甲去公司合作厂家购买,听闻 B 厂正在促销,丙驾车改道去了 B 厂。途中丙将一个突然冲上马路的小孩 C 撞倒,致其小腿骨折。丙留下处理交通事故,甲独自去了 B 厂。甲到 B 厂时,丁正在擦玻璃,其清洁用品掉落砸中了甲,甲当场昏迷,后被诊断为脑震荡。丁是 B 厂因年末清扫而找来清洗公司外玻璃的工作人员。同日,乙被戊请求帮忙焊接大门,不慎将一旁进行监督的戊烫伤,致戊十级伤残。

　　问题:

　　结合各请求人关系图(图 6-1),分析甲、小孩 C、戊可以依据何种请求权基础向谁提出何种主张?

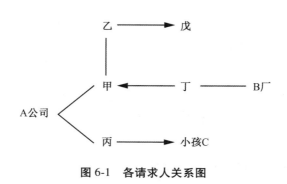

图 6-1　各请求人关系图

甲的请求权

一、请求权基础预选

丁掉落下的物品造成甲受伤。丁为 B 厂清扫外玻璃,需首先判断该工作关系的性质,从而确定甲的请求权基础,主要涉及的是雇佣关系还是承揽关系的判断。若认定丁与 B 厂构成承揽关系,则甲可依据《民法典》第 1193 条请求丁承担侵权责任;若认定丁与 B 厂构成雇佣关系,则甲可依据《民法典》第 1191 条第 1 款第 1 句请求 B 厂承担侵权责任。

判断丁与 B 厂是承揽关系还是雇佣关系,应先明确承揽关系与雇佣关系的区别。该区别主要包括:其一,雇佣关系中雇员为民事主体,对其一般没有特殊的身份要求;而承揽关系为商事主体,故一般要求具备完成承揽工作所必备的技术、设备和技能等条件。其二,雇佣关系中,雇佣的根本目的在于给付劳务;而承揽关系中,承揽以交付劳动成果为目的,提供劳务仅是完成工作成果的手段。其三,雇佣关系中的受雇人在一定程度上要受雇佣人的支配,在完成工作的过程中要听从雇佣人的安排、指挥和监督;而承揽关系中承揽人自己独立自主安排工作和完成工作,当事人之间不存在支配与服从的关系,承揽人在完成工作时具有独立性,定作人无权干预。其四,雇员与雇主之间的关系是较为稳定、长期的,反映的是一种持续性的生产要素结合关系。而承揽关系是临时、短期的,其与定作人之间体现的纯粹是一种即时结清的债权债务关系。①

基于两者的区别,在司法实务中,有学者提出如下判断观点:其一,当事人之间是否存在控制、支配和从属关系。雇佣关系中雇员对雇主有一定的人身依附性,雇主对雇员的人身有一定的支配权;承揽关系中,定作人虽然对承揽人的工作有指导监督的权利,但对承揽人的人身没有支配权。其二,是否由一方指定工作场所、提供劳动工具或设备,限定工作时间。限定工作时间的一般为雇佣关系,不指定具体工作场所、不提供劳动工具或设备;不限定工作时间的则一般为承揽关系。其三,是定期给付劳动报酬还是一次性结算劳动报酬。在雇佣关系

---

　　① 参见最高人民法院民法典贯彻实施工作领导小组:《中华人民共和国民法典侵权责任编理解与适用》,人民法院出版社 2020 年版,第 256-257 页。

中,雇主定期给付报酬;承揽关系中给付劳动报酬多为一次性。其四,是继续性提供劳务,还是一次性提供工作成果。雇佣关系中单纯性提供劳务,雇员只提供劳动力本身,而承揽关系中承揽人除提供劳务外,还提供特殊的工具、技术或设备,最终提供的是劳动的成果。① 其五,当事人一方所提供的劳动是其独立的业务或者经营活动,还是构成合同相对方的业务或者经营活动的组成部分。独立的业务为承揽关系,如果构成业务或经营活动的组成部分,则为雇佣关系。②

综上,第一,在本案中丁为 B 厂提供的劳动行为,仅是为 B 厂临时擦拭外玻璃,B 厂不能随意支配其去进行其他的清洁活动。第二,丁为 B 厂工作没有固定的工作场合,且仅将玻璃清洁完毕即可,一次性支付劳动报酬,非定期支付。第三,丁不仅要完成清洁工作,而且要保证玻璃的洁净程度,因此,B 厂看重的是丁最终提供的劳动成果。第四,B 厂并不是保洁厂,其经营内容与保洁活动无关。由此可以看出,丁与 B 厂应为承揽关系而非雇佣关系,甲可以依据《民法典》第1193 条请求丁承担侵权责任。

二、甲对丁的承揽人致害侵权请求权

假设甲可依据《民法典》第 1193 条"承揽人在完成工作过程中造成第三人损害或者自己损害的,定作人不承担侵权责任。但是,定作人对定作、指示或者选任有过错的,应当承担相应的责任"的规定,请求丁承担侵权责任。

(一)请求权是否成立

《民法典》第 1193 条所适用承揽关系下的侵权责任的成立要件为:其一,丁与 B 厂之间为承揽关系;其二,承揽人丁因执行承揽任务而侵害他人民事权益;其三,定作人对定作、指示、选任不存在过错。

(1)丁与 B 厂之间为承揽关系

依据对请求权基础部分的分析,丁与 B 厂之间应认定为承揽关系而非雇佣关系。定作人与承揽人之间存在特定的承揽合同关系。承揽人依照合同的约定或者定作人的指示完成加工承揽事项。这种合同关系只要事实上存在即可,不

① 参见车志平:《雇佣关系与帮工、承揽等相似关系的界定及识别》,载《人民司法》2011 年第 10 期,第 70-72 页。
② 参见最高人民法院民事审判第一庭:《最高人民法院人身损害赔偿司法解释的理解与适用》,人民法院出版社 2015 年版,第 157 页。

一定必须具备书面的合同形式。① 本案例虽未表明丁与 B 厂是否订立有效的承揽合同，但该行为不影响丁与 B 厂的承揽关系，即丁为承揽人，B 厂为定作人。

（2）承揽人丁因执行承揽任务而侵害他人民事权益

承揽人丁在工作时，其清洁物品从高处掉落，造成甲脑震荡，侵害了甲的健康权。

（3）定作人对定作、指示、选任不存在过错

定作人指示的过错是指在制作方法上有明显过错，而选任过错是对人员的选择有明显过错，如明知没有相应资质而进行选任。本案中未提出定作人 B 厂对指示和选任存在过错，因此 B 厂不存在过错。

请求权成立。

（二）请求权是否已消灭

不存在《民法典》第 557 条第 1 款的债的一般消灭事由及其他权利消灭抗辩，因此请求权未消灭。

（三）请求权是否可行使

该案发生至今未超过 3 年诉讼时效，因此不存在权利阻止抗辩，请求权可行使。

（四）小结

甲可以根据《民法典》第 1193 条请求丁承担侵权责任。

小孩 C 的请求权

一、请求权基础检视

丙将 C 撞倒致其小腿骨折的行为，仅涉及侵权请求权，不涉及其他请求权，因此对其他类型请求权不予考虑。丙将 C 撞倒的行为有必要检视《民法典》第 1165 条第 1 款"行为人因过错侵害他人民事权益造成损害的，应当承担侵权责任"规定的过错侵权请求权。此外，丙为 A 公司的工作人员，有必要检视《民法

---

① 参见最高人民法院民事审判第一庭：《最高人民法院人身损害赔偿司法解释的理解与适用》，人民法院出版社 2015 年版，第 158 页；王泽鉴：《侵权行为》，北京大学出版社 2009 年版，第 460 页。

典》第 1191 条第 1 款第 1 句"用人单位的工作人员因执行工作任务造成他人损害的,由用人单位承担侵权责任"规定的工作人员致害请求权。

二、小孩 C 对丙的过错侵权请求权

假设小孩 C 可根据《民法典》第 1165 条第 1 款"行为人因过错侵害他人民事权益造成损害的,应当承担侵权责任"的规定,请求丙进行损害赔偿。

(一)请求权是否成立

1. 成立要件

《民法典》第 1165 条第 1 款规定的过错侵权请求权的成立要件为:其一,受侵权保护的绝对权受到侵害;其二,存在加害行为;其三,二者间存在因果关系;其四,侵害行为具有不法性(不法性抗辩);其五,侵害人具有责任能力(责任能力抗辩);其六,行为人存在过错。

(1)小孩 C 的绝对性权受到侵害

本案中,小孩 C 的小腿骨折,其健康权受到了侵害。

(2)存在加害行为

丙将小孩 C 撞倒,属于加害行为。

(3)二者间存在因果关系

小孩 C 是因为丙的撞击行为而小腿骨折,因此存在因果关系。

(4)侵害行为具有不法性(不法性抗辩)

不法性要件的认定基于推定,即若满足上述三个要件便可推定加害行为具有不法性,除非存在不法性阻却事由。本案中并不存在不法性阻却事由,可认定行为具有不法性。

(5)侵害人具有责任能力(责任能力抗辩)

本案中未表明丙存在任何欠缺责任能力的行为,因此丙具有责任能力。

(6)行为人存在过错

丙驾车将小孩 C 撞倒的行为属于交通事故,是小孩 C 冲向马路所致,应为丙存在过失,而过失也属于本条款所规定的过错,因此丙具有过错。

丙的行为符合上述构成要件,责任成立。

2. 权利抗辩

本案中不存在与有过失、受害人故意、第三人原因等抗辩,因此,不存在权利

抗辩,请求权成立。

3.责任范围

（1）损害

小孩 C 的小腿骨折,丙应依据《民法典》第 1179 条赔偿相应费用。

（2）责任范围因果关系

小孩 C 的健康权受到侵害,应当依据《民法典》第 1179 条人身损害赔偿的范围进行赔偿。

（二）请求权是否已消灭

不存在《民法典》第 557 条第 1 款的债的一般消灭事由及其他权利消灭抗辩,因此请求权未消灭。

（三）请求权是否可行使

该案发生未超过诉讼时效,不存在权利阻止抗辩,请求权可行使。

（四）中间结论

小孩 C 可以根据《民法典》第 1165 条请求丙承担过错侵权责任。

三、小孩 C 对 A 公司的工作人员损害侵权请求权

假设丙可依据《民法典》第 1191 条第 1 款第 1 句"用人单位的工作人员因执行工作任务造成他人损害的,由用人单位承担侵权责任"的规定,请求 A 公司承担侵权责任。

（一）请求权是否成立

1.成立要件

《民法典》第 1191 条第 1 款第 1 句"用人单位的工作人员因执行工作任务造成他人损害的,由用人单位承担侵权责任"的成立要件为:其一,存在用工关系;其二,工作人员为执行工作任务;其三,工作人员的行为为侵权行为。

（1）存在用工关系

丙为 A 公司的工作人员,与 A 公司为雇佣关系。

（2）丙为执行工作任务

A 公司对丙的要求是去合作厂家购买零件,丙改道的行为属于自行作出的

决定,是否属于执行职务行为需要讨论。若属于,小孩 C 可以向 A 公司主张侵权责任;若不属于,则小孩 C 不可以向 A 公司主张侵权责任。

在本案的情形下,丙的行为并非被 A 公司认同,而此期间造成的第三人损害若仅因丙是 A 公司的工作人员就请求 A 公司担责,存在不合理之处。对受害人而言,若因此而不能请求 A 公司承担责任,则有可能损害受害人的利益。受害人是否可以请求 A 公司承担责任涉及的问题是:对于工作人员超越职权范围以用人单位名义实施的行为致人损害的,用人单位是否承担责任。该问题存在以下两种不同观点:一种观点认为,工作人员只有在职权范围内为用人单位的利益活动时致人损害的,才构成用人单位的行为,由用人单位承担责任;另一种观点认为,工作人员的行为即使超出职权范围,但只要从行为的客观形式上不能使受害人认识,仍构成用人单位的行为,用人单位应当承担责任。①

上述不同的观点是对执行职务行为的判断不同所致。前一种观点认为,执行职务的行为必须是用人单位的工作人员在执行职务的时间和地点所为的,执行职务行为致人损害的,用人单位才负责任。后一种观点认为,其不仅限于直接与用人单位目的有关的行为,还包括间接与目的实现有关的行为,以及在一般客观上可视为用人单位目的范围内的行为。本书认为,应以是否以用人单位名义、是否在外观上须足以被认为属于执行职务、是否依社会共同经验足以认为与用人单位职务有相当关联为标准判断。依据我国表见代理制度可知,目前我国法支持第二种观点。表见代理制度表明我国的法律出于保护受害人的角度,认可存在外观主义的情况下,被代理人承担相应责任。因此,推导于特殊主体章节,不应该将执行职务行为限制为单纯的工作时间、工作地点所为的行为,而应当采用上述的第二种观点,包括间接与目的实现有关的行为,以及在一般客观上可视为用人单位目的范围内的行为。

丙去 B 厂的行为属于超越职权的行为,因为用人单位也一直有合作的厂家,也一直派工作人员去合作的厂家,因此,丙的行为必然是超越职权的行为。但丙去 B 厂的行为在受害人看来是执行职务的行为,受害人不知 A 公司内部对丙的要求,对于受害人而言,丙的行为仍可以由用人单位承担责任。因此丙的行为属于执行职务行为。

---

① 参见最高人民法院民法典贯彻实施工作领导小组:《中华人民共和国民法典侵权责任编理解与适用》,人民法院出版社 2020 年版,第 239-240 页。

（3）丙的行为为侵权行为

由上文可知，丙的行为构成侵权，符合请求权成立要件。

2.权利阻却抗辩

本案中不存在权利阻却抗辩，请求权成立。

（二）请求权是否已消灭

不存在《民法典》第 557 条第 1 款的债的一般消灭事由及其他权利消灭抗辩，因此请求权未消灭。

（三）请求权是否可行使

该案发生未超过诉讼时效，不存在权利阻止抗辩，请求权可行使。

（四）中间结论

小孩 C 可以根据《民法典》第 1192 条第 1 款第 1 句请求 A 公司承担侵权责任。

四、小结

小孩 C 可以根据《民法典》第 1165 条请求丙承担过错侵权责任，也可以根据《民法典》第 1192 条第 1 款第 1 句请求 A 公司承担侵权责任。

戊的请求权

一、请求权基础预选

戊因乙的失误被烫伤，造成十级伤残，似有必要依据《民法典》第 1165 条过错侵权责任请求乙来承担责任。乙为甲的学徒，应检视学徒致害师傅是否担责问题，即师徒关系是否适用《民法典》第 1192 条第 1 款第 1 句："个人之间形成劳务关系，提供劳务一方因劳务造成他人损害的，由接受劳务一方承担侵权责任。"《民法典》第 1192 条与《民法典》第 1191 条的区别为主体的不同，但其规定内容的宗旨是相同的，用人单位责任的一个重要理论基础是控制力理论，即用人者对被使用者具有管理、监督和控制之力。因此，个人劳务关系之间的责任判定也需要以控制力理论作为基础,需要达到接受劳务一方对提供劳务一方具有管理、监督和控制之力。个人之间的劳务关系有许多种,但该条应仅适用于单纯提供劳务型的合同,若是其他合同,如承揽合同,则由《民法典》第 1193 条进行规范,据此该条适用于单纯提供劳务型合同。[①] 在单纯提供劳务型合同中,债务人所承担的是手段性债务而非结果性债务。手段性债务如何履行取决于合同的约定,债权人(接受劳务一方)有权要求债务人(提供劳务一方)在约定的时间、地点以约定的方式提供劳务。既然接受劳务一方提出了相应方式,则其对提供劳务一方具有很强的控制力。

学徒与师父存在一定的依赖性,学徒拜师成功后,其生活由师傅负责,同时,师傅负责传授其技艺,令其可以独当一面。学徒学艺成功后取得的收益也会分部分给师父,师傅对徒弟具有很强的控制力,而该控制力远高于该条款所要求的控制力,因此,师父与学徒的关系当然适用《民法典》第 1192 条第 1 款第 1 句。因此,应对戊是否可以依据《民法典》第 1192 条第 1 款第 1 句请求甲承担赔偿责任进行检视。

二、戊对乙的过错侵权请求权

假设戊可依据《民法典》第 1165 条第 1 款"行为人因过错侵害他人民事权益造成损害的,应当承担侵权责任"的规定,请求甲进行损害赔偿。

(一)请求权是否成立

1. 成立要件

《民法典》第 1165 条第 1 款规定的过错侵权请求权的成立前提为:其一,受侵权保护的绝对权受到侵害;其二,存在加害行为;其三,二者间存在因果关系;其四,侵害行为具有不法性(不法性抗辩);其五,侵害人具有责任能力(责任能力抗辩);其六,行为人在主观层面存在过错。

(1)受侵权保护的绝对权受到侵害

戊的健康权受到了侵害,戊的烫伤构成十级伤残。

(2)存在加害行为

乙不慎将戊烫伤。

---

① 参见程啸:《侵权责任法》(第 3 版),法律出版社 2021 年版,第 455 页。

（3）二者间存在因果关系

乙将戊烫伤，因此乙的加害行为与戊受到的损害之间存在因果关系。

（4）侵害行为具有不法性（不法性抗辩）

不法性要件的认定基于推定，即若满足上述三个要件便可推定加害行为具有不法性，除非存在不法性阻却事由。本案中并不存在不法性阻却事由，可认定戊的行为具有不法性。

（5）侵害人具有责任能力（责任能力抗辩）

本案并未表明乙为限制民事行为能力人，应为完全民事行为能力人，具有责任能力。

（6）行为人在主观层面存在过错

乙作为焊接工人具有注意义务，因其过失导致戊的损害，乙存在过错。

2. 权利抗辩

本案中不存在与有过失、受害人故意、第三人原因等抗辩，因此，不存在权利抗辩，请求权成立。

3. 责任范围

戊为其所受到的伤害支付的费用。

4. 权利阻却抗辩

本案中不存在权利阻却抗辩，请求权成立。

（二）请求权是否已消灭

不存在《民法典》第 557 条第 1 款的债的一般消灭事由及其他权利消灭抗辩，因此请求权未消灭。

（三）请求权是否可行使

该案发生未超过诉讼时效，不存在权利阻止抗辩，请求权可行使。

（四）中间结论

戊可以根据《民法典》第 1165 条第 1 款请求乙承担侵权责任。

三、戊对甲的个人劳务关系中的损害请求权

假设戊可依据《民法典》第 1192 条第 1 款第 1 句 "个人之间形成劳务关系，

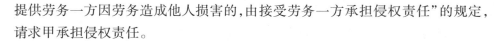

提供劳务一方因劳务造成他人损害的,由接受劳务一方承担侵权责任"的规定,请求甲承担侵权责任。

(一)请求权是否成立

1. 成立要件

《民法典》第 1192 条第 1 款第 1 句所涉个人劳务的情形下接受劳务一方责任的成立要件为:其一,双方之间形成个人劳务关系;其二,提供劳务一方存在侵权行为;其三,双方为个人之间形成的劳务关系。甲、乙之间为师徒关系,依据请求权检视中的内容,甲、乙之间适用该条款,甲、乙之间当然形成个人劳务关系。

(1)乙的加害行为

乙慌乱中将戊烫伤,存在加害行为。

(2)戊受到了损害

戊被确诊为十级伤残,受到了损害。

(3)乙实施的加害行为与戊受到的损害存在因果关系

戊的烫伤是乙不慎所致,戊的损害与乙的加害行为之间存在因果关系。

(4)乙的行为具有不法性(不法性抗辩)

不法性要件的认定基于推定,即若满足行为、结果、因果关系便可推定加害行为具有不法性,除非存在不法性阻却事由。本案中,无不法性阻却事由。

(5)乙具有责任能力(责任能力抗辩)

乙为成年人,具有完全民事行为能力。

(6)乙存在过错

乙作为焊接工人,有履行注意的义务,因其过失导致戊的损害,乙存在过错。

2. 权利阻却抗辩

本案中不存在权利阻却抗辩,请求权成立。

(二)请求权是否已消灭

不存在《民法典》第 557 条第 1 款的债的一般消灭事由及其他权利消灭抗辩,因此请求权未消灭。

(三)请求权是否可行使

该案发生未超过诉讼时效,不存在权利阻止抗辩,请求权可行使。

(四)中间结论

戊可以根据《民法典》第 1192 条第 1 款第 1 句请求甲承担侵权责任。

四、小结

戊可以根据《民法典》第 1165 条第 1 款请求乙承担侵权责任,也可以根据《民法典》第 1192 条第 1 款第 1 句请求甲承担侵权责任。

结论

甲可以根据《民法典》第 1193 条请求丁承担侵权责任。

小孩 C 可以根据《民法典》第 1192 条第 1 款第 1 句请求 A 公司承担侵权责任,根据《民法典》第 1165 条请求丙承担过错侵权责任。

戊可以根据《民法典》第 1165 条第 1 款请求乙承担侵权责任,可以根据《民法典》第 1192 条第 1 款第 1 句请求甲承担侵权责任。

第六讲

医疗损害责任与过错的认定

一、医疗损害责任

医疗损害责任的概念有广义和狭义之分。狭义的医疗损害责任仅指医疗机构或医务人员在诊疗活动中因过失对患者生命权、身体权、健康权造成损害时，依法承担的损害赔偿责任。此种责任属于专家责任。因广义的医疗损害责任在《中华人民共和国产品质量法》《中华人民共和国药品管理法》等法律已有专门的规范，或依《民法典》第1165条第1款的过错责任原则可以进行规制。故此，本讲讨论范围限定在狭义的医疗损害责任范围内。

（一）特殊的医疗损害责任

1. 医疗美容

美容医疗机构或者开设医疗美容科室的医疗机构实施医疗美容活动时，因

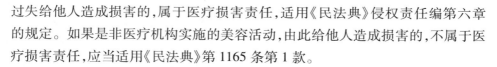

过失给他人造成损害的,属于医疗损害责任,适用《民法典》侵权责任编第六章的规定。如果是非医疗机构实施的美容活动,由此给他人造成损害的,不属于医疗损害责任,应当适用《民法典》第 1165 条第 1 款。

2. 计划生育

接受服务者虽然依法律规定免费享受计划生育技术服务,但因此遭受损害的,仍然有权要求提供计划生育技术服务的医疗机构承担医疗损害赔偿责任。

3. 预防接种

因预防接种活动而遭受人身损害的,受害人提起的损害赔偿之诉属于医疗损害责任纠纷。此类损害纠纷的具体情形包括:其一,因为预防接种的疫苗不合格而造成人身损害;其二,因预防接种过程中存在过失而造成人身损害,如医疗卫生人员在实施接种前没有告知受种者或者其监护人所接种疫苗的品种、作用、禁忌、不良反应以及注意事项,询问受种者的健康状况以及是否有接种禁忌等情况。此外,因预防接种异常反应而造成的损害不属于医疗损害责任纠纷,此类损害要按照《中华人民共和国疫苗管理法》的有关规定处理。

4. 缺陷出生

缺陷出生,也称不法出生或不当出生,是指因医疗过失而导致存在生理缺陷的婴儿在违背父母意愿的情形下出生。由此引起的损害赔偿纠纷也属于医疗损害责任纠纷。缺陷出生的特殊性包括以下两点:其一,缺陷出生损害赔偿纠纷的原告是父母而非出生的婴儿,并且婴儿的生理缺陷也是先天形成的而非医疗过失造成的。其二,在缺陷出生损害赔偿诉讼中,涉及的赔偿项目为抚养费和精神损害赔偿。

(二)医疗损害纠纷中的责任竞合

患者因医疗机构或医务人员在诊疗活动中的过失而遭受损害的,会发生侵权责任与违约责任的竞合。一方面,医疗机构、医务人员的医疗过失行为侵害了患者的生命权、身体权或健康权,该行为构成侵权行为;另一方面,由于患者与医疗机构存在医疗服务合同关系,也可以请求医疗机构承担违约责任。如果该违约行为损害患者人格权并造成严重精神损害,违约赔偿责任中可以包括精神损害赔偿(《民法典》第 996 条)。当患者针对医疗机构提起违约之诉时,案由是"医疗服务合同纠纷";如果是侵权之诉,案由是"医疗损害责任纠纷",具体选择何种诉由,行使哪一种损害赔偿请求权,由患者决定。

(三) 医疗损害责任的归责原则

我国法律对于医疗损害责任历来适用的都是过错责任原则。《最高人民法院关于民事诉讼证据的若干规定》(2002 年施行)第 4 条第 1 款第 8 项曾经规定:"因医疗行为引起的侵权诉讼,由医疗机构就医疗行为与损害结果之间不存在因果关系及不存在医疗过错承担举证责任。"但《侵权责任法》并未采取此种做法,我国《民法典》延续了《侵权责任法》的规定,没有对医疗损害责任实行过错推定和因果关系推定。因此,《民法典》侵权责任编第六章虽然专章规定了医疗损害责任,但是医疗损害责任性质上仍然属于一般侵权责任,适用的是过错责任原则。《民法典》只是在第 1222 条规定了三种特殊情形下对医疗机构适用过错推定规则。

二、医疗损害责任构成要件

(一) 加害人为医疗机构或者医务人员

医疗机构,是指依照《医疗机构管理条例》的规定取得"医疗机构执业许可证"的机构(《医疗事故处理条例》第 60 条第 1 款),包括从事疾病诊断、治疗活动的医院、卫生院、疗养院、门诊部、诊所、卫生所(室)以及急救站等医疗机构(《医疗机构管理条例》第 2 条)。医务人员,是指经过考核和卫生行政机关批准或承认,取得相应资格的各级各类卫生技术人员(如执业医师、执业助理医师、护士等)以及从事医疗管理、后勤服务等人员。如果是不符合法律法规规定的机构或者个人从事了医疗活动,该活动具有非法性,属于非法行医。因非法行医而造成患者损害的侵权责任属于一般侵权责任,不属于医疗损害责任,只要依据过错责任原则处理即可。

(二) 患者在诊疗活动中受到损害

1. 损害发生于诊疗活动中

根据《民法典》第 1218 条的规定,患者只有在诊疗活动中受到损害,才会发生医疗损害责任。"诊疗活动"这一要件界定了医疗损害责任的适用范围,并非患者在医疗机构受到的所有损害都产生医疗损害责任。但是,《民法典》并未明确何为"诊疗活动",在现行法律法规中,只有《医疗机构管理条例实施细则》对此作出了界定。依据该细则第 88 条第 1 款,诊疗活动是指通过各种检查,使用药物、器械及手术等方法,对疾病作出判断和消除疾病、缓解病情、减轻痛苦、改善功能、延长生命、帮助患者恢复健康的活动。因此,可将诊疗活动界定为:医疗机构、医务人员借助医学知识、专业技术、仪器设备及药物等,为患者提供的紧急救治、检查、诊断、治疗、护理、保健、医疗美容以及为此服务的后勤和管理等维护患者生命健康所必需的活动。

2. 患者遭受了损害

诊疗活动以维护患者的生命健康为目的,因此,在诊疗活动中,医疗机构或者医务人员因过失而侵害的只是患者的生命权、身体权和健康权。倘若医疗机构、医务人员借诊疗活动之机侵害患者的财产权益和其他人身权益,则属于其他民事责任,不属于医疗损害责任。例如医院违反规定对患者实施不必要的检查以牟取非法利益、通过价格欺诈出售高价药品给患者等,皆不属于医疗损害责任,而是构成违约责任或其他类型的侵权责任。

3. 诊疗活动与患者的损害之间存在因果关系

患者的损害必须是因诊疗活动所致。如果患者的损害不是发生在诊疗活动中,或与诊疗活动不存在因果关系,则并不产生医疗损害责任。例如限于诊疗活动进行时的医学科学水平,根本就无法对患者的疾病进行诊断或治疗,患者因此死亡的,依据《民法典》第1224条第1款第3项,医疗机构不承担赔偿责任。

在判断医疗机构或者医务人员的过错诊疗活动与损害的因果关系时,需要注意如下方面:其一,过错诊疗行为应当是造成患者损害的条件。倘若没有医疗机构或者医务人员在诊疗活动中的过错,患者的损害仍然会发生,则诊疗活动不是造成损害的必要条件。其二,在考虑前一条件时,无须考虑该过错诊疗活动引发患者损害的可能性或概率是否高于不会引发损害的可能性或概率。因为导致患者死亡或伤残等损害的原因往往是复合的,除过错诊疗活动外,还包括患者自身病情、治疗时间、身体素质、医疗技术水平等。医疗机构或者医务人员有过错的诊疗活动通常只是增加了患者遭受损害的概率,或者说是降低了患者存活或治愈的概率,此种生存或康复概率的降低本身就是一种损害。因此,不能因为患者即便得到有效的诊治,其痊愈或存活的概率也很低,就认定损害与过错诊疗活动没有因果关系。

设例 70：

甲、乙系夫妻，因生育障碍到丙医院就医。甲、乙与丙签订了"试管婴儿辅助生育治疗协议"，并交纳了 5400 元。人工辅助生育存在 IVF、ICSI 等多种治疗技术，协议中并未明确，但协议价格和丙医院 ICSI 技术收费标准一致。在治疗过程中，丙医院对甲、乙分别采集精子和卵子，经医学观察认为适宜 IVF 技术治疗，遂按照该技术治疗，但结果失败。

问题：

丙医院是否应对甲、乙承担侵权责任？

欲解决设例 70 所涉及的纠纷，关键点在于认定甲、乙治疗失败的损害与丙医院治疗行为之间是否具有因果关系。根据"协议中并未明确，但协议价格和丙医院 ICSI 技术收费标准一致"可知，丙医院应当采用 ICSI 治疗方案，但实际上丙医院采用 IVF 技术治疗，并未将转化治疗方案告知甲、乙，丙医院违反了告知义务而存在过错。依现有的科学手段无法从科学的真伪性角度就按照合同约定采用 ICSI 治疗方案是否一定会失败得出确定的结论，无论采用哪一种方案都存在失败的可能性。在医疗侵权领域，因果关系的认定不能以概率作为判断标准，而应从过错的角度，以医院是否存在违反注意义务的过错来认定因果关系。故设例 70 中丙医院应对甲、乙承担侵权责任。

（三）医疗机构或者医务人员存在过错

1. 医疗机构或者医疗人员负有高度注意义务

医疗损害责任属于过错责任，加害人主观上应具有过错。所谓过错，仅限于过失，包括疏忽大意的过失和过于自信的过失，不包括故意。在民法上，如果医疗机构或者医务人员在诊疗活动中故意给患者造成损害，属一般侵权责任而非医疗损害责任；在刑法上，故意造成此等损害的医务人员构成故意伤害罪或故意杀人罪，而非医疗事故罪。

医疗过错对应医师的高度注意义务，具体指：

其一，结果预见义务。

（1）医师是否具备基本的医学常识；

（2）医师对医学新知识是否无知；

（3）预见义务在于预见发生结果的可能性；

（4）医疗行为包括诊断、治疗前的检查、治疗方案的选择、治疗行为、病历的管理等。

其二,结果避免义务。

（1）舍弃危险行为；

（2）提高注意并采取安全措施。

其三,医疗活动中的转医义务。

 设例71:

> 甲在工作中突然心脏不适,于是拨打"120"急救。急救车到后,120急救人员问甲是省医保还是市医保,甲说是"省医保",120急救人员于是告知,最近的 A 医院只能接收市医保下的患者。于是甲选择去医大一院。最近的 A 医院车程 5 分钟,医大一院车程 30 分钟。急救车将甲送到医大一院后,甲即因心肌梗死死亡。

问题:

120急救人员是否承担侵权责任?

解决设例71所涉及的纠纷,通常的做法是判断急救医疗机构是否尽到了注意义务。但针对设例71的情形,难以直接认定。一方面,急救医生在接到甲时无法直接判断甲的病症。另一方面,心脏疾病抢救时间短暂,医护人员基于自身判断采取救治方法存在合理性。医院是否应承担侵权责任有赖于对医疗水平的认知,医疗水平需结合事实证据进行判断。

医务人员的专家身份决定了其注意义务具有高度客观化的特点。一方面,他们必须具有与所要求的资格相符的能力、技能,不得以能力不足作为免责事由。另一方面,医务人员在诊疗活动中负有方式性或手段性义务,只要确保诊疗活动符合法律规定、诊疗规范和应有的注意义务的要求即可,法律上并不要求医务人员担保诊疗活动的效果,即患者一定会被治愈或避免死亡。因此,判断医务人员有无过失时,绝不能仅从患者死亡或伤残的结果出发加以推论,认为只要患者死亡、伤残或没有康复,就一定是医务人员具有医疗过错。

2. 医疗过错的确定方法

受害人应当证明医疗机构或者其医务人员存在医疗过错。由于诊疗活动是具有较强专业性、结果不确定性的复杂活动,因此,既不能完全由专业知识有限的患者来证明医疗机构及其医务人员的过错,也不能对医疗机构全部实行过错推定。《民法典》在《侵权责任法》相关规定的基础上,继续采取以下三种确定医疗过失的方法:(1)是否违反说明及取得同意之义务。根据《民法典》第1219条的要求,医务人员告知义务的内容主要包含:为取得患者有效承诺的说明义务、拟采取医疗行为的理由、可能发生的危险、有无其他可替代的医疗行为、相关诊疗费用等。(2)是否违反诊疗义务。《民法典》第1221条规定,医务人员在诊疗活动中未尽到与当时的医疗水平相应的诊疗义务,造成患者损害的,医疗机构应当承担赔偿责任。(3)特殊情形下的过错推定。《民法典》第1222条规定,患者在诊疗活动中遭受损害,有下列情形之一的,推定医疗机构有过错:其一,违反法律、行政法规、规章以及其他有关诊疗规范的规定;其二,隐匿或者拒绝提供与纠纷有关的病历资料;其三,遗失、伪造、篡改或者违法销毁病历资料。

作为专家责任的医疗损害责任由两部分构成:其一,患者就诊并受到损害;其二,申请人就过错和因果关系申请鉴定。我国主要是通过医疗损害鉴定来解决此类问题。可以说,绝大部分的医疗损害案件都需要进行鉴定,有些甚至要反复多次鉴定。根据《医疗事故处理条例》《全国人民代表大会常务委员会关于司法鉴定管理问题的决定》《最高人民法院关于审理医疗损害责任纠纷案件适用法律若干问题的解释》,所作出的鉴定均可以作为判断诊疗行为是否存在过错、是否与损害结果之间存在因果关系的证据。

设例72:

甲到乙医院由丙医生施行左眼脂肪瘤摘除术。术后,病人左眼上睑下垂。甲为此提起医疗事故鉴定,鉴定结论为:乙医院的诊断及治疗并无不当,病人目前上睑下垂系手术并发症,且为该手术常见并发症,不属于医疗事故。

问题:

甲的损害是否由乙医院承担侵权责任?

设例72是典型的依照鉴定结果认定侵权责任的情形。因甲并没有足够的专业能力对乙医院的过错进行举证,于是在该领域通常借助医疗鉴定来衡量过错大小。鉴定结论"乙医院的诊断及治疗并无不当"可成为裁判的合理依据。因此,乙医院无须对甲的损害承担责任。

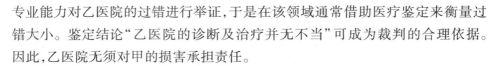

设例73:

> 甲患有糖尿病、心脏病等,2009年由于患肺结核到乙医院进行治疗。由于甲患有糖尿病等慢性病,乙医院对甲的各项指标按日进行检测,甲的表现都是正常的,接着乙医院有两日没有检测。后甲的病情恶化,乙医院又开始检测,甲的指标在正常值的边缘波动。之后,甲因并发症去世。

问题:

甲的损害是否应该由乙医院承担侵权责任?

设例73反映了医疗侵权责任判断因素的复杂性。针对该设例需要衡量多个因素,而绝不仅是考量医院对甲的救助行为是否容易引发并发症这一单一问题。在持续每日检测结果均为正常的前提下,医院停止检测,需要考虑到诊疗费用和医疗资源有效利用的问题。在设例73中,医院行为是否有过错应从两点进行分析:其一,医院是否违反了诊疗规则的要求。其二,医院是否尽到了以目前医疗水平应当认识到的注意义务。诱发甲并发症的因素是多样的,应对包含每日检测在内的各种因素聚合进行衡量,每日检测便能避免甲因并发症去世并非可得证之事实,不存在法律逻辑中因果关系认定规则。在甲病情出现恶化后,乙医院再次开始检测,及时跟进手段,可以认定医院并不存在过错,甲的损害不应由乙医院承担侵权责任。

《最高人民法院关于审理医疗损害责任纠纷案件适用法律若干问题的解释》第16条规定:"对医疗机构及其医务人员的过错,应当依据法律、行政法规、规章以及其他有关诊疗规范进行认定,可以综合考虑患者病情的紧急程度、患者个体差异、当地的医疗水平、医疗机构与医务人员资质等因素。"本条款特别强调依据法律、行政法规、规章以及其他有关诊疗规范。患者个体差异、当地的医疗水平、医疗机构与医护人员的资质等因素都不是可以量化的因素,因此认定医疗过错需要综合考虑各方面因素。

3. 说明及取得同意之义务

尽管医疗活动是一种非常专业的活动,基于以下理由,医务人员仍对患者或其近亲属负有说明并取得同意之义务:其一,现代社会的医患双方处于平等地位,二者间存在高度的信赖关系。虽然医务人员是专家,在诊疗活动中具有专业判断和决策的权限,但患者基于生命权、身体权和健康权具有自主决定的权利,医务人员应当对此予以充分的尊重。其二,部分诊疗活动客观上会侵害患者身体权、健康权(如通过手术切除某一人体器官或人体组织)或具有高度风险性,或给患者带来较大的经济负担。对于这些诊疗活动,如果医务人员不向患者或其近亲属加以说明并取得同意,则患者基于身体权、健康权的排他功能,有权排除此种侵害,而患者或其近亲属也有权拒绝接受具有高风险或给其带来经济负担的诊疗活动。

设例74:

甲到乙医院接受诊疗时,主治医师作出了怀疑其患有胆囊癌的诊断,但却以"胆结石"为病名向甲做了告知,并建议其马上做手术。甲坚决拒绝,因而耽误了诊疗,最后甲死亡。甲的亲属丙向人民法院提起了诉讼,理由是乙医院的错误告知导致了甲的死亡,违反了诊疗合同的约定。

问题:

乙医院是否应该承担责任?

欲解决设例74所涉及的纠纷,关键在于对"医院履行告知义务程度"的判断。在医疗领域,"过错"这一主观要件有了更明显的客观化倾向,比如违反注意义务。依据《民法典》第1219条,医务人员在诊疗活动中应当向患者说明病情和医疗措施。需要实施手术、特殊检查、特殊治疗的,医务人员应当及时向患者具体说明医疗风险、替代医疗方案等情况,并取得其明确同意。不能或不宜向患者说明的,应当向患者的近亲属说明,并取得其明确同意。在设例74中,医院或出于善意隐瞒了甲的病情,但履行告知义务的手段是多样性的,不能仅以医生的判断或主观意图便不履行告知义务。乙医院违反了告知义务,应当承担侵权责任。需要注意的是,《民法典》第1219条规定的医疗同意权,真正的享有者是患者本人,但在长期的医疗实践中,医疗行为同意权基本由患者的近亲属行使。

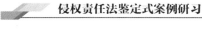

事实上,家属享有的权利为代诺权,即替代患者履行同意的权利。

设例75:

> 甲于乙医院就诊。乙医院以脑出血后遗症将甲转入神经干细胞移植科。甲在入院检查中生命体征正常,后乙医院为甲进行干细胞移植术。10天后,乙医院通知甲可以出院。家属要求观察两天,医院没有同意。出院第二天,甲精神举止异常,后入院再次手术并经抢救无效死亡。甲的家属认为,虽然经过家属同意,但医院并没有明确告知该手术属于第三类医疗技术,处于临床试验阶段。

问题:

甲的损害应否由乙医院承担侵权责任?

欲解决设例75所涉及的纠纷,需要对医院未告知的内容是否违反了告知义务进行判断。本设例中,乙医院并没有明确告知该手术属于处于临床试验阶段的第三类医疗技术,对于患者来说,临床试验意味着风险,乙医院的行为使患者尚未全面了解自己所面对的风险,影响了患者的判断,属未尽到告知义务,存在过错,乙医院应承担侵权责任。

医疗领域会应用到各种科学知识和手段,每一次新手段的介入都需要不断试验,可能会带来的异常反应只有经过时间的考验才能慢慢明晰,这一阶段无法用简单的科学方法探知。这些不确定性在治疗过程中所带来的后果的承担主体,有赖于法律机制而非科学上的判断,这一内容再次反映出医疗侵权责任认定中的特殊性。

设例76:

> 甲有20年的肺结核病史,患慢性支气管炎也有10余年,因胸闷气短入住乙医院心胸外科。入院后,患者家属签署了"住院告知书"和"入院医患谈话记录"。乙医院告知家属,在常态下选择的诊疗方案为胸腔闭式引流、抗炎、雾化、抗结核等对症治疗,在事实诊疗过程中,可能出现未能预料的情况变化,医院将适时调整诊治方案,并进行手术。在患者家属签署"手术同意书"的情况下,医院实行了胸腔闭式引流术。后患者家属发现,在该手术的同日进行了两次胸腔闭式引流术。后甲出院后突然病情恶化,心衰死亡。

问题：

乙医院是否承担侵权责任？

欲解决设例76所涉及的纠纷，关键点在于医疗机构的行为是否违反了告知义务。根据诊疗规范的要求，告知同意书应该同手术这一重大医疗行为相对应，但在无法获得患者及其近亲属同意的紧急情况下，可做例外处理。根据《民法典》第1220条的规定："因抢救生命垂危的患者等紧急情况，不能取得患者或者其近亲属意见的，经医疗机构负责人或者授权的负责人批准，可以立即实施相应的医疗措施。"设例76属于无法事先征得患者或者其近亲属同意的紧急情况，故乙医院无须承担侵权责任。

4. 与当时的医疗水平相应的诊疗义务

《民法典》第1221条规定："医务人员在诊疗活动中未尽到与当时的医疗水平相应的诊疗义务，造成患者损害的，医疗机构应当承担赔偿责任。"该条确定了判断医疗过错的基本标准，即"当时的医疗水平"。"当时"是指针对患者从事诊疗活动之时，而非医疗赔偿诉讼提出之时，故"当时的医疗水平"指从事诊疗活动之时一个合格的医务人员应具有的医疗水平。此外，《最高人民法院关于审理医疗损害责任纠纷案件适用法律若干问题的解释》第16条规定："对医疗机构及其医务人员的过错，应当依据法律、行政法规、规章以及其他有关诊疗规范进行认定，可以综合考虑患者病情的紧急程度、患者个体差异、当地的医疗水平、医疗机构与医务人员资质等因素。"

 设例77：

甲、乙系夫妻。甲因怀孕到丙医院进行B超检查，并签署"知情同意书"。"知情同意书"中载明：超声检查已经能发现和检出大部分的胎儿畸形，但也存在以下较大的局限性……检查结果为：因胎位、羊水等因素影响，胎儿部分肢体及颜面显示不清。后来又进行了几次检查，均未检出异常。后甲在丙医院产下一右手掌、右手指缺失的女婴。

问题：

丙医院是否承担侵权责任？

在设例77中,B超检查能看到的影像难以反映全部情况,虽然造成的损害后果较为严重,但受限于现有医疗水平难以发现问题,不属于医院过错。故丙医院与损害后果之间不存在因果关系,无须承担侵权责任。

5. 具体判断标准

(1)法定义务

现代社会中,许多诊疗义务已被法律、行政法规、规章以及其他有关诊疗规范明确规定。因此,在判断医务人员是否尽到与当时的医疗水平相适应的诊疗义务时,应当考虑诉争的诊疗活动进行时,相关法律、法规和诊疗规范中的具体规定。如果违反了该规定,就应当认为存在医疗过错。

(2)合理注意义务

即便医务人员尽到了法定的义务,也不意味着医务人员便不存在过错。在判断医务人员是否尽到与当时的医疗水平相应的诊疗义务时,还应以医务人员是否尽到善良管理人的注意义务作为判断标准。善良管理人的注意也称"合理注意义务"。其具体内容为:在通常情形下,同一医疗活动领域中一位合格的从业人员在同样情形下应有的谨慎、技术与能力。如果某一医疗活动领域的从业人员从事的是其所不熟悉的医疗领域诊疗活动,则应当具备一个普通的医务人员应具备的注意。换言之,即便是一内科医生掌握的外科、脑科等其他医学专业的知识有限,也不能否定其作为普通医生应具备的基本注意义务。

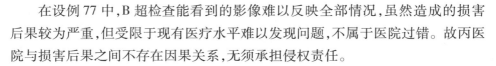 **设例**78:

> 在一起重大交通事故中,所有伤者都就近入住甲医院救治。其中患者乙伤情严重,但无法联系到其家人,甲医院为乙进行了双下肢截肢手术。出院后,乙起诉到人民法院,认为甲医院未经其同意截肢,造成其终身残疾。

问题:

甲是否应该承担侵权责任?

解决设例78所涉及的纠纷时,通常的做法是判断甲医院未告知家属紧急截肢的行为是否构成侵权。该设例的特殊情形在于,乙伤情严重急需救治却无法联系到家人。依据《最高人民法院关于审理医疗损害责任纠纷案件适用法律若干问题的解释》第18条的规定:"因抢救生命垂危的患者等紧急情况且不能取得患者意见时,下列情形可以认定为民法典第一千二百二十条规定的不能取得患者近亲属意见:(一)近亲属不明的;(二)不能及时联系到近亲属的;(三)近亲属拒绝发表意见的;(四)近亲属达不成一致意见的;(五)法律、法规规定的其他情形。前款情形,医务人员经医疗机构负责人或者授权的负责人批准立即实施相应医疗措施,患者因此请求医疗机构承担赔偿责任的,不予支持;医疗机构及其医务人员怠于实施相应医疗措施造成损害,患者请求医疗机构承担赔偿责任的,应予支持。"设例78中危害结果发生有两个因素:其一,紧急情况下难以术前取得患者及其近亲属的同意;其二,受限于医疗机构的医疗水平,难以实行更好的救治方法。故甲医院无须承担侵权责任。

(四)医疗过错推定

《民法典》第1222条规定:"患者在诊疗活动中受到损害,有下列情形之一的,推定医疗机构有过错:(一)违反法律、行政法规、规章以及其他有关诊疗规范的规定;(二)隐匿或者拒绝提供与纠纷有关的病历资料;(三)遗失、伪造、篡改或者违法销毁病历资料。"根据该条规定,如果患者在诊疗活动中遭受损害,又存在三种情形之一时,医疗机构被推定为具有过错,被侵权人无须证明医疗机构的过错。学界对此场合下的"推定过错"的理解存在争议,其实应当认为这种推定是不可反证的,即医疗机构不可以通过其他方式证明自己没有过错来推翻此种推定。

1. 违反规定推定过错

如果医疗机构违反法律、行政法规、规章以及其他有关诊疗规范的规定,就推定其具有过错。由于诊疗活动是一种具有高度专业性、复杂性的活动,一旦医疗机构或者其医务人员违反了法律、行政法规、规章以及有关诊疗规范的相关规定,患者遭受的损害就极可能是由医疗机构的过错所致。因此,可以依据医疗机构的违法行为推定其对损害的发生存在过错。

2. 隐匿或者拒绝提供与纠纷有关的病历资料

病历资料,是指医务人员在医疗活动过程中形成的文字、符号、图表、影像、切片等资料的总和,包括门(急)诊病历和住院病历。《民法典》第1225条列举了比较典型的几类病历资料,即"住院志、医嘱单、检验报告、手术及麻醉记录、病理资料、护理记录"。《医疗纠纷预防和处理条例》第16条第1款的列举则更为全面,该款规定:"患者有权查阅、复制其门诊病历、住院志、体温单、医嘱单、化验单(检验报告)、医学影像检查资料、特殊检查同意书、手术同意书、手术及麻醉记录、病理资料、护理记录、医疗费用以及国务院卫生主管部门规定的其他属于病历的全部资料。"为有查阅复制需求的患者及时提供与纠纷有关的病历资料是医疗机构的法定义务,如果医疗机构隐匿或者拒绝提供,既违反了法定的义务,也突显了其主观上的恶意,此时,再让患者来举证证明医疗机构的过错既不合理,也无必要。因此,依据《民法典》第1222条第2项,可以推定医疗机构具有过错。

需要注意的是以下两点:其一,医疗机构主观上是故意的,即"隐匿或者拒绝提供",而非因为不可抗力等原因客观上无法提供。对此,《最高人民法院关于审理医疗损害责任纠纷案件适用法律若干问题的解释》第6条第2款有明确的规定:"患者依法向人民法院申请医疗机构提交由其保管的与纠纷有关的病历资料等,医疗机构未在人民法院指定期限内提交的,人民法院可以依照侵权责任法第五十八条第二项规定推定医疗机构有过错,但是因不可抗力等客观原因无法提交的除外。"其二,医疗机构隐匿或者拒绝提供的是与患者损害赔偿纠纷有关的病历资料,而非无关的病历资料。

3. 遗失、伪造、篡改或者违法销毁病历资料

医疗机构负有依法妥善保管病历资料的法定义务(《民法典》第1225条第1款),如果其遗失病历资料,显然是有过错的,而且也导致医疗损害纠纷的事实难以查明,因此,可以推定医疗机构具有过错。对于医疗机构伪造、篡改病历资料的行为,其不仅严重违法,而且在主观上明显是故意的,目的在于隐瞒真相,应当推定医疗机构具有过错。需要注意的是,医疗机构虽然篡改了病历,但如果被篡改的内容并非病历的实质内容,不影响对医疗过错、因果关系有无的认定时,虽然医疗机构需要承担相应的行政责任,但是不宜直接推定医疗机构具有过错。被篡改的是否属于病历的实质内容,应由医疗机构负举证责任。作为病历资料制作方的医疗机构应当对病历资料内容存在的明显矛盾或错误作出合理解释,否则就应承担相应的不利后果。如果只是因为医生或护士的粗心大意或违规而致病历仅存在错别字、未按病历规范格式书写等形式瑕疵的,不影响对病历资料真实性的认定。

设例79：

> 甲因交通事故被送往乙医院治疗，被诊断为急性重型闭合性颅脑损伤。经过半年治疗后甲出院。医嘱一个月后复查，并建议两个月后来院进行颅骨修补术。出院后，甲因身体不适再次入院，经检查诊断为脑积水，后经鉴定为伤残一级。甲的亲属发现，医院关于甲存在两套病历，且内容多有不同。医院的说法是，其中一套病历为实习医生记录，有效的病历仅有一套。

问题：

乙医院是否应当承担侵权责任？

　　欲解决设例79所涉及的纠纷，需判断医院出具的两套病例是否符合法律法规规定、是否存在隐瞒医疗损害的情形等。

　　《最高人民法院关于审理医疗损害责任纠纷案件适用法律若干问题的解释》第6条对病历资料的范围及构成过错的情况进行了详细规定："民法典第一千二百二十二条规定的病历资料包括医疗机构保管的门诊病历、住院志、体温单、医嘱单、检验报告、医学影像检查资料、特殊检查（治疗）同意书、手术同意书、手术及麻醉记录、病历资料、护理记录、医疗费用、出院记录以及国务院卫生行政主管部门规定的其他病历资料。患者依法向人民法院申请医疗机构提交由其保管的与纠纷有关的病历资料等，医疗机构未在人民法院指定期限内提交的，人民法院可以依照民法典第一千二百二十二条第二项规定推定医疗机构有过错，但是因不可抗力等客观原因无法提交的除外。"同时，《第八次全国法院民事商事审判工作会议（民事部分）纪要》第12条确定："对当事人所举证据材料，应根据法律、法规及司法解释的相关规定进行综合审查。因当事人采取伪造、篡改、涂改等方式改变病历资料内容，或者遗失、销毁、抢夺病历，致使医疗行为与损害后果之间的因果关系或医疗机构及其医务人员的过错无法认定的，改变或者遗失、销毁、抢夺病历资料一方当事人应承担相应的不利后果；制作方对病历资料内容存在的明显矛盾或错误不能作出合理解释的，应承担相应的不利后果；病历仅存在错别字、未按病历规范格式书写等形式瑕疵的，不影响对病历资料真实性的认定。"在设例79中，乙医院出现两套病例属于过错，诊疗中的不确定性对患者来说意味着更高的风险，医院应承担赔偿责任。

三、法律后果

（一）医疗损害责任的责任主体

医疗损害责任的责任主体是医疗机构，《民法典》第 1218 条将《侵权责任法》第 54 条规定的"医疗机构及其医务人员有过错"修改为"医疗机构或者其医务人员有过错"，与《民法典》第 1191 条规定的用人单位责任相协调。医务人员作为医疗机构的工作人员因执行工作任务（诊疗活动）而造成他人损害的，由作为用人单位的医疗机构承担侵权责任，但是用人单位承担侵权责任后，可以向有故意或者重大过失的工作人员追偿（《民法典》第 1191 条第 1 款）。如果医务人员是经过所在医疗机构的批准而受其他医疗机构之邀请外出会诊，在诊疗活动中因过错造成患者损害的，应由邀请该医生的医疗机构承担赔偿责任（《最高人民法院关于审理医疗损害责任纠纷案件适用法律若干问题的解释》第 20 条）。

如果医疗过错与其他原因结合造成患者损害的，例如医疗过错与医疗器械的缺陷或者不合格的血液等原因相结合导致了患者的损害，依据《最高人民法院关于审理医疗损害责任纠纷案件适用法律若干问题的解释》第 22 条，医疗机构与医疗产品的生产者或者销售者、血液提供机构承担连带责任；医疗机构或者医疗产品的生产者、销售者承担赔偿责任后，向其他责任主体追偿的，应当根据诊疗行为与缺陷医疗产品或者不合格血液造成患者损害的原因力大小确定相应的数额。

 设例 80：

> 甲因交通事故受伤后在乙医院治疗，腿部植入钢板。一年后复查，医院发现甲右胫腓骨骨折内固定术后骨不连，内固定断裂。甲认为是钢板质量和医院治疗问题，乙医院应该承担责任，乙医院提交了钢板合格证为证据抗辩。

问题：

乙医院是否应当承担侵权责任？

设例 80 中的纠纷本质上属于产品责任纠纷，应回归到产品责任规则。产品责任是一种无过错责任，医院仅提交合格证明并不能免责，还需要证明非因自身过错导致了损害结果。《最高人民法院关于审理医疗损害责任纠纷案件适用法律若干问题的解释》第 22 条规定："缺陷医疗产品与医疗机构的过错诊疗行为共同造成患者同一损害,患者请求医疗机构与医疗产品的生产者、销售者、药品上市许可持有人承担连带责任的,应予支持。医疗机构或者医疗产品的生产者、销售者、药品上市许可持有人承担赔偿责任后,向其他责任主体追偿的,应当根据诊疗行为与缺陷医疗产品造成患者损害的原因力大小确定相应的数额。输入不合格血液与医疗机构的过错诊疗行为共同造成患者同一损害的,参照适用前两款规定。"

实践中经常出现一种情形:患者先后在多家医疗机构进行治疗,遭受损害后将这些医疗机构作为共同被告起诉,要求他们共同承担赔偿责任。此时,应依据《民法典》关于多数人侵权责任的规范处理。由于医疗机构几乎不可能共同故意侵害患者,因此,适用《民法典》第 1168 条共同加害行为的可能性很小,主要涉及的是第 1170 条至第 1172 条。

■ 设例81:

王某于 2012 年在甲医院动手术,输过一次血;2014 年在乙医院又做过一次手术,输过一次血。2015 年单位体检,王某被发现感染了丙型肝炎。

问题:

甲医院、乙医院是否应对王某的损害承担责任? 如何承担侵权责任?

设例 81 即为医疗侵权责任中多数人侵权的情形。根据《最高人民法院关于审理医疗损害责任纠纷案件适用法律若干问题的解释》第 19 条:"两个以上医疗机构的诊疗行为造成患者同一损害,患者请求医疗机构承担赔偿责任的,应当区分不同情况,依照民法典第一千一百六十八条、第一千一百七十一条或者第一千一百七十二条的规定,确定各医疗机构承担的赔偿责任。"输血行为可被认定为一种危险行为,王某于两医院输血则可认为两医院构成共同危险行为,故王某的损害应由甲、乙医院承担连带责任。

(二) 医疗损害责任的免责事由

除《民法典》规定的一般的免责事由,如不可抗力、受害人故意之外,《民法典》第 1224 条特别规定了医疗机构不承担赔偿责任的三种情形。对这三种情

形,医疗机构负有举证责任:

1.患者或者其近亲属不配合医疗机构进行符合诊疗规范的诊疗且医疗机构或者其医务人员没有过错,医疗机构不承担赔偿责任。需要注意的是,其一,必须是患者或者其近亲属不配合医疗机构进行"符合诊疗规范"的诊疗。如果医疗机构的诊疗本身就不符合诊疗规范,患者或者其近亲属当然有权拒绝,由此导致患者遭受损害时,医疗机构仍然需要承担侵权责任。其二,医疗机构或者医务人员没有过错。即便是患者或者其近亲属不配合医疗机构进行诊疗,如果医疗机构及其医务人员存在过错,例如没有清楚地向患者说明不配合治疗的后果与风险等,该过错行为对于损害的发生也具有一定的原因力,依据《民法典》第1224条第2款,医疗机构仍要承担相应的赔偿责任。

2.医务人员在抢救生命垂危的患者等紧急情况下已经尽到合理诊疗义务,医疗机构不承担赔偿责任。显然,医务人员在抢救生命垂危的患者等紧急情况下,不可能如同对待普通的诊疗活动一般反复思考,权衡各种诊疗措施的利弊,进而作出非常全面、慎重的判断。在此种情形下,不应苛求医务人员和医疗机构以过高标准。因此,《民法典》第1224条第1款第2项要求医务人员只要尽到了合理诊疗义务,医疗机构就可以不承担侵权责任。合理诊疗义务必须根据个案具体判断。

3.限于当时的医疗水平难以诊疗。医疗水平是随着医学技术不断发展而逐渐提高并日趋完善的。如果在当时的医疗水平的限制下,医疗机构或者其医务人员无法预料其诊疗行为对于患者所造成的损害或难以避免此种损害,就不应苛求医疗机构或者其医务人员,判令其承担侵权责任。因此,《民法典》第1224条第1款第3项规定,限于当时的医疗水平难以诊疗的,医疗机构不承担赔偿责任。

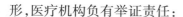 **设例**82:

甲因左小腿被搅拌机绞伤,入住乙医院的外科一区治疗。经诊断,甲的左胫腓骨开放性骨折,左小腿软组织严重挫裂伤。经甲的亲属签字同意,乙医院为甲施行"清创术+左胫骨钢板内固定术"及"左小腿石膏后托外固定术"。几日后,甲要求出院,经劝阻无效,在甲的亲属立下"自动出院,后果自负"的字据后,乙医院给其办理了离院手续。后甲以乙医院手术中清创不彻底,导致自己伤口感染而致损害为由,向人民法院提起诉讼。

问题：

针对甲的损害,乙医院应否承担侵权责任?

欲解决设例 82 所涉及的纠纷,需判断医院诊疗行为的适当性。在患者拒绝继续诊疗的情况下,医院是否可以免责需要分析医院是否尽到了应尽的告知义务。在设例 82 中,医院为甲实施的救助行为符合诊疗规范的要求,且在甲及其亲属执意离院时履行了劝阻和告知义务,故乙医院不承担侵权责任。

案例研习 7
"等不到"的治疗案

甲患有某种疾病,医院给出保守治疗与手术治疗两种方案。因甲年过七旬,家属主张保守治疗,而甲多次私下口头向主治医生乙表达想要进行手术的意愿,但甲因病无法完成书面签字。家属认为医院未向甲具体、完全地说明手术之风险才使得甲想要手术,遂拒绝在手术知情同意书上签字,医院未对甲进行手术,甲错过了最佳手术时间。甲认为医院推脱责任百般纠缠,坚持要进行手术,通过录音、录像表示自己同意手术并将录音录像交给医院。经甲同意,医院用医疗机器人为甲进行连续 10 日的术前监测,结果均显示正常。术中,医疗机器人给出了为甲注射某药物 300 mL 的意见,但医院常规标准为 100~200 mL,医生乙遂按照医院标准进行手术。后期,甲病情恶化,此时医院已无法治愈甲,遂建议甲至上一级医院就诊,甲家属同意后由该医院派出救护车为甲转院,送医途中车辆发生故障,患者状态也发生波动,随车医生施行了抢救,但在第二辆救护车赶至时甲已无生命体征。

问题:

1. 甲能否就错过最佳治疗时间向医院主张侵权责任?

2. 医生乙是否应对所作之决策负损害赔偿责任? 甲及其家属能否就甲病情恶化向医院主张侵权损害赔偿?

3. 医院是否应对甲的死亡承担全部责任?

问题 1

甲能否就错过最佳治疗时间向医院主张侵权责任?

一、请求权基础预选

本案例围绕医疗侵权请求权展开,以案例发生时间顺序进行检视。

第一,在本案中,患者与家属就治疗方案产生了分歧,患者想要进行手术治疗,但因无法完成签字导致患者无法以法律要求的"明确方式"表达自己的意愿,而家属明确拒绝手术以致患者错失最佳治疗时机。在患者与家属对治疗方案产生分歧时,医院应采取何种意见是该纠纷之焦点。根据《民法典》第 1219 条的规定:"医务人员在诊疗活动中应当向患者说明病情和医疗措施。需要实施手术、特殊检查、特殊治疗的,医务人员应当及时向患者具体说明医疗风险、替代医疗方案等情况,并取得其明确同意;不能或者不宜向患者说明的,应当向患者的近亲属说明,并取得其明确同意。医务人员未尽到前款义务,造成患者损害的,医疗机构应当承担赔偿责任。"《民法典》第 1219 条规定的医疗同意权的真正享有者是患者本人,但长期以来医疗实践中似乎医疗行为的同意权由患者近亲属享有。而在事实上,家属享有的权利为代诺权,即替代患者为履行同意的权利。

第二,在本案中,甲错过最佳治疗时机的根本原因是甲因病无法向医院提供能够"明确表达自己愿意进行手术"的证据,甲不属于生命垂危的紧急情况,故根据《民法典》第 1219 条之规定,家属同意是甲进行手术的必备要件。此时,甲作为患者自身同意权被架空,无法按照自己意思决定自身的救治方案。后来,录音、录像可以作为证据证明甲确有手术治疗的意愿,但为时已晚。我国医学界认为,医疗过失是指违反医疗卫生管理法律、行政法规、部门规章和诊疗护理规范、常规的行为。[1] 在本案中,医院仅因为没有证据证明而罔顾患者意思进行治疗,是否存在过错?甲认为该医院医护人员对自己的请求置之不理而以家属不同意为由拒绝手术,医院的行为严重侵犯了自己的决定权,根据《民法典》第 1218 条、第 1219 条主张医院承担侵权责任的请求权似有必要。

第三,在本案中,家属认为医院未向甲具体、完全地说明手术之风险才使得甲想要手术,医院需向患者说明哪些事项、说明到何种程度才能满足完全履行说明告知义务之标准是决定甲家属请求权能够成立的关键。学界存在"过错表现形式说",即认为医务人员未履行说明告知义务是诊疗活动的"过错",[2]而在司

---

[1] 参见吴祖祥:《医疗损害责任》,中国政法大学出版社 2013 年版,第 74 页。
[2] 参见张新宝:《侵权责任法》(第 6 版),中国人民大学出版社 2024 年版,第 208-209 页。

法实践中,曾有判例载明"被告在诊疗过程中存在沟通欠充分,可认定被告的医疗行为存在一定程度的过错"。① 也有法院认为,"被告未能将不同治疗方案的利弊告知患方,侵害了患方的知情选择权,存在过错,其过错与患者最终死亡存在一定的因果关系,应当予以赔偿"。② 医疗机构因未尽说明义务导致败诉的案件在 2019 年全国医疗损害责任纠纷案件中占比 23%,位居第二。③《民法典》第1219 条第 1 款规定了医务人员的说明义务,但是以何人的角度去判定其广度与深度未进行明晰。从医务人员的角度还是从患者的角度定义,在医疗过程中什么是重要信息而必须告知,是司法实践需要给出的回应。④ 甲家属认为医生未履行说明告知义务,根据《民法典》第 1219 条的规定,应予检视。

二、甲对医院的侵权请求权

医院在患者本人已多次表达想要进行手术且明知错过最佳手术时间会对甲的疾病治疗及身体恢复产生不利影响的情况下,仍以家属不同意为由拒绝手术,致使甲错过最佳治疗时机,甲或可根据《民法典》第 1218 条、第 1219 条之规定请求医院承担侵权责任。

(一)情形 1

若根据《民法典》第 1218 条请求医院承担侵权责任,则甲或可根据《民法典》第 1218 条"患者在诊疗活动中受到损害,医疗机构或者其医务人员有过错的,由医疗机构承担赔偿责任"的规定,请求医院进行损害赔偿。

1. 请求权是否成立

1)成立要件

《民法典》第 1218 条请求权成立的要件包括:其一,医务人员在诊疗活动中存在侵权行为;其二,损害事实存在;其三,医务人员侵害行为与损害结果之间具

① 王秀荣诉天津市第一中心医院医疗损害责任纠纷案,天津市南开区人民法院民事判决书(2016)津 0104 民初 3109 号。
② 方国伟、金爱美等与青田县人民医院等医疗损害责任纠纷案,浙江省青田县人民法院民事判决书(2017)浙 1121 民初 113 号。
③ 参见《2019 年全国医疗损害责任纠纷案件大数据报告》,载澎湃新闻·澎湃号 2020 年 4 月 3 日,https://www.thepaper.cn/newsDetail_forward_6822083,2023 年 7 月 27 日访问。
④ 参见杨丽珍:《"告知后同意":〈民法典〉第 1219 条第 1 款的解释论展开》,载《西北大学学报》2020 年第 6 期,第 54 页。

有因果关系;其四,行为人具有过错。

(1)医务人员在诊疗活动中存在侵权行为

医务人员侵犯了甲的决定权,未按照甲的意愿进行手术致使其错过最佳手术时机。此时需要分析的是,医院在明知甲同意手术治疗后仍不为甲进行手术,将甲决定权架空的行为是作为侵权还是不作为侵权。作为侵权,是指行为人以积极的方式违反了不作为的义务而致人损害,本案中医院未横加干涉或进行不良引导妨碍甲行使决定权,应予以排除。不作为侵权,是指具有作为义务的行为人不作为,造成对当事人的权利侵害。从甲的角度来看医院的行为,医院对甲有救治的义务和能力,但是医院未履行该义务,故医院构成了不作为侵权。以下从不作为侵权的构成要件进行检视,不作为侵权成立的要件可概括为"行为人能为、应为而不为":

①行为人具有作为的义务

从"作为义务"的来源分析,甲有决定自己采用手术治疗的权利,根据《民法典》第 1219 条的规定,患者意愿优先于家属意愿。虽然医院以家属不同意为由没有进行手术,但甲因病不能完成手术签字并不影响其真实意愿的表达。因为,患者的自决权是指头脑正常的成年患者对自己的身体和财产所享有的自我决定权,自决权属于人权的范畴。① 甲具备完全民事行为能力,可以经过自己的思考作出合乎理性的决定并为决定负责。人格尊严的核心是人得以自治自决,故患者自主决定的权利不应因无法形成权利外观而灭失,即在甲作出决定后,医院应当承担为甲进行手术的义务。

②行为人具有行为能力

医院具备实施手术的能力。

③行为人未履行义务

医院未按照甲的决定及时进行手术,患者同意权被架空。

综上可知,医院在甲作出选择后未及时进行手术,对甲同意权的侵害可构成不作为侵权。但需要注意的是,此时并不意味着甲的请求权成立,医院存在侵权行为是请求权成立的要件之一,若想证明甲之请求权成立还需要检视因果关系、过错等其他构成要件。

---

① 参见何恬:《患者的自决权和医生的告知义务》,载《法律与医学杂志》2002 年第 3 期,第 7 页。

（2）损害事实存在

甲欲实施手术而未得,以致错过了手术的最佳时间,损害了甲的决定权和健康权。

（3）医务人员侵害行为与损害结果之间具有因果关系

甲没能进行手术的直接原因是甲未能就手术治疗与家属达成合意,甲无明确证据表明自己愿意进行手术但其家属已明确表达不同意手术,故医院未对甲采取手术治疗。甲无法以明确证据表明自己同意手术加之家属反对可导致因果关系中断,因此与甲之损害结果存在直接因果关系的是其家属拒绝签字的行为,而非医院出于自身主观意图不尊重甲之意愿,故二者不存在因果关系。

（4）行为人具有过错

所谓"过错",是指当事人通过其实施的侵权行为所表现出来的,在法律和道德上应受非难的故意和过失状态。在法律层面,人得以自治自决不受他人意志操控,是宪法人格尊严核心要素之一,不应受表现形式的束缚,医院与甲家属确存在侵犯甲同意权之嫌。但需要明晰的是,本案中并非医院故意罔顾甲的决定不进行手术,家属反对是一个重要的阻断事由。从道德层面来看,一方面,医院不存在侵害甲权利之故意;另一方面,手术即意味着风险,对于一位年过七旬的老人,手术风险更甚。本案中家属自始主张医院未完全履行说明告知义务,若没有患者书面同意且未经过家属同意的情况下,医院进行手术将导致其面临"医闹"的风险过高,责任风险过高。基于"医闹"频发的现实情况,加之受过去司法解释的影响,①医院在未取得患者书面签字或其他足以证明患者意愿的证据时,不对患者进行手术合乎情理,家属反对可构成阻却事由,故本案中医务人员不存在过错。

2）权利阻却抗辩

上述要件不满足,不必检视权利阻却抗辩,请求权不成立。

2. 中间结论

甲与其家属无法达成合意致使其无法获得最佳的救治,由此造成的损害与医院没有直接因果关系,在甲提供了能明确表明其意愿的录音、录像后,医院为其进行了手术,故请求权不成立。其他要件无须进行检视,甲不能基于《民法典》第1218条之规定请求医院承担侵权责任。

---

① 参见《最高人民法院关于审理医疗损害责任纠纷案件适用法律若干问题的解释》第5条第2款。

（二）情形 2

若根据《民法典》第 1219 条请求医院承担侵权责任，则甲或可根据《民法典》第 1219 条第 2 款"医务人员未尽到前款义务，造成患者损害的，医疗机构应当承担赔偿责任"的规定，请求医院进行损害赔偿。

1. 请求权是否成立

1) 成立要件

《民法典》第 1219 条第 2 款请求权的成立要件包括：其一，患者需要实施手术、特殊检查、特殊治疗等医疗措施；其二，医务人员未履行说明告知义务；其三，造成患者损害；其四，患者损害与医疗机构行为之间存在因果关系。

（1）患者需要实施手术、特殊检查、特殊治疗等医疗措施

医院给出了手术与保守治疗两种方案，甲愿意通过手术进行治疗。

（2）医务人员未履行说明告知义务

该要件可以从《民法典》第 1219 条立法目的的角度进行思考。法律为医生设立说明告知义务的目的是保证病人对其身体自主权利的自决，不同的患者所关注的风险和医疗信息侧重点不同，每位患者的病史和经济条件也存在差异。医生的告知说明义务是为破除医疗信息与患者之间的知识壁垒，以患者所能理解的通俗易懂的语言为其提供最准确和更具权威性的参考，使患者能够在全面了解风险与成本的基础上尊重自己的意愿作出选择。所谓"具体"，是指细节全面、翔实；所谓"明确"，是指内容清晰、准确。根据相关法律规定，医务人员在针对治疗方案进行必要介绍和说明后，[1]还应及时解答其咨询，[2]解答程度应依据每位患者的需求而定，应解释至患者认为清晰为止。

本案中，甲家属不能提供医生未履行告知义务的证据，甲分别以口头及录音、录像的形式表明自己愿意手术的意愿，则可推定医生已履行说明告知义务。

（3）造成患者损害

要件（2）不成立，该要件无须进行检视。

（4）患者损害与医疗机构行为之间存在因果关系

---

[1]　参见《医疗机构管理条例实施细则》第 62 条规定："医疗机构应当尊重患者对自己的病情、诊断、治疗的知情权利。在实施手术、特殊检查、特殊治疗时，应当向患者作必要的解释。因实施保护性医疗措施不宜向患者说明情况的，应当将有关情况通知患者家属。"

[2]　参见《医疗事故处理条例》第 11 条规定："在医疗活动中，医疗机构及其医务人员应当将患者的病情、医疗措施、医疗风险等如实告知患者，及时解答其咨询；但是，应当避免对患者产生不利后果。"

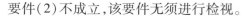

要件（2）不成立，该要件无须进行检视。

2）权利阻却抗辩

上述要件不满足，不必检视权利阻却抗辩，请求权不成立。

2. 中间结论

甲不能基于《民法典》第1219条之规定请求医院承担侵权责任。

三、结论

本案的情况可以归纳为患者同意权之难题，即医院要如何证明已完全履行了说明告知义务，重病患者要如何表达自身意愿才能够达到"明确"的标准以消除医院的后顾之忧。在患者具备完全民事行为时，仅因为无法签字或以其他方式将自身意愿转化为能够固定的证据而错失了治疗时机，实为可惜。"告知后同意"规则是为了尊重病人对其身体自主的权利，医生是否尽到告知说明义务应当根据患者情况来进行评判，在患者能够表达自身意愿的情况下，家属越俎代庖代其选择治疗方案于法无据、于理不合。

此时再来看前文提出的，医院仅因为没有证据证明而罔顾患者意思进行治疗，是否存在过错这一问题。结合司法实践中屡见不鲜的医患纠纷，医院的做法无可厚非，手术存在风险，若没有明确证据能够表明患者或家属意愿便贸然进行手术，医院便会承担过高的风险。如前所述，根据《民法典》第1219条的规定，患者同意权优先于亲属代诺权，如何保障患者本人同意权处于优先地位是未来实践应用中亟待解决的重要问题。因此针对本案，甲及其家属均无权向医院主张赔偿责任。

问题 2

医生乙是否应对所作之决策负损害赔偿责任？甲及其家属能否就甲病情恶化向医院主张侵权损害赔偿？

一、请求权基础预选

在手术中，医疗机器人建议注射300 mL药物，但医院常规标准为100～200 mL，医生乙遂按照医院标准进行手术。医生无论采取哪一种方案，均存在治疗结果"良好"与"不良"两种可能性,若出现不良结果医生是否存在承担侵权责任之可能,可予探讨。如下表所示,依医疗机器人建议与医疗常规标准治疗正确与否以及医生所采之决策,可具体排列组合出6种情形。在不同情形之下,医生行为之可能评价(见表6-1)亦应具体而论。

表6-1　不同情形下医生行为之可能评价

情形	医疗常规标准	医疗机器人建议	医生所作决策	治疗效果	医生行为之可能评价
1	正确	正确	采用医疗常规标准	良好	无医疗伤害、无损害赔偿责任
2				不良	有医疗伤害、可能存在损害赔偿责任
3		错误	采用医疗常规标准	良好	无医疗伤害、无损害赔偿责任
4				不良	现有医疗水平难以诊治,无损害赔偿责任
5	错误	正确	采用医疗常规标准	不良	有医疗伤害,视情况讨论有无损害赔偿责任
6		错误	采用医疗常规标准	不良	现有医疗水平难以诊治,无损害赔偿责任

本案中并未说明医生采用医院常规治疗标准之后甲的病情情况,这就需要考虑治疗效果良好与不良两种可能性。换言之,治疗效果影响着甲后期病情恶化与医生采用医院常规标准之间因果关系的成立与否。

虽然医院诊疗标准与医疗机器人建议之间存在出入,但确存在二者均可以治愈疾病的情况。换言之,若医疗机器人的建议与医疗常规之标准均系正确,医生择其一而取得良好的治疗结果,无医疗伤害发生,医生当然无损害赔偿责任(情形1)。若治疗效果不佳致使后期甲病情恶化,则需考虑医疗机器人基于大数据分析后仍与医院常规治疗方法相似,是否受限于当时医疗水平无法治愈甲,若是,医生可免责;否则,医院须承担相应的赔偿责任。或存在医院标准虽正确,但医生乙在救治过程中存在过失致使甲治疗效果不佳的情况,此时医生需要承担侵权责任(情形2)。

与之相对应,同样存在医疗机器人的建议与医疗常规之标准治疗相同、却不正确之情形,此情况与情形 2 类似。在人工智能建议与医疗常规一致的佐证下,该情形极大可能属于"限于当时的医疗水平难以诊疗"的情况,则医生依医院常规诊疗标准的做法不具有过失,①亦不需要承担侵权责任(情形 6)。当然,我们并不能排除医院与医疗机器人同时出现过错的极为偶然的情况,此时,"人"之要素与"物"之要素共同造成损害,医疗产品责任与诊疗损害责任同时产生。对此,患者可以主张适用《最高人民法院关于审理医疗损害责任纠纷案件适用法律若干问题的解释》第 22 条,由医疗机构与生产者承担连带责任。②但此为极少数的偶然情况,故不在下文就该情形的请求权进行单独分析。情形 4 同理,即便在医院诊疗标准为正确的情形下仍然无法避免甲后期病情恶化,则可推知现有的医疗水平不足以治愈甲,甲的病情恶化与医生采医院常规治疗标准之间不存在因果关系,故虽有损害结果发生,医院亦无须承担侵权责任。

若医疗机器人之建议与医疗常规治疗之标准不同、却为正确的,即医疗常规标准不正确时,医生依医院常规之标准进行治疗,导致不良治疗结果及后期甲病情恶化,则须明晰如下情况。一般而言,医院常规诊疗标准是医院根据患者病情而选取其所认为的最佳方案,或者是医学界普遍认为的该类患者的首选方案,或是依当时之情势医方认为最适合患者的或最具可行性的方案。③通常来说,根据《民法典》第 1221 条的规定,医生之决策符合医疗常规,已尽到与当时的医疗水平相应的诊疗义务,则认定其不具过失,无须承担侵权责任(情形 5)。但医院常规治疗标准为何错误,是限于当时医疗水平还是医院在制定标准时存在过错,抑或是医师未尽到合理的注意义务,它们分别对应何种责任是本案应当厘清的问题。

当医院常规治疗手段是正确的,医疗机器人给出的建议为错误的情形下,医生遵循了医院常规治疗方式,并获得了良好的治疗效果,则可证明其诊疗行为是恰当的,更无须承担侵权责任(情形 3)。至于家属或医院是否需要追究医疗机器人的过错则不属于此问题的争议焦点,在此不予赘述。

综上,在医疗机器人与医院常规治疗标准存在出入而医生依惯例救治,可能

---

① 参见吴振吉:《人工智慧医疗伤害之损害赔偿责任》,载《台大法学论丛》第 51 卷第 2 期,第 505 页。

② 华德康、北京市春立正达医疗器械股份有限公司等生命权纠纷案,江苏省无锡市中级人民法院(2021)苏 02 民终 7099 号;七台河市人民医院、苏州欣荣博尔特医疗器械有限公司生命权、健康权、身体权纠纷案,黑龙江省七台河市中级人民法院(2020)黑 09 民终 204 号。

③ 参见余明永:《医疗损害责任纠纷》,法律出版社 2017 年版,第 326 页。

出现的 6 种情形中,医师在情形 2、4、5、6 中所作出的医疗决策会存在出现医疗损害的后果,甚至在情形 5、6 中采用常规医疗标准并非最佳的医疗决策,但医生也仅在情形 2、5 中才可能需要负损害赔偿责任。换言之,在医疗机器人为医生提供建议甚至影响医生决策时,纵使医生之医疗决策并非最适方案,法律上亦不易认定其成立过失侵权责任。

根据以上分析,医院的责任大小需在情形 2、5 中进行讨论。

二、甲及其家属对医院的侵权请求权

(一)情形 2 之可能性一

在情形 2 中,甲后期病情恶化可能存在两种可能性,一种可能性是医院治疗标准为正确且有效的,但因乙之过失致使治疗效果不佳,未控制住甲病情的发展,导致了甲病情恶化。此时,假设甲及其家属可根据《民法典》第 1218 条"患者在诊疗活动中受到损害,医疗机构或者其医务人员有过错的,由医疗机构承担赔偿责任"的规定,向医院请求侵权责任。

1. 请求权是否成立

(1)成立要件

《民法典》第 1218 条请求权基础的成立要件包括:其一,医务人员在诊疗活动中存在侵权行为;其二,损害事实存在;其三,医务人员侵害行为与损害结果之间具有因果关系;其四,行为人具有过错。

①医务人员在诊疗活动中存在侵权行为

乙本能治愈甲而未治愈,侵害甲的健康权。

②损害事实存在

甲后期病情恶化,健康权被损害。

③医务人员侵害行为与损害结果之间具有因果关系

在医院诊疗标准正确且能够治愈甲的前提下,因乙的过失使治疗效果大打折扣,未能控制住甲的病情使其后期病情严重恶化。医务人员侵害行为与甲的健康权受损之间存在因果关系。

④行为人具有过错

医生乙在救治过程中存在过错。

（2）权利阻却抗辩

本案中不存在权利阻却抗辩,请求权成立。

2.请求权是否消灭

请求权未消灭,请求权可行使。

3.请求权是否可行使

不存在权利阻止抗辩,请求权可行使。

4.中间结论

甲及其家属可以基于《民法典》第 1218 条主张医院承担违约责任。

（二）情形 2 之可能性二

在情形 2 中,甲病情恶化的另一种可能性为医院常规治疗标准虽然是正确的,但是限于当时的治疗水平,这种治疗方法不足以遏制或治愈甲的病情,换言之,后期甲病情恶化是一种必然情况。此时假设甲及其家属可根据《民法典》第 1221 条"医务人员在诊疗活动中未尽到与当时的医疗水平相应的诊疗义务,造成患者损害的,医疗机构应当承担赔偿责任"的规定,向医院请求侵权责任。

1.请求权是否成立

（1）成立要件

《民法典》第 1221 条请求权基础的成立要件包括:其一,医务人员在诊疗活动中未尽到相应的诊疗义务;其二,损害事实存在;其三,医务人员侵害行为与损害结果之间具有因果关系。

①医务人员在诊疗活动中未尽到相应的诊疗义务

医院治疗方法正确,乙在诊疗活动中无过错,无论采取医院常规标准还是医疗机器人之建议,均无法避免甲病情恶化。该事实属于《民法典》第 1224 条第 1 款第 3 项"限于当时的医疗水平难以诊疗"的情形,"当时的医疗水平"指医务人员在同一时间、同等地域条件下,所应具备的医学知识和技能、诊断同类疾病所使用的技术手段,治疗疾病最恰当的诊疗措施。[1]"医疗水平"指医学界普遍实施的技术水准,是临床医学实践中医疗的一般水平和标准,是已经普遍化的实施

---

[1]　参见凌巍:《最高人民法院医疗损害责任司法观点精编》,人民法院出版社 2018 年版,第 75 页。

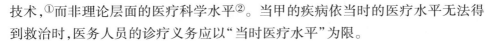

技术,①而非理论层面的医疗科学水平②。当甲的疾病依当时的医疗水平无法得到救治时,医务人员的诊疗义务应以"当时医疗水平"为限。

②损害事实存在

要件①不符合,不必检视。

③医务人员侵害行为与损害结果之间具有因果关系

要件①不符合,不必检视。

（2）权利阻却抗辩

上述要件不满足,不必检视权利阻却抗辩,请求权不成立。

2. 中间结论

受限于当时医疗水平,医院无法控制甲的病情,医务人员在救治过程中尽到了相应的诊疗义务,甲病情恶化与乙诊疗决策之间不存在因果关系。请求权不成立,其他要件无须进行检视,甲家属不能根据《民法典》第 1221 条向医院主张侵权责任。

（三）情形5

在情形 5 中,医院常规标准本身就是错误的,但医疗机器人给出了正确的建议,乙未采纳。此时需要考虑的问题是,为何医院无法给出正确的救治方案。这也存在两种需要考虑的情形:其一为当时的医疗水平的确无法像人工智能集合大数据信息一样给出恰当的治疗方案。此种情况也属于"限于当时的医疗水平难以诊疗"的情形,与"情形 2 之可能性二"相似,无须重复分析即可得出医院无须承担侵权责任的结论。其二为医院并没有对目前该疾病的发病情况进行案例研判,也未对甲之病情进行有针对性的会诊,同时乙未对医疗机器人给出的建议查阅相关文献加以验证。在这种情况下,甲及其家属或可根据《民法典》第 1218 条、第 1221 条之规定向医院主张侵权责任。

1. 请求权是否成立

（1）成立要件

该项请求权基础的成立要件包括:其一,医院在诊疗活动中未尽到相应的诊疗义务;其二,损害事实存在;其三,医院侵害行为与损害结果之间具有因果关系;其四,行为人具有过错。

① 参见杨太兰:《医疗纠纷判例点评》,人民法院出版社 2003 年版,第 74-75 页。
② 参见杨立新:《中华人民共和国侵权责任法精解》,知识产权出版社 2010 年版,第 250 页。

①医院在诊疗活动中未尽到相应的诊疗义务

医院未对甲的病情进行有针对性的分析或依当时的医疗水平完全可以给出正确的治疗方案,应当认定医院在诊疗活动中未尽到相应的诊疗义务。

②损害事实存在

甲后期病情恶化,健康权被损害。

③医院侵害行为与损害结果之间具有因果关系

虽然《民法典》第 1221 条将"当时医疗水平标准"作为判断诊疗过失的基本标准,但应当看到其背后所蕴含的合理医生标准,即从事诊疗活动之时一位合格的医务人员应当具有的医疗水平。① 诊疗过失的判断标准应当是合理医生标准,考查的是医务人员在具体个案中是否尽到一位在相同或类似情形下的理性医生应当尽到的注意义务,发挥出应有的诊疗水平。② 当然,无论是当时医疗水平标准还是诊疗规范标准,指向的都是安全性和有效性已经得到确立的、较为普及的疗法,并不能涵盖那些刚起步的、有效性和安全性尚未确立的、创新性的甚至是"试验性"的疗法。③ 从另一角度讲,即便是安全性已经得到验证的人工智能疗法,在与传统诊疗规范产生冲突时,一位具有相当诊疗水平的医师也需要根据自身的医疗经验作出初步判断并加以求证,自然需要针对个案情况在智慧医疗建议与诊疗规范中进行取舍。

但是,这并不意味着医师可以对医疗机器人或者人工智能给出的医疗建议置若罔闻而墨守成规。医师负有对患者病情进行研判、选取最优治疗方案的义务,医院传统的诊疗标准不足以成为医师逃避责任的护身符。面对超出当时医疗水平的机器判断,医务人员有义务在诊疗人工智能的提示下寻找相关文献,并从文献的时效性、权威程度等方面进行初步验证,同时结合患者情况谨慎地进行"风险-效果"评估。④ 在将新疗法相对于常规疗法的风险与治疗效果进行妥当比对后,医务人员若能够询问患者意愿,便在尊重患者意愿的基础上选择,若手术等情况下无法知晓患者意愿,则由医生选取性价比最佳的治疗方案。如果医

---

① 参见程啸:《侵权责任法》(第 3 版),法律出版社 2021 年版,第 644—645 页。
② 有学者指出,"当时医疗水平标准"的本质是合理医生标准。参见杨立新:《〈侵权责任法〉改革医疗损害责任制度的成功与不足》,载《中国人民大学学报》2010 年第 4 期,第 11 页;窦海阳:《〈民法典〉中医务人员过错规范的限缩解释》,载《北方法学》2020 年第 5 期,第 41 页。
③ 参见赵西巨:《我国〈侵权责任法〉医疗损害责任一章之解读:比较法的视角》,载《私法研究》2011 年第 1 期,第 238 页。
④ 参见郑志峰:《诊疗人工智能的医疗损害责任》,载《中国法学》2023 年第 1 期,第 210 页。

务人员在综合比对下有合理理由采纳新疗法,那么即使未达到预期治疗效果或者造成损害也不应被认定存在诊疗过失。反之,若医务人员为了追求绝对安全,对于机器判断给出的新疗法视而不见,固守传统的治疗方案,则可能被认定为存在诊疗过失。① 本案同理,若乙对甲病情进行了研究,验证了医疗机器人建议的合理性便可以避免甲病情恶化,则乙采用错误之标准与甲病情恶化之间存在因果关系。

④行为人具有过错

医院在救治过程中未尽到诊疗义务。

(2)权利阻却抗辩

本案中不存在权利阻却抗辩,请求权成立。

2.请求权是否消灭

请求权未消灭,请求权可行使。

3.请求权是否可行使

不存在权利阻止抗辩,请求权可行使。

4.中间结论

甲及其家属可以基于《民法典》第 1218 条、第 1221 条主张医院承担侵权责任。

三、结论

导致甲治疗结果不佳的原因存在多种可能性,医生对此是否需要承担侵权责任需通过分析其诊疗行为与医疗损害后果之间原因力的大小来判断。若是限于当时的医疗水平难以诊疗,则医生无须承担侵权责任;若是在诊疗过程中医院或医生存在过错,本应该治愈甲而未能治愈,则甲及其家属可以基于《民法典》第 1218 条、第 1221 条主张医院承担侵权责任。

分析至此,对甲病情恶化之因果关系的认定还存在如下问题:

甲病情恶化可能与两个因素有关:其一,家属不同意,手术错过最佳治疗时间;其二,医生采用医院剂量标准可能不足以遏制病情发展。针对每一个因素前文都单独进行了分析,但甲病情恶化也可能是两个因素综合作用的结果。显然

---

① 参见郑志峰:《诊疗人工智能的医疗损害责任》,载《中国法学》2023 年第 1 期,第 211 页。

此种情形并不能区分出两个因素影响力的大小。

当因素一与因素二都足以导致甲病情恶化时,根据《民法典》第 1171 条的规定"二人以上分别实施侵权行为造成同一损害,每个人的侵权行为都足以造成全部损害的,行为人承担连带责任",甲家属与医院须承担连带责任。

当甲病情恶化这一损害结果是由两因素竞合导致时,根据《民法典》第 1172 条的规定"二人以上分别实施侵权行为造成同一损害,能够确定责任大小的,各自承担相应的责任;难以确定责任大小的,平均承担责任",医院或承担造成损害相应的责任,或与家属平均承担责任。

问题 3

医院是否应对甲的死亡承担全部责任?

一、请求权基础预选

第一,想要确定医院承担责任之大小,先要确定救护车故障与甲死亡之间是否存在因果关系、因果关系所占损害关系的比例。在转院过程中,车辆发生故障,无法保证患者平安到达上一级医院接受治疗,医院存在过错。本案中,并无随车录像等证据证明医生采取哪些抢救措施及患者死亡的具体时间,具体因果关系认定困难,因此本案在分析时需要以比例因果关系代替具体因果关系。所谓比例因果关系,是指仅依据侵权行为与损害结果之间因果联系的可能性来判定因果关系,并基于该可能性比例计算侵权人应承担的具体责任份额。[①] 本案可能存在以下几种情形:

①医院对甲进行及时有力的救治,即便救护车未发生故障也无法避免甲死亡;

②医院对甲的救治是及时有效的,但因为救护车故障耽误了对甲进行进一步的救治,最终导致了甲的死亡;

③即便救护车发生了故障,若对甲进行有效救治则可支撑到下一辆救护车接应,但医院未对甲进行及时有效的救治,导致了甲的死亡。

---

① 参见吴国喆:《事实因果关系不明侵权中比例因果关系的确定》,载《法学家》2020 年第 2 期,第 93 页。

第二,在司法实践中,因果关系的认定必须与义务的违反以及过错、损害的认定结合起来,从而对过错、损害行为与损害结果之间原因力的大小进行综合评判。[①] 虽然救护车发生故障,医院必然存在过错,但以上三种情形分别导致了医院行为与甲死亡结果之间因果关系的大小不同。在事实因果关系不明的场合,因果关系难以确定,需要通过法律评价得出因果关系存在的可能性或概率上的相关性。医院对自身过错需承担责任的大小也不同,因此需要对医院过错与甲死亡之间原因力及侵权责任的大小进行讨论。

二、甲家属对医院的侵权请求权

（一）情形1

情形1是指医院对甲进行了及时有力的救治,即便救护车未发生故障也无法避免甲的死亡。换言之,即便救护车顺利送达,甲也会因自身疾病过于严重而在中途死亡,甲死亡的结果无法改变。此时,甲家属或可根据《民法典》第1218条之规定"患者在诊疗活动中受到损害,医疗机构或者其医务人员有过错的,由医疗机构承担赔偿责任",向医院请求侵权责任。

1. 请求权是否成立

《民法典》第1218条请求权基础的成立要件包括:其一,医院在诊疗活动中存在侵权行为;其二,损害事实存在;其三,医院侵害行为与损害结果之间具有因果关系;其四,行为人具有过错。

（1）成立要件

①医院在诊疗活动中存在侵权行为

在转院途中救护车发生故障,甲无法及时到达医院,甲的生命健康权和及时获得救治的权利受到了侵害。

②损害事实存在

甲病情恶化、死亡。

③医院侵害行为与损害结果之间具有因果关系

在救护车上,医务人员对甲进行了及时有效的救治,即便救护车顺利按时到

---

①　参见吴国喆:《事实因果关系不明侵权中比例因果关系的确定》,载《法学家》2020年第2期,第91页。

达医院,也无法避免甲的死亡,非人力所能阻止,即医院没有过错亦无法挽救甲的生命,故医院的侵权行为与甲死亡之间不存在因果关系。

④行为人具有过错

上述要件不满足,无须检视该要件。

(2)权利阻却抗辩

上述要件不满足,不必检视权利阻却抗辩,请求权不成立。

2. 中间结论

受限于当时医疗水平及甲的病情,虽然医院存在过错,但医务人员在转院过程中已尽到相应的诊疗义务,甲死亡结果并非医疗救护所能改变,所以救护车故障与甲死亡之间不存在因果关系。请求权不成立,其他要件无须进行检视,甲家属不能根据《民法典》第1218条向医院主张侵权责任。

(二)情形2

情形2是指医院对甲的救治是及时有效的,但因为救护车故障耽误了对甲的进一步救治,最终导致了甲的死亡。在这种情况下,甲的死亡是可以避免的,即如果救护车不发生故障就可以避免甲的死亡,故救护车故障与甲死亡之间有直接因果关系。甲家属此时或可根据《民法典》第1218条之规定向医院请求侵权责任。

1. 请求权是否成立

(1)成立要件

《民法典》第1218条请求权基础的成立要件包括:其一,医院在诊疗活动中存在侵权行为;其二,损害事实存在;其三,医院侵害行为与损害结果之间具有因果关系;其四,行为人具有过错。

①医院在诊疗活动中存在侵权行为

在转院途中,救护车发生故障,甲无法尽快到达医院,甲的生命健康权和及时获得救治的权利受到了侵害。

②损害事实存在

甲病情恶化、死亡。

③医院侵害行为与损害结果之间具有因果关系

虽然在救护车上医务人员对甲进行了及时有效的救治,但在救护车发生故障至第二辆救护车到来之前,甲无法接受到更好的救治,或可认为救护车故障耽误了甲接受治疗的时机,使甲错失了获得救治的机会,故医院的侵权行为与甲死亡之间存在因果关系。

④行为人具有过错

在转院过程中,车辆发生故障,无法保证患者平安到达上一级医院接受治疗,医院存在过错。

（2）权利阻却抗辩

本案中不存在权利阻却抗辩,请求权成立。

2. 请求权是否消灭

请求权未消灭,请求权可行使。

3. 请求权是否可行使

不存在权利阻止抗辩,请求权可行使。

4. 中间结论

甲家属可以基于《民法典》第 1218 条主张医院承担侵权责任。另,因医院过错与甲死亡之间存在重大关系,即救护车故障是导致甲死亡的重要原因,故医院应承担主要责任。

（三）情形 3

情形 3 是指即便救护车发生了故障,若对甲进行有效救治,则甲可支撑到下一辆救护车接应,但医院未对甲进行及时有效救治,导致了甲的死亡。在这种情况下,甲死亡与救护车故障之间原因力较小,而与医务人员的救助义务关系甚密,在医务人员未尽到救助义务的情况下,甲家属或可根据《民法典》第 1218 条、第 1221 条之规定向医院主张侵权责任。

1. 请求权是否成立

该项请求权基础的成立要件包括:其一,医院在诊疗活动中未尽到相应的诊疗义务;其二,损害事实存在;其三,医院侵害行为与损害结果之间具有因果关系;其四,行为人具有过错。

（1）成立要件

①医院在诊疗活动中未尽到相应的诊疗义务

医院未对甲进行及时有效的救治,没有尽到救助义务。

②损害事实存在

甲病情恶化、死亡。

③医院侵害行为与损害结果之间具有因果关系

若医院对甲及时有效地进行救治,即便救护车发生故障,甲也可以等到第二辆救护车来后继续转院治疗,甲的死亡便可以避免。医院未尽到救助义务与甲死亡之间存在因果关系。

④行为人具有过错

医院未能保障甲顺利转院的同时,在救护车发生故障时未对甲进行积极有效的救治,存在过错。

（2）权利阻却抗辩

本案中不存在权利阻却抗辩,请求权成立。

2. 请求权是否消灭

请求权未消灭,请求权可行使。

3. 请求权是否可行使

不存在权利阻止抗辩,请求权可行使。

4. 中间结论

甲家属可以基于《民法典》第 1218 条、第 1221 条主张医院承担侵权责任。在这种情形下,虽然甲的死亡与救护车故障不存在直接因果关系,但是在救护车上对患者进行救助也属于医务人员诊疗救助的范围,医院医护人员未尽到救治义务是导致甲死亡的直接原因,因此医院也需要对甲的死亡承担主要责任。

三、结论

救护车在转送途中出现故障,医院必然存在过错,但甲死亡与医院过错之间原因力大小是影响医院承担责任大小的关键因素。若甲死亡无可避免,虽然医院存在过错,仍不需要对甲之死亡承担责任,但出于对患者利益的保护,在医院本身有过错的前提下可以对患者作出相应的补偿。但是若救护车故障是导致甲死亡的直接原因,则医院需要对甲的死亡承担主要责任、全部责任。当救护车故障是导致甲死亡的次要原因时,则需明确何为导致甲死亡的主要原因,依原因力的大小确定责任大小。

第七讲

环境污染和生态破坏责任
与因果关系的认定

一、环境污染中公害和私害的区别

环境污染存在广义与狭义之分。狭义的环境污染即"公害",也称"特殊的环境污染",是指因产业活动或其他人为活动而破坏大气、水、土壤、海洋、安静稳定等自然环境,从而给不特定多数人的生命、身体健康、财产或者其他民事权益造成损害的行为。广义的环境污染除公害之外还包括"私害",即相邻关系人之间的环境污染行为。此种环境污染也被称为"一般的环境污染",是指相邻的不动产权利人之间,一方违反国家规定实施弃置固体废物,排放大气污染物、水污染物、噪声、光、电磁波辐射等有害物质等污染环境的行为,给他方造成损害的情形。"公害"与"私害"的具体区别包含以下几点:

(一)加害人与受害人是否特定有所不同

"公害"中,环境污染行为给不特定人的权益造成了损害,导致公共利益受

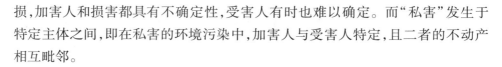

损,加害人和损害都具有不确定性,受害人有时也难以确定。而"私害"发生于特定主体之间,即在私害的环境污染中,加害人与受害人特定,且二者的不动产相互毗邻。

(二)污染的原因行为不同

在"公害"中,造成污染的行为往往是生产活动和其他的人为活动,如工厂的生产经营、开采矿藏或地下水等。这些活动必定会产生污染物,因此,对于此类污染物的产生,一方面要得到国家的许可,国家许可就意味着同意了活动者排放污染物;另一方面,国家又要通过法律对这些污染环境的活动进行严格的管制,例如确定排污的标准,要求活动者必须遵守标准排污。

在"私害"中,引发污染的原因是人们日常的生活行为,例如看电视、听音乐、摆放灯饰等。这些活动并非必然污染环境,原则上无须得到国家的预先许可。同时,由于这些活动也会产生噪声、废气、粉尘、亮光等污染物,只要在一定的标准范围之内,他人应当忍受。当日常生活中出现行为人违反规定,超出标准排放导致污染环境时,国家需要禁止这种违规、超标排放噪声、光辐射、电磁波辐射等有害物质污染环境的行为。

(三)规范的法律不同

因"私害"是在特定人之间发生的侵害或妨害行为,所以由物权法、侵权责任法调整即可。而"公害"由于其既不是对特定的某个人或某些人的权益造成的损害,也不仅仅是由特定民事主体从事的行为,其涉及的侵权人往往是多个民事主体,此时就需要国家的公权力介入,包括事先的预防(如实行排污许可制度)、事后的惩治与赔偿(行政处罚等),并根据不同的污染类型制定有针对性的法律法规(如《中华人民共和国水污染防治法》等)。在此种多角度的预防管控之下,保护环境的公共目标才能全方位地得以贯彻。

(四)诉讼形态不同

在"私害"中,受妨害人起诉妨害人,就是一般的民事诉讼。而在"公害"中,一方面,由于受害人多,常常适用的是集团诉讼或代表人诉讼;另一方面,"公害"行为损害的是作为公共资源的自然环境,即对公共利益直接构成了侵害,此时个人未必有提起诉讼的动力,需要特定的机构或组织提起公益诉讼。

设例 83：

> 甲煤矿公司兴建的露天煤矿位于原属于乙所有、被丙承包的养鸡场附近。养鸡场内饲养有 7000 只鸡，并已先后进入产蛋期。9 月至 10 月，露天煤矿正在进行土层剥离爆破施工，其震动和噪声巨大。养鸡场的鸡的产蛋率突然大幅度下降并有部分鸡死亡。同年 12 月，丙被迫将成鸡全部淘汰，造成利润损失 10 万元。

问题：

甲是否应该对丙的损害承担侵权责任？

欲解决设例 83 所涉及的纠纷，通常的做法是判断丙的损害是否由甲的行为导致，即甲是否实施了侵权行为，以及与丙的损害二者之间是否具有因果关系。《民法典》第 1166 条规定，行为人对其造成的环境污染和生态破坏，需承担无过错责任。在设例 83 中，行为人甲实施的是正常的生产作业行为，无法简单判断出其是否存在过错。就某一行为的正常与否，在不同的领域可能会得出不同的结论，无法轻易地就是否存在过错达成价值共识，则由过错的主观要件出发的价值判定便失去了意义。

从因果关系角度出发，养鸡场的损失后果是否由甲的行为造成，也即损害结果与行为人行为之间是否存在因果关系，需要考量多个要素进行准确判断。就设例 83 而言，鸡原本的身体状况和活动范围以及养鸡场的环境也是产生损害后果的潜在原因，仅凭一般认识很难确立损害结果与行为人行为间的因果关系。实践中存在通过技术手段分析原因进而判断是否存在因果关系的方法，但技术手段的介入并不能阻却当事人双方所承担的举证义务。尽管《民法典》第 1230 条将因果关系的举证责任分配给了行为人，但从生态环境侵权相关的司法解释中可以发现，被侵权人对被侵害的事实负有举证责任，也需要对因果关系进行举证，只是在证明标准上存在有效的降低。

因此，在处理环境污染问题时，往往不存在截然区分的举证责任，也即所谓的"举证责任倒置"；而是依据双方享有的权利和应承担的义务，合理地分配二者之间的举证责任。对于因果关系的举证，往往也存在于二者之间。

二、生态环境损害与民法中损害的区分

生态环境损害,是指因污染环境、破坏生态造成大气、地表水、地下水、土壤、森林等环境要素和植物、动物、微生物等生物要素的不利改变,以及上述要素构成的生态系统功能退化。生态环境损害不同于民法中的损害。民法中的损害,是指具有可赔偿性的特定民事主体所遭受的物质利益或精神利益的非自愿的丧失。二者的差异表现在以下几个方面:

(一)性质不同

民法上的损害是指人身权益、财产权益遭受侵害而产生的不利益,具体表现为因人身伤亡而遭受的财产损失,因财产权益被侵害而遭受的经济损失,或者因人身权益被侵害而给受害人及其近亲属造成的精神痛苦。但是,生态环境损害专指生态环境本身的损害,是与民法上的人身损害、财产相并列的损害类型。

(二)赔偿权利人不同

民法上的损害,无论是财产损害还是精神损害,都是特定民事主体,即自然人、法人或非法人组织的人身财产权益遭受侵害而遭受的不利益。然而,生态环境损害并非特定主体遭受的损害,而是生态环境本身的损害,即由于污染环境或破坏生态的行为而给生态环境造成的不利改变以及提供生态系统服务功能的破坏。因此,民法上的损害,赔偿权利人就是被侵权人。在被侵权人死亡的情况下,赔偿权利人是其近亲属;被侵权人为组织,该组织分立、合并的,承继权利的组织有权请求侵权人承担侵权责任(《民法典》第1181条)。而生态环境损害发生后,有权要求侵权人承担侵权责任的主体不是某个特定的被侵权人,因为生态环境是公共产品,我们每个人都是受害者。《民法典》第1234条明确规定,生态环境损害的赔偿权利人只能是"国家规定的机关或者法律规定的组织"。

(三)赔偿方式不同

就民法上的损害,赔偿的方式通常有两种:一是恢复原状,二是金钱赔偿。然而,对于生态环境损害,重要的是对受损的生态环境进行修复。因此,《民法典》区分了环境污染、破坏生态造成民法上的损害,与造成生态环境损害这两种不同的侵权类型。《民法典》第1234条和第1235条是专门针对造成生态环境损害而作出的特别规定。

■ **设例84：**

甲承包的20亩稻田位于G1高速公路旁。某年夏天,由于高速公路改扩建施工期间连降暴雨,导致甲的20亩稻田被淹,水退之后20亩稻田全部绝收。甲认为绝收的原因是淹稻田的水从高速公路工地流过、含有水泥等有害物质,因此将高速公路的经营者乙高速公路股份有限公司诉至法院,要求其承担环境侵权责任。另外,已知高速公路已提前预留好扩建用地,扩建施工并不直接占用新的耕地。

问题：

乙公司是否应当承担侵权责任?

欲解决设例84所涉及的纠纷,存在一个前置性问题:设例84系一般过错侵权还是生态环境污染侵权。传统民法多称"侵权责任法"为"侵权行为法",实际上更多的是从行为的角度去考量其构成。因此,本设例的关键判定点在于整个施工过程中存在的侵权行为及其引发的后果。

其一,就侵权行为而言,施工工地、建筑现场是否能够构成环境污染应在具体场合中进行分析。例如在一个正常堆放建筑材料的场地,因意料之外的暴雨导致建筑材料被侵蚀而产生污水,对周围环境产生了影响,此种"排放污水"很难评价为环境污染侵权行为,应属不可抗力。但若损害是由工地产生的建筑废水所致,则需检视其是否采取了相应的管理措施,未采取正常的管理措施或存在向周边排放污水的行为,就有可能构成环境污染侵权。其二,就损害后果而言,稻田绝收是否由建筑工地有害物质流入所致有待确认,存在水位超出水稻的耐涝程度导致稻田绝收的可能,因此对于该损害后果是否由污染环境的行为而导致,需要预先证明。

环境污染与生态破坏既存在联系,也存在区别。二者可能存在重合的情形,即污染环境的行为可能同时破坏生态,如向河流中排放污水,除了污染水质,还会破坏河流中的生态系统,对河流沿岸的生态环境也会产生一定的影响。另外,环境污染与生态破坏都可能对他人的人身权益造成损害。但二者也存在较明显的区别。一方面,破坏生态的行为并不全都属于污染环境的行为,反之亦然。例如环境污染中噪声污染并未破坏生态。另一方面,生态环境损害与民法上的损害并不相同。因此,《最高人民法院关于审理生态环境损害赔偿案件的若干规

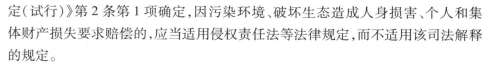

定(试行)》第 2 条第 1 项确定,因污染环境、破坏生态造成人身损害、个人和集体财产损失要求赔偿的,应当适用侵权责任法等法律规定,而不适用该司法解释的规定。

 设例 85:

> 甲承包集体土地进行农作物种植,种植大葱 0.6 亩、玉米 1.6 亩,投入资金 6345 元。种植区域南与乙公司施工的、丙公司建设的地铁 5 号线工地毗邻,以一条界沟(泄洪沟)划分,施工工地高于耕地 2 米左右且无排水设施。近日几场大雨,工程污水全部排入甲种植区,积水达 50 厘米,加之积水时间长、气温高,甲种植的 0.6 亩大葱和 1.6 亩玉米作物全部被淹毁。

问题:

甲的损害应由谁承担? 如何承担责任?

设例 85 与设例 84 的区别在于,设例 85 中或许存在行为人所实施的行为改变或破坏周边环境,也即可能存在生态破坏行为。因此,在判断环境污染侵权类问题时,重点应判断是否存在污染行为,而非是否存在影响环境的物质或施工行为。

三、环境污染和生态破坏责任的构成要件

(一)存在污染环境、破坏生态的行为

污染环境可分为环境要素污染和有毒有害物质污染。环境要素是指人类与环境进行物质交换与能量流动的介质,如大气、水、土壤等。环境要素污染包括大气污染、水污染、海洋环境污染、土壤污染等。有毒有害物质通常是指人体或者环境难以降解或不能降解的物质。有毒有害物质污染包括放射性物质污染、固体废物污染、农药污染等。此外,噪声污染作为较特殊的污染类型,通过环境介质进行传播,但是它不属于环境要素污染,也不同于有毒有害物质污染。根据污染物形态的不同,环境污染可被分为物质流污染和能量流污染。前者主要是物质进入环境所致,如大气污染、水污染(《中华人民共和国水污染防治法》第 102 条第 1 项)、固体废物污染(《中华人民共和国固体废物污染环境防治法》第

124 条第 1 项）等；后者主要是能量进入环境所致，如噪声污染（《中华人民共和国环境噪声污染防治法》第 2 条第 2 款）、放射性污染（《中华人民共和国放射性污染防治法》第 62 条第 1 项）等。

生态污染，是指因污染环境的行为或其他行为而对生态系统造成破坏，如水土流失、沙漠化、荒漠化、森林锐减、土地退化、生物多样性的减少、湖泊的富营养化、地下水漏斗、地面下沉等。

设例86：

甲的居室西侧与乙公司经营场所的东侧相邻，中间间隔一条宽 15 米左右的公共通道。乙公司为给该经营场所东面展厅的外部环境照明，在展厅的围墙边安装了三盏双头照明路灯，每晚 7 点到次日清晨 5 点开启。这些灯的高度和甲的居室的阳台持平，最近处距离 20 米左右，其间没有遮挡。甲因亮灯时常难以入睡。

问题：

乙公司是否应承担侵权责任？

欲解决设例 86 所涉及的纠纷，通常的做法是判定乙的行为是否构成侵权，以构成要件进行检视。乙公司安装的外部环境照明产生了光污染，属于"不可量物污染"，存在侵权行为。在损害结果上，乙公司安装外部照明可能会导致甲无法休息，甚至产生某些精神方面的疾病。环境污染行为所产生的后果不仅限于对财产利益的损害，也包含对被侵权人的人身健康利益的损害。此外，设例 86 中照明路灯的数量、开启时间以及高度可能会对甲的夜间睡眠造成影响，超出了一般人的容忍义务。

在认定行为人的排污行为是否属于污染环境、破坏生态的行为时，应以国家或地方规定的污染物排放标准进行判断。《中华人民共和国环境保护法》第 16 条规定："国务院环境保护主管部门根据国家环境质量标准和国家经济、技术条件，制定国家污染物排放标准。省、自治区、直辖市人民政府对国家污染物排放标准中未作规定的项目，可以制定地方污染物排放标准；对国家污染物排放标准中已作规定的项目，可以制定严于国家污染物排放标准的地方污染物排放标准。地方污染物排放标准应当报国务院环境保护主管部门备案。"行为人在规定标准内排放污染物，国家原则上不予禁止，也不予行政处罚；但若超出标准，不仅要禁止且给予责任人行政处罚,侵犯他人合法权益的,还应承担侵权责任。但也存在例外,根据《最高人民法院关于审理环境侵权责任纠纷案件适用法律若干问题的解释》第 1 条的规定,即便企业等民事主体在规定标准内排污,只要造成他人损害的,依然需要承担侵权责任。同时,《中华人民共和国大气污染防治法》也未将违法性作为行为人承担侵权责任的必要条件,表明环境污染、生态破坏侵权责任的构成并不要求行为人的行为具有违法性。因此,行为人的排污即使符合国家或地方标准,也不能作为排污者减轻或免除其侵权责任的理由。

 设例87:

> 甲承包了村里的鱼塘进行鲴鱼养殖,鱼塘水系上游有乙、丙、丁三家生产企业。后甲的鱼塘出现鱼类浮头,经多方抢救无果全部死亡。乙、丙、丁等三家企业均提出了抗辩理由。乙认为自己有排污许可证,废水是达标的;丙认为自己处于停产期间只有少量废水排放,不足以毒死鱼类;丁认为自己排放的废水如果不和乙排放的废水发生化学反应是无毒的。

问题:

甲的损害应由谁承担?如何承担侵权责任?

设例87中,三家企业均存在排污行为,且提出的抗辩理由均不能合理排除其排污行为与损害后果之间的因果关系。乙企业提出具有排污许可证且排污达标仅能证明其为合法排污,并不能证明其排污行为与损害后果之间不存在因果关系。

此外,由于三家企业排放的污水只有在发生化学反应的前提下才会对鱼类产生危害,符合《民法典》第1172条中规定的"难以确定责任大小"的情形,因此乙、丙、丁三家企业应平均承担责任。

(二)造成他人损害

环境污染及生态破坏,只有给他人造成损害的,才产生侵权赔偿责任。我国法律并未限制环境污染给他人造成的损害类型,因此,损害既包括人身损害(如造成他人生病、死亡或患上严重的精神疾病),也包括对财产权造成的损害(如因河流污染而导致养殖户的鱼死亡);就财产损害而言,既包含直接损失,也包含间接损失(如因河流污染而导致养殖户的鱼死亡,鱼的损失为直接损失,养殖户无法按期出卖该批鱼而导致的损失为间接损失)。同时,被污染者因清除污染而支出的费用也应当给予赔偿。另外,依据《民法典》第 1167 条的规定,即使行为人的污染环境、破坏生态的行为并没有给他人造成损害,但是危及他人人身、财产安全的,仍应当承担停止侵害、排除妨碍或消除危险等侵权责任。

■ 设例88:

> 甲购买了乙公司开发的小区一套商品房、入住后,甲和家人均感觉身体不适,后发现该小区的东侧矗立着丙电台的发射台及发射塔,发射波长为长波。北京市环境保护科学研究院为该小区出具的《建设项目环境影响报告书》表明,该小区实际电磁辐射场强值低于《电磁辐射防护规定》。

问题:

乙或者丙是否应该承担侵权责任?

欲解决设例 88 的纠纷,关键在于"甲和家人均感觉身体不适"能否视作其达到了低盖然性的证明标准,以及对于《建设项目环境影响报告书》表明的小区实际电磁辐射场强值低于有关规范,乙或丙是否应承担侵权责任。

设例 88 中,甲能够初步证明其与家人身体不适与发射台、发射塔存在因果关系即可,若仅以"感觉身体不适"等主观感受为由,则难以达到低盖然性的证明标准。同时,环境污染侵权也应当符合一般侵权所具备的构成要件,因此,在分析侵权责任前,需要确定设例 88 中是否存在损害后果,即"甲和家人均感觉身体不适"是否属于侵权责任中的损害后果。由于信号发射塔发射的是长波,其在日常生活中较微波辐射而言对人体的影响相对较小,其是否能够导致身体不适这一事实存疑。侵权责任中的损害后果是能够为客观事实所认定的现实结果,而不能仅以存在某种损害后果的认识而认定该后果就是侵权责任中的损害后果,本设例中的情形即与此一致,故乙或丙不应承担侵权责任。

(三) 侵权行为与损害之间存在因果关系

我国环境污染和生态破坏责任因果关系的判定与其他侵权责任因果关系的判定存在差异,主要表现在以下方面:

第一,根据《民法典》第 1230 条的规定可知,我国环境污染和生态破坏责任实行的是因果关系推定原则,即受害人无须证明行为人污染环境、破坏生态的行为与其损害之间的因果关系,由污染者、破坏者对其行为与损害之间不存在因果关系负举证责任。究其原因,环境污染与生态破坏侵权往往具有长期性、潜伏性、持续性、广泛性的特点,且其造成损害的过程也十分复杂,往往需要经过多个环节才能造成最终的损害结果,且在少数情况下甚至能以借助现代科学知识及科学仪器确认因果关系。同时,在环境污染、生态破坏侵权中,受害人往往处于弱势地位,如果要求受害人必须确切地证明环境污染、生态破坏行为与其所受损害之间的因果关系,不利于受害人维护其合法权益,进而无法实现保护环境和生态的目的。因此,为了减轻被侵权人的证明负担,更加有效地救济受害人,我国《民法典》就环境污染和生态破坏责任实行了因果关系推定原则。

第二,就举证责任而言,环境污染、生态破坏责任中适用因果关系推定,并不意味着被侵权人就不承担任何举证责任。根据《最高人民法院关于生态环境侵权民事诉讼证据的若干规定》第2条至第5条的规定,被侵权人起诉请求侵权人承担环境污染、生态破坏责任的,应当就被侵权人实施了环境污染、生态破坏的行为,以及其人身或财产受到损害或有受到损害的危险承担举证责任。因此,在环境侵权纠纷诉讼中,被侵权人至少应提出初步的或盖然性的证据,据以建立被告的环境污染行为与自己所受损害之间的初步联系。只要被侵权人完成了对环境污染、生态破坏与损害之间的因果关系的初步的证明责任,就实行因果关系的推定,由环境污染者、生态破坏者来证明自己污染环境或者破坏生态的行为与被侵权人的损害之间没有因果关系。

第三,环境污染、生态破坏侵权纠纷因果关系的证明涉及专门的科学知识,往往需要进行专门的鉴定、检验。一方面,在环境污染、生态破坏事件发生后,相关的环境保护监管部门会进行相应的调查、检测、评估,其出具的调查报告、检测报告、评估报告对于认定案件事实非常重要,但并不能直接依据上述证明,认定行为人构成侵权。另一方面,人民法院也可以委托具备相关资格的司法鉴定机构出具鉴定意见或者由国务院环境保护主管部门推荐的机构出具检验报告、检测报告、评估报告或者监测数据。必要时,当事人也可以聘请专家提供专家证言。

设例 89:

> 甲承包了村里的 30 亩鱼塘,乙公司位于甲的鱼塘东北侧。乙公司南
> 面的一块农田有一条明渠,走向为由东往西、由北往南,渠水由西到东
> 依次途经乙公司、甲的鱼塘。乙公司靠上述明渠的一侧共开设排污口
> 15 个。某日,甲发现自家鱼塘中的鱼全部死亡。甲提出,在现场目测
> 所及,途经明渠上游除乙公司外,未见到有其他的生产经营企业。乙
> 公司在诉讼中提交某市环境监测站出具的检测结果报告。该报告已
> 证实明渠上游的氨氮量为 112。上游的工厂有涂料厂、展示品公司、绣
> 品厂、橡胶厂、工艺厂等,而且该水渠是全村生活和工业污水的排入
> 河道。

问题:

甲的损害是否应该由乙公司承担侵权责任?

欲解决设例 89 所涉及的纠纷,需要判断的主要问题是乙公司是否存在侵权
行为以及其与甲损害之间的因果关系。根据"现场目测所及,途经明渠上游除
乙公司外,未见到有其他的生产经营企业"可知,甲实质上已经完成了低盖然性
的证明责任,能够初步证明鱼塘的损失与乙公司的排污行为存在关联性。乙公
司提交了检测结果报告以证明自身的排污符合标准,意图排除责任或证明其排
污行为与鱼塘的损失之间不存在因果关系。《最高人民法院关于生态环境侵权
民事诉讼证据的若干规定》第 7 条,对环境污染侵权中的侵权人证明自己的行为
与损害后果之间不存在因果关系指定了对应的证明标准。在设例 89 中,乙公
司仅提交"检测结果报告"明显未达到上述规定中的标准,故乙公司不能证明其
排污行为与甲的鱼塘损失不存在因果关系。

四、免责与减责事由

(一)免责事由

环境污染和生态破坏责任的免责事由只有不可抗力与受害人故意两项。
《中华人民共和国水污染防治法》(以下简称《水污染防治法》)第 96 条第 2、3 款
规定:"由于不可抗力造成水污染损害的,排污方不承担赔偿责任;法律另有规

定的除外。由于不可抗力造成水污染损害的,排污方不承担赔偿责任。水污染
损害是由受害人重大过失造成的,可以减轻排污方的赔偿责任。"此外,《中华人
民共和国海洋环境保护法》第116条规定:"完全属于下列情形之一,经过及时
采取合理措施,仍然不能避免对海洋环境造成污染损害的,造成污染损害的有关
责任者免予承担责任:(一)战争;(二)不可抗拒的自然灾害;(三)负责灯塔或
者其他助航设备的主管部门,在执行职责时的疏忽,或者其他过失行为。"

同时,在环境污染、生态破坏侵权中存在一个特别规定,即《民法典》第1233
条:"因第三人的过错污染环境、破坏生态的,被侵权人可以向侵权人请求赔偿,
也可以向第三人请求赔偿。侵权人赔偿后,有权向第三人追偿。"同时,《最高人
民法院关于审理环境侵权责任纠纷案件适用法律若干问题的解释》第18条至
第20条也对适用《民法典》第1233条作出进一步的规定。第1233条中的"因
第三人的过错污染环境、破坏生态"的情形,应当理解为污染环境、破坏生态完
全是因第三人的过错而导致的,从原因力上来说,与污染者、破坏者无关。但是,
若污染者能以此作为免责事由,则意味着被侵权人只能请求第三人赔偿,而第三
人很可能无法查明或即便查明了也没有赔偿能力。因此,为了有效地保护环境
污染、生态破坏侵权责任的受害人,即便是完全因第三人过错而导致环境污染、
生态破坏,给被侵权人造成损害的,侵权人也不能以此为由免责。被侵权人可以
要求侵权人赔偿,也可以要求第三人赔偿,这也符合《民法典》第1233条的立法
本意。另外,侵权人赔偿后可以向第三人追偿,这里的追偿应为全部追偿而不是
部分追偿。如果该损害结果是第三人的过错行为与污染者或破坏者的行为相结
合而导致的,那么就需要判断其于第三人是适用《民法典》第1171条还是第
1172条承担按份责任或连带责任。

设例90:

甲、乙等人通过破坏丙石油公司在渤海海底的输油管道盗取石油,给
丙公司造成巨大经济损失,同时导致相关海域油污污染,对丁等水产
养殖户造成1.3亿元的损失。

问题:

丁的损害应该由谁承担?如何承担侵权责任?

设例90的纠纷焦点为:丁的损失,丙是否要承担责任。依据《民法典》第

1233 条的规定,被侵权人丁可以向侵权人丙主张承担侵权责任。尽管丙公司的输油管道泄漏是由第三人甲、乙等人所致,但丙公司享有经营该输油管道的利益,进而也应当承担相应的义务。此处的义务就包含"维护管道的完整,避免石油泄漏污染海洋",故丙公司应就其不作为而承担相应的侵权责任。承担责任后,丙公司可向第三人甲、乙等追偿。

(二)减责事由

环境污染、生态破坏责任属于无过错责任,那么只有在受害人对损害的发生或扩大具有重大过失时,方能减轻侵权人的赔偿责任。例如,《水污染防治法》第 96 条第 3 款第 2 句规定:"水污染损害是由受害人重大过失造成的,可以减轻排污方的赔偿责任。"

五、多数人环境污染、生态破坏侵权中的因果关系与责任承担

多数人侵权,依据主观过错以及原因力等因素,可以简单分为共同加害行为、教唆、帮助共同侵权、共同危险行为和无意思联络的共同侵权等,其中多涉及对因果关系的判断。

(一)复数因果关系

在环境污染与生态破坏的侵权责任中,需要对多数人侵权的因果关系进行更加细致的类型区分与解读。依据学界通行的做法,可大致分为四种因果关系:

其一,共同的因果关系。即数人分别实施了污染环境、破坏生态的行为,给他人造成了同一损害。其中任何一个行为单独发生均不足以造成部分或全部的损害,但这些行为相互结合后,造成了受害人的全部损害。

其二,竞合的因果关系。即数人分别实施了污染环境、破坏生态的行为,给他人造成了同一损害,但即便其中任何一个行为单独发生,也足以造成同一损害。这几个行为之所以一起发生并造成损害,完全是偶然的。

其三,累积的因果关系。即数人分别实施了污染环境、破坏生态之行为,给他人造成了同一损害。这些行为中的一个或部分单独发生,也足以造成全部的损害后果。

其四,择一的因果关系。即数人从事了危害他人财产、人身安全的污染环境、破坏生态的行为,其中一人或数人的行为实际造成了他人的损害,但无法确定究竟是哪一个或哪几个行为造成了该损害。

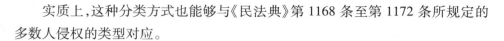

实质上,这种分类方式也能够与《民法典》第1168条至第1172条所规定的多数人侵权的类型对应。

(二)责任主体与承担方式

因果关系的构造尚不能完全与多数人侵权的类型一一对应,在同一种类型下,还存在因果关系证明的类型区分,即通过不同的方式来证明因果关系的存在,进而指向其结果。

1. 共同的因果关系、竞合的因果关系与累积的因果关系

《民法典》第1171条与第1172条的根本区别在于复数因果关系的形态不同。如果多数人环境污染、生态破坏侵权中的复数因果关系为竞合的因果关系,应当适用第1171条。若复数因果关系为共同的因果关系或累积的因果关系,应适用第1172条。值得注意的是,即使我国环境污染、生态破坏侵权实行因果关系的推定,若多人污染环境、破坏生态侵权的被侵权人主张适用《民法典》第1171条时,也应当证明每个污染环境行为都足以造成全部损害的责任;若无法证明,则应适用《民法典》第1172条。在无法确定多个污染者的赔偿责任份额时,应由各个污染者平均承担赔偿责任。另外,还存在更为复杂的共同侵权,通过《最高人民法院关于审理环境侵权责任纠纷案件适用法律若干问题的解释》第3条可以看出,其在前两款规定构造两个符合《民法典》第1171条和第1172条规定的无意思联络的数人侵权之外,第三款又构造了一个在数人排放污染物侵权场景下,一人的侵权行为足以造成全部损害,另一人的侵权行为只能造成部分损害的情境。在此情境下,两者仅在能够共同造成的损害部分承担连带责任,而足以造成全部损害的侵权人还要对全部损害承担责任,进而实现侵权责任分配上的公平。

■ **设例91:**

> 甲船和乙船在大连海域发生碰撞,两船在碰撞中均有过失。乙船碰撞后船体破裂,导致船上装载的重油泄漏,污染了丙公司管理的一片海域。

问题:

对于丙公司的损害,甲船、乙船如何承担侵权责任?

对于设例 91 所涉及的纠纷,通常的做法是判断甲船、乙船因过失所造成的损害是否构成侵权责任,其关键在于《民法典》第 1168 条中规定的"共同实施"是否包含"共同过失实施"。

在我国,关于是否存在"共同过失侵权"存有争议,但可以确定的是,故意与过失作为过错的两种表现形态存在较大的区别。数个故意之间可以形成有意思联络的共同故意,并不代表数个过失之间或数个过失与故意之间也可以形成共同过错。过失侵权之间很难形成共同的意志,同时,在数人过失与故意侵权并存的场景中,过失人的行为往往不会造成他人的损害,只有在故意加害人故意利用其过失的情况下,损害后果才会发生扩大,过失行为才有可能与受害人的损害建立起因果关系,此时若课加过失人与故意人构成共同侵权,承担连带责任,会导致加害人之间利益的严重失衡,有违公平。所谓"共同过失行为"在本质上应属于数个无意思联络的单独侵权。因此,对于《民法典》第 1168 条中规定的"共同实施",应将其范围限于"共同故意实施"。设例 91 中的因果关系为竞合的因果关系。

设例 92:

甲造纸公司和乙电镀公司不约而同地往河里排放污水,导致处于下游的丙鱼塘的鱼全部死亡。

问题:

丙鱼塘的损害应该由谁承担? 侵权责任如何承担?

设例 92 为标准的无意思联络的数人侵权,由于偶然因素致使无意思联络的数人行为造成了同一损害,不能要求其中一人承担全部责任或连带责任,只能由各行为人对自己行为造成的损害后果负责。

设例 93:

甲公司和乙公司均为造纸厂。甲是国有大厂,年产量 500 万吨;乙是民营小厂,年产量 1 万吨。两公司均往河里排放生产污水,导致下游丙公司的鱼苗全部死亡。

问题:

丙公司的损害应该由谁承担? 侵权责任如何承担?

设例 93 仍是无意思联络的数人侵权,甲、乙两公司均往河中排放污水,均足以对下游的鱼苗产生负面影响,二者是累积的因果关系,不能单纯从排放污水量来判断责任的承担,但可以根据排放污水量的多少来进行责任范围的划分。

2. 择一的因果关系

择一的因果关系下的多人污染环境、破坏生态侵权,是指数人从事了危害他人财产、人身安全的污染环境、破坏生态的行为,其中一人或数人的行为实际造成了他人的损害,但无法确定究竟是哪一个或哪几个行为造成了该损害。故应由全部参与实施污染环境、破坏生态的行为人承担连带责任。

共同危险行为本就是一种因果关系的推定。立法者设立共同危险行为制度就是要消除受害人因缺乏证据而无法证明因果关系的困境,因此,《民法典》第1170 条只是证明责任分配的规则,而非确定归责事由的规范或责任成立要件的规范。但《民法典》第 1230 条规定:"因污染环境、破坏生态发生纠纷,行为人应当就法律规定的不承担责任或者减轻责任的情形及其行为与损害之间不存在因果关系承担举证责任。"即在发生多人污染环境、破坏生态侵权事件后,被侵权人无须就哪一个或哪几个行为造成损害而承担证明责任,应由各侵权人就其行为与损害后果之间不存在因果关系承担证明责任。因此,在无法确定是哪一个或哪几个侵权行为造成该损害的情况下,被侵权人可以通过援引《民法典》第1230 条之规定,由全部侵权人承担侵权责任。

对于共同危险行为人免责的条件,学界多采取"因果关系证明说",即行为人仅证明自己的行为与损害结果之间没有因果关系尚不足以免责,还必须进一步证明数个行为人中谁是真正的加害人。学说将指证他人的义务加于共同危险行为人,目的是避免各行为人均证明自己的行为与损害结果没有因果关系而免责,导致受害人不能获得赔偿。

■ **设例94:**

甲公司和乙公司分别向空气中排放了有毒气体,两种有毒气体成分不同。丙因为空气污染患病,但无法确定究竟是什么成分的气体导致其生病。

问题:

丙的损害应该由谁承担?侵权责任如何承担?

设例 94 为共同危险行为,即无法确定是哪个侵权人造成了该后果,但任何一个侵权人所实施的侵权行为都有可能造成该后果,故不存在因果关系的累加,为择一的因果关系,应依《民法典》第 1230 条的规定,由甲公司和乙公司承担连带责任。

设例95:

甲、乙同为化工企业,甲每日排放污水 10 吨,有害物质 A 的浓度为 0.1%;乙每日排放污水 5 吨,有害物质 A 的浓度为 0.2%。现位于河流下游的丙的渔场鱼全部死亡。

问题:

丙的损害应由谁承担? 侵权责任如何承担?

设例 95 即涉及《民法典》第 1231 条的适用。甲、乙构成无意思联络的共同侵权,就其构成连带责任或按份责任还需对共同侵权的构成进行进一步的分析。设例 95 明显属于可以区分份额大小的情形,故甲、乙应承担按份责任,依据排放的有害物质的浓度而非以排放污水的量划分责任范围。

六、环境污染、生态破坏侵权责任的承担方式

《最高人民法院关于审理环境侵权责任纠纷案件适用法律若干问题的解释》第 12 条、第 13 条对承担环境侵权责任的方式作出了相关规定,其中最重要的方式就是修复环境。《民法典》第 1234 条、第 1235 条对修复环境的具体方式作出了具体的规定,这也是《民法典》编纂过程中,对于环境污染和生态破坏侵权这一特殊领域或是现代社会矛盾中比较尖锐的领域的回应。

生态环境修复,就是指污染环境、破坏生态的行为人依法应承担的修复生态环境的责任。对于生态环境的修复,包括生态修复与环境修复。生态修复是指在生态环境损害发生后,为了将生态环境的物理、化学或生物特性及其提供的生态系统服务恢复至基线水平,同时补偿期间损害而采取的各项合理且必要的措施。环境修复是指在生态环境损害发生后,为了防止污染物扩散、降低环境中的污染物浓度等,将环境污染导致的人身健康风险或生态破坏风险降至可接受水

平而采取的合理且必要的措施或行动。侵权人应在合理期限内承担该修复责任,如果未承担,则国家或法律规定的机关或组织可以自行或委托他人进行修复,费用由侵权人负担。如果受损的生态环境无法修复,则应由侵权人赔偿损失,《民法典》第 1235 条、《最高人民法院关于审理生态环境损害赔偿案件的若干规定(试行)》第 12 条都对生态环境修复的费用承担及范围作出了具体规定。

设例 96:

甲酒厂在山腰处建厂,由于其未对发酵槽进行防渗处理,导致地下水污染,其下游全部村民所吃井水颜色发黄、异味严重。在已确定污染由该酒厂造成,且地下水(即生活用水)已无法修复的情况下,村民们被迫搬迁,搬迁后村民们集体出现某种健康损害。

问题:

对于村民们的损害,甲如何承担侵权责任?

设例 96 中,村民们的健康利益受损。环境侵权对不同的被侵权主体的表现形式不同,对自然人的人身损害往往具有滞后性,即在侵权行为发生时并不能直接观察到人身损害,但这并不妨碍被侵权人通过环境污染侵权向侵权人主张承担相应的侵权责任,因为被侵权人遭受的人身损害也是环境侵权产生的损害后果之一。

通常对于水污染或土地污染等环境污染或生态破坏,在短时间内是无法通过人力恢复原状的,此时,对环境的修复就转变为对受影响居民的安置以及使他们过上正常生活的费用补偿。

案例研习 8
共同排污致害案

　　一条河流自上而下流经工业园、乙村与丙小吃街。A 煤矿集团(以下简称 A 矿)与 B 金属冶炼工厂(以下简称 B 厂)位于工业园。A 矿自 2013 年起在附近开山挖矿,并开发建设了两栋宿舍楼供职工及家属居住,由集团统一缴纳排污费。同年,B 厂建立,依靠煤炭进行生产。2015 年,乙村村民发现其村中水井的水质发生了变化,饮用时有明显的酸涩感,且炊具上出现了大量水垢。2020 年 6 月,经市疾控中心检验,乙村地下水不符合生活标准,炊具上的水垢主要成分为钙盐,因此乙村村民依靠订购桶装水来满足生活需要。乙村村民都认为是上游企业导致的水污染,并于同月向法院提起诉讼。经法院指定的鉴定机构鉴定得知,水污染主要由煤矿、工厂的生产废水(以钙、铅、铜离子为主)排入导致,同时,宿舍楼居民生活废水的排放也产生了部分影响,因此乙村村民要求 A 矿赔偿其订水费 20 万元以及因搬运水而产生的 10 万元误工费。对此,A 矿出具了排污许可证以及鉴定机构的检验报告,以证明因煤矿排放的生产废水及居民生活废水符合国家标准,且称其会对生产废水定期进行抽样检测,同时以诉讼时效经过为由拒绝承担赔偿责任;B 厂也出具了符合国家标准的检验报告,但事后查明 B 厂并不具有排污许可证,属于违法排放污水。在乙村地下水被污染的消息传开后,河流下游的丙小吃街也受到影响。虽然商户均提供检测报告以证明自家食品没有问题,但顾客依旧因害怕小吃街地下水也被污染而拒绝购买小吃街食品,给依靠小吃街生活的商户们造成了经济损失。商户们主张赔偿 6 个月的平均营业额,共计 15 万元。

　　问题:

　　乙村村民及丙小吃街商户对 A 矿、B 厂以及宿舍楼的居民(视为 1 人)存在什么请求权?

乙村村民的请求权

一、请求权基础预选

第一,对于 A 矿和 B 厂来说,虽然二者均提供了鉴定报告以证明自己的排污行为并不会导致河流污染,但是并不能证明二者的排污行为与损害后果之间不存在"因果关系",因此本案为"多因一果"的形态,即多人分别实施侵权行为给他人造成同一损害结果。又因其中任何一个排污行为单独发生均不足以造成部分或全部的损害,但这些行为相互结合后造成了受害人的全部损害,且其具体应属于"复数因果关系"中的"共同的因果关系"[①],符合《民法典》第 1170 条所规定的"共同危险行为"的构成,因此,A 矿与 B 厂的排污行为构成共同危险行为。[②] 似有必要依照《民法典》第 1170 条"二人以上实施危及他人人身、财产安全的行为,其中一人或数人的行为造成他人损害,能够确定具体侵权人的,由侵权人承担责任;不能确定具体侵权人的,行为人承担连带责任",检视乙村村民与 A 矿、B 厂之间的侵权损害赔偿请求权。

第二,对于宿舍楼居民来说,居民均为 A 矿的职工及家属,或许可以依据《民法典》第 1191 条第 1 款之规定主张由 A 矿承担责任,但本条文须以"用人单位的工作人员因执行工作任务造成他人损害"为前提。对于工作人员执行职务的状态判断,学理上存在三种抽象的判断标准。其一,主观说,包括"雇主意思说"与"雇员意思说",前者是指以雇主指示的范围为职务范围,后者是指雇员为实现雇主的利益而自行对雇主指示范围进行调整;其二,客观说,即只要雇员的行为在外观上属于社会普遍认知上的执行工作任务就满足要求,而不论雇主或雇员的主观认识;其三,折中说,即从主、客观两个层面综合考虑。[③] 本案中,宿舍楼是供员工及家属生活所用,因此,无论以何种标准去判断,员工在宿舍楼中的排污行为均不应属于"执行工作任务",因此不能适用《民法典》第 1191 条第 1

[①] 参见王泽鉴:《侵权行为》,北京大学出版社 2009 年版,第 188 页。

[②] 参见任重:《〈民法典〉第 1170 条(共同危险行为)诉讼评注》,载《法学杂志》2023 年第 3 期,第 67 页。

[③] 参见潘杰:《〈侵权责任法〉上用人者责任制度的司法适用立法与司法解释的比较与适用衔接》,载《法律适用》2012 年第 2 期,第 90 页。

款之规定。但是,因为该宿舍楼由 A 矿建设并缴纳排污费,因此居民只能按照既有的排污管道进行排污,苛求居民在日常生活中不产生污水不合理,但应要求宿舍楼的管理者合法排放污水,故 A 矿对居民生活污水外排形成了实质上的控制,实为居民楼的管理者,进而应当对生活污水所造成的损害后果承担相应的责任。[①] 同时,经鉴定机关鉴定得知,居民楼生活污水也是造成河流污染的原因,但 A 矿未就居民楼生活污水不能造成该损害后果承担举证责任,故其与 A 矿、B 厂的排污行为与乙村村民的损害之间形成"共同因果关系"。因此,对于本部分的请求权基础检视并入上述检视乙村村民与 A 矿、B 厂的请求权之中。

第三,《民法典》第 1232 条赋予环境侵权的被侵权人在受到的损失达到一定程度的情况下,向侵权人主张惩罚性赔偿的权利。本案中,乙村村民因水污染而遭受了损失,在请求侵权人赔偿其损失的基础上,似有必要依照《民法典》第1232 条"侵权人违反法律规定故意污染环境、破坏生态造成严重后果的,被侵权人有权请求相应的惩罚性赔偿",检视其对 A 矿、B 厂的惩罚性赔偿请求权。

二、请求权基础检视

(一)乙村村民对 A 矿、B 厂的共同危险行为侵权请求权

假设乙村村民可以依据《民法典》第 1170 条"二人以上实施危及他人人身、财产安全的行为,其中一人或数人的行为造成他人损害,能够确定具体侵权人的,由侵权人承担责任;不能确定具体侵权人的,行为人承担连带责任"之规定,向 A 矿、B 厂主张共同危险行为侵权请求权。

1. 请求权是否成立

(1)成立要件

该请求权成立要件包括:其一,行为由数人实施;其二,数人实施的行为具有危险性;其三,污染行为与损害之间的因果关系具有不确定性。

①行为由数人实施

本案中,虽然 A 矿、B 厂出具了排污许可证以及鉴定机构的检验报告,以证明因煤矿排放的生产废水及居民楼居民排放的生活废水符合国家标准,但根据

---

① 聂胜等 149 户村民与平顶山天安煤业股份有限公司五矿、平顶山天安煤业股份有限公司六矿、中平能化医疗集团总医院环境污染责任纠纷案,河南省平顶山市中级人民法院民事判决书(2011)平民终字第 118 号。

《最高人民法院关于审理生态环境侵权责任纠纷案件适用法律若干问题的解释》第 4 条的规定可知,即使 A 矿、B 厂排污符合国家或地方污染物排放的标准,但只要对他人造成损害,依然需要承担侵权责任,而无论其是否具有过错。同时,A 矿也未能证明居民楼排放的生活污水不会导致水污染,故该排污行为由数人实施,本项满足。

②数人实施的行为是否具有危险性

这里的"危险性"是指行为具有侵害他人合法权益的可能性,即正是因为数人实施了该行为,其行为才会与损害后果产生潜在的因果关系。本案中,A 矿、B 厂和居民楼居民向河流中排放污水的行为本就具有一定的危险性,由鉴定机构出具的报告可知,河水中含有超量钙、铜离子,与乙村村民炊具上的水垢主要成分基本一致,因此,三者的排污行为与损害后果之间存在潜在的因果关系,本项满足。

③污染行为与损害之间的因果关系是否具有不确定性

我国环境污染责任实行的是"举证责任倒置",即由污染者就其行为与损害之间不存在因果关系负举证责任。但在此之前,受害者也应就部分事实的存在承担举证责任,[1]即受害人只要能够提供初步证据,盖然性地证明存在因加害人实施了污染环境的行为而使自己受到损害的事实,污染者便承担不存在因果关系的举证责任。[2]

本案中,乙村村民炊具上的水垢经鉴定主要成分为钙盐,而由鉴定结果得知 A 矿、B 厂排出的污水也含有大量的钙、铜离子,且因水质硬化而无法满足该村村民的生活需要,对该村村民的人身、财产权利造成了损害。因此,根据《最高人民法院关于生态环境侵权民事诉讼证据的若干规定》第 2 条的规定,乙村村民能够初步证明其因地下水受污染而产生的损害与 A 矿、B 厂和居民楼的排污行为存在低盖然性的关联,此时要由 A 矿、B 厂承担证明因果关系的举证责任。但 A 矿、B 厂所提供的鉴定报告仅可以证明其排污符合国家或地方标准,而不能证明其排污行为与乙村村民的损害之间不存在因果关系,因此污染行为与损害后果之间的因果关系具有不确定性,本项满足。

(2)权利阻却事由:是否存在免责事由

根据《水污染防治法》第 96 条可知,水污染的免责事由只有"不可抗力"与

---

① 参见王利明:《论举证责任倒置的若干问题》,载《广东社会科学》2003 年第 1 期,第 152 页。
② 参见程啸:《侵权责任法》(第 3 版),法律出版社 2021 年版,第 658 页。

"受害人故意"两项。同时,A矿与B厂构成"共同危险行为",因此,其还可以通过证明自己的行为与损害后果之间没有因果关系或证明具体的侵权人究竟是谁来免责。[①] 本案中,受害村民对于该损害的发生明显不存在故意,也不存在因不可抗力而导致河流污染。A矿与B厂提供的检测报告无法证明其排污行为与损害后果之间无因果关系,也无法证明具体的侵权人是谁,因此不存在权利阻却抗辩,请求权可行使。

（3）责任范围

因我国法律上未限制环境污染给他人造成的损害的类型,因此,损害范围既包括人身伤亡,也包括对财产权造成的损害。其中,财产权的损失又可分为直接损失与间接损失。对于环境污染损害的赔偿,应当实行全部损失赔偿原则,包括直接损失与间接损失。[②] 另外,该损失还应与受侵权保护的权益受侵害之间存在因果关系。[③]

本案中,乙村村民因地下水污染而不得不花费20万元订购大桶水以满足生活需要,这里的20万元支出属于直接损失,村民因运水而产生的误工费10万元属于因环境污染而产生的间接损失。由案件可知,上述的财产损失均与水污染存在因果关系,所以A矿与B厂的责任范围为30万元;又因A矿与B厂不能确定谁为具体侵权人,其应属于《民法典》第1172条所包含因果类型中的"分别实施侵权行为的数人中,一人的侵权行为足以导致全部损害的发生,而另外一人的侵权行为却仅能造成部分的损害"[④]。由于居民楼排放的生活污水对于河流污染的原因力大小与A矿、B厂所排放的工业污水之原因力大小相差悬殊,且生活污水的排放不足以导致河流污染,故根据《最高人民法院关于审理生态环境侵权责任纠纷案件适用法律若干问题的解释》第7条的规定可知,A矿与B厂应对全部损失30万元承担连带责任。

2.是否存在权利消灭抗辩

本案中,不存在《民法典》第557条第1款所规定的"债权债务终止的情形",权利未消灭。

---

① 参见程啸:《侵权责任法》(第3版),法律出版社2021年版,第402页。

② 参见程啸:《侵权责任法》(第3版),法律出版社2021年版,第657页。

③ 参见吴香香:《请求权基础:方法、体系与实例》,北京大学出版社2021年版,第264页。

④ 参见程啸:《侵权责任法》(第3版),法律出版社2021年版,第423页。

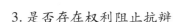

3.是否存在权利阻止抗辩

共同危险行为侵权请求权受到《民法典》第 192 条第 1 款规定的"诉讼时效"的限制,根据《民法典》第 188 条第 2 款的规定,诉讼时效期间自权利人知道或应当知道权利受到损害及义务人之日起算。本案中,乙村村民在市疾控中心出具相关报告后才得知具体侵权人,因此,该诉讼时效期间应该自村民知道或应当知道侵权人 A 矿、B 厂以及居民楼排放生活污水之后开始起算,即自 2020 年 6 月之后起算,故未过三年诉讼时效,不存在权利阻止抗辩。

4.中间结论

乙村村民可以依据《民法典》第 1170 条之规定,向 A 矿与 B 厂主张共同危险行为侵权请求权,由 A 矿、B 厂连带承担 30 万元的损害赔偿。

(二)乙村村民对 A 矿、B 厂的惩罚性赔偿请求权

假设乙村村民可以依照《民法典》第 1232 条"侵权人违反法律规定故意污染环境、破坏生态造成严重后果的,被侵权人有权请求相应的惩罚性赔偿"的规定,向 A 矿、B 厂主张惩罚性赔偿请求权。

1.请求权是否成立

(1)成立要件

惩罚性赔偿请求权的成立要件包括:其一,请求人为被侵权人;其二,侵权人对于损害的发生存在故意或重大过失;其三,侵权行为具有违法性;其四,行为造成严重后果;其五,侵权行为与损害后果之间存在因果关系。

①请求人是否为被侵权人

《民法典》第 1232 条中所表述的结果要件为"造成严重后果",说明只要是由于侵权人违反国家规定污染环境、破坏生态而造成的损害,都应纳入惩罚性赔偿的适用范围之内。因此,本案中乙村村民因水污染而产生的财产损失有适用本条规定的可能性,只需要分析其是否属于"严重后果"即可。且由上文标题二下(一)可以得知,A 矿与 B 厂不能证明其排污行为与乙村村民的损害事实之间不存在因果关系,且乙村村民可以证明损失与侵权行为之间存在低盖然性的因果关系,故乙村村民为被侵权人,本项满足。

②侵权人对于损害的发生是否存在故意或重大过失

虽然《民法典》第 1232 条规定,惩罚性赔偿的适用需要侵权人具有主观上的故意,但有学者认为,环境污染与生态破坏案件高发,且修补困难,具有严峻

性,应将重大过失行为纳入环境侵权惩罚性赔偿的适用范围,授予受害者向侵权人提出惩罚性赔偿的权利。① "虽然重大过失仍属于过失,但是其表明了对他人的生命和财产毫不顾忌、对他人权利极不尊重的状态,这种对其负有的法定义务处于漠视的心理状态,与故意极为相似。"②因此,其具有相当的可非难性。尤其在对于"故意"的主观态度难以认定的前提下,将"重大过失"纳入惩罚性赔偿的主观心态范围之内,更有利于提醒他人履行注意义务,在更大范围内避免严重污染环境、破坏生态的行为发生。根据侵权人对环境污染的发生持"故意"或"重大过失"心态的不同,应在惩罚性赔偿的具体金额上进行区别,允许法官在惩罚金额上发挥自由裁量权。③ 与传统道德判断环境污染可谴责性的判断一致,违反法律规定故意污染环境、破坏生态的行为,其与过失造成环境污染与生态破坏相比,具有显而易见的故意,甚至恶意。此时,惩罚性赔偿的规定通过区别侵权人的主观过错而让违法者与守法者、故意违法者与过失违法者承担有区别的赔偿责任。④ 就此而言,区分侵权人的主观态度,对于实现基本的公平正义具有基础性意义。

本案中,侵权人 A 矿持有排污许可证,且会定期进行废水抽样检测,并在规定范围内排污,这虽然不足以说明其排污行为与损害后果之间不存在因果关系,但证明了 A 矿对于其排污行为尽到了合理的注意义务,不存在上述主观上的"故意"或"重大过失"。因此,A 矿对于其排放生产废水的行为,不应承担惩罚性赔偿的责任。但是,由上文请求权基础预选部分的论述可知,A 矿实为居民楼的管理者,其应当对居民楼排放的居民废水与企业排放的工业废水承担相同的注意义务,但其并未履行该注意义务。所以,A 矿对于居民楼居民废水排放所可能造成的损失具有"重大过失"。对于侵权人 B 厂,因其未取得排污许可证而非法排水,可以看出 B 厂对于其非法排水所可能造成的损害持"故意"或"放任"的态度。本项 B 厂满足,A 矿对于"居民楼居民废水排放"部分满足。

---

①　参见杨立新、李怡雯:《生态环境侵权惩罚性赔偿责任之构造——〈民法典侵权责任编(草案二审稿)〉第一千零八条的立法意义及完善》,载《河南财经政法大学学报》2019 年第 3 期,第 19 页。

②　参见张晓梅:《中国惩罚性赔偿制度的反思与重构》,上海交通大学出版社 2015 年版,第 115 页。

③　参见梁勇、朱烨:《环境侵权惩罚性赔偿构成要件法律适用研究》,载《法律适用》2020 年第 23 期,第 119 页。

④　参见李艳芳、张舒:《生态环境损害惩罚性赔偿研究》,载《中国人民大学学报》2022 年第 2 期,第 132 页。

③侵权行为是否具有违法性

《民法典》第 1232 条规定了惩罚性赔偿制度的适用应以"违反法律规定"为前提。最高人民法院在起草环境民事公益诉讼案件审理司法解释的过程中,也曾指出对于合法排放型和事故型环境污染侵权责任,因其行为不具有反社会性及系意外事故,不能适用惩罚性赔偿。[①]

本案中,A 矿的排污行为以及居民楼排放的生活废水系合法行为,属于合法排放型环境污染侵权,所以不具有违法性。但是 B 厂在未取得排污许可证的前提下排放污水,属于非法排污,其排污行为具有违法性。本项 B 厂满足。

④是否造成严重后果

对于此处"严重后果"的认定,第一,根据《生态环境损害赔偿制度改革方案》中关于适用范围的规定可知,发生较大及以上突发环境事件和在国家和省级主体功能区规划中划定的重点生态功能区、禁止开发区发生环境污染、生态破坏事件的,以及发生其他严重影响生态环境后果的,应依法追究生态环境损害赔偿责任。此处的"生态环境损害赔偿责任"应当包含《民法典》第 1232 条的规定,故上述的情况属于"严重后果"。第二,"严重后果"程度也应与《民法典》第 1185 条知识产权侵权中规定的"情节严重的"以及《民法典》第 1207 条产品责任中规定的"造成他人死亡或健康严重损害的"相当。第三,"严重后果"的范围,应当包含人身、财产与生态环境损害。由于环境污染、生态破坏所造成的直接后果是生态环境损害,而人身损害与财产损害均为间接后果。所以在环境私益侵权中,"严重后果"一般指造成了严重的人身损害或是严重的人身及财产损害,且一般不支持以单纯的财产损害为基础的惩罚性赔偿。[②] 第四,该"严重后果"还应当是环境侵权行为直接造成的,且必须是已经实际发生的,而不能仅仅是一种风险。

本案中,B 厂的排污行为虽然对乙村村民和丙小吃街商户产生影响,但是其造成的损害仅为财产损失,且其损害程度不足以与《民法典》第 1207 条产品责任中规定的"造成他人死亡或健康严重损害"相当,所以不应当属于上述规定的"严重后果"。本项不满足。

[①] 参见梁勇、朱烨:《环境侵权惩罚性赔偿构成要件法律适用研究》,载《法律适用》2020 年第 23 期,第 119 页。

[②] 参见最高人民法院民法典贯彻实施工作领导小组:《中华人民共和国民法典侵权责任编理解与适用》,人民法院出版社 2020 年版,第 536 页。

⑤侵权行为与损害后果之间是否存在因果关系

因④不满足,故本项不予检视。

(2)权利阻却事由

因④不满足,故本项不予检视。

(3)责任范围

因④不满足,故本项不予检视。

2. 是否存在权利消灭抗辩

因④不满足,故本项不予检视。

3. 是否存在权利阻止抗辩

因④不满足,故本项不予检视。

4. 中间结论

乙村村民不得依照《民法典》第 1232 条"侵权人违反法律规定故意污染环境、破坏生态造成严重后果的,被侵权人有权请求相应的惩罚性赔偿"的规定,向 A 矿、B 厂主张惩罚性赔偿请求权。

三、结论

乙村村民可以依据《民法典》第 1170 条的规定,向 A 矿与 B 厂主张共同危险行为侵权请求权,由 A 矿、B 厂连带承担 30 万元的损害赔偿。

乙村村民不得依照《民法典》第 1232 条"侵权人违反法律规定故意污染环境、破坏生态造成严重后果的,被侵权人有权请求相应的惩罚性赔偿"的规定,向 A 矿、B 厂主张惩罚性赔偿请求权。

丙商户的请求权

一、请求权基础预选

顾客因害怕丙小吃街出现食品安全问题而拒绝去消费,导致丙小吃街商户受到的经济损失属于纯粹经济损失。对于纯粹经济损失的赔偿问题,我国大部分学者都主张纯粹经济损失应该以不予赔偿为原则,予以赔偿为例外。[①] 其中,因故意造成纯粹经济损失的,可以获得相应的救济,但应以损失范围和受害主体比较确定为前提。[②] 或许可以依据《民法典》第 1165 条第 1 款"行为人因过错侵害他人民事权益造成损害的,应当承担侵权责任"的规定检视丙小吃街与 A 矿、B 厂之间的侵权损害赔偿请求权。

对于惩罚性赔偿请求权而言,因惩罚性赔偿以造成"严重后果"为前提。本案中,河流污染对于丙商户的影响仅为预期利益的损失,并不属于实际造成的损害,且损害程度不足以与《民法典》第 1207 条产品责任中规定的"造成他人死亡或健康严重损害"相当,故丙商户不得依照《民法典》第 1232 条的规定向侵权人主张惩罚性赔偿请求权。本处不予检视。

二、请求权基础检视

假设丙商户可以依据《民法典》第 1165 条第 1 款"行为人因过错侵害他人民事权益造成损害的,应当承担侵权责任"之规定,向 A 矿、B 厂主张侵权损害赔偿请求权。

1. 请求权是否成立

侵权损害赔偿请求权成立要件包括:其一,损害事实客观存在;其二,行为具有违法性;其三,违法行为与损害事实之间存在因果关系;其四,行为人存在过错。

(1)成立要件

①损害事实是否客观存在

本案中,顾客因害怕丙小吃街的地下水也受到河流污染的影响而拒绝去该小吃街消费,给丙小吃街商户造成了 15 万元的"纯粹经济损失"。该损害是客观存在的,本项满足。

②行为是否具有违法性

本案中,排污行为的责任主体为 A 矿与 B 厂,其中 A 矿持有排污许可证,但

---

① 参见张新宝、李倩:《纯粹经济损失赔偿规则:理论、实践及立法选择》,载《法学论坛》2009 年第 1 期,第 6 页;葛云松:《纯粹经济损失的赔偿与一般侵权行为条款》,载《中外法学》2009 年第 5 期,第 727 页。

② 参见张新宝、张小义:《论纯粹经济损失的几个基本问题》,载《法学杂志》2007 年第 4 期,第 19 页。

B厂没有。根据《排污许可管理条例》第2条的规定可知,排污单位须在取得排污许可证的前提之下进行排污作业,故B厂系非法排污,其行为具有违法性,A矿的排污行为以及居民楼排放的生活废水系合法行为。B厂满足本项要求。

③违法行为与损害事实之间是否存在因果关系

因丙小吃街商户遭受的损失属于"纯粹经济损失",其要受到"可预见性规则"的限制,[1]即只有B厂在违法排污时应当有理由预见到此种纯粹经济利益损失发生的,丙商户才可以向其主张赔偿。同时,该损失的重要性也值得考虑,即纯粹经济损失与人身利益或财产利益相联系时,其更应受到法律的保护,[2]且应在其损失范围及受害主体均确定的前提下进行主张。

本案中,丙商户所遭受的损失是由河流污染引发的,而河流污染导致丙小吃街出现食品安全问题在常人看来发生概率较高,因此,侵权人B厂应当预见到这种情形发生并采取适当的注意或保护措施,但B厂并未尽到相应的义务。而受损失的该小吃街商户依靠经营小吃街店铺为生,因河流污染造成的不良影响而遭受损失,该损失与商户的生存有关联,具有较大的重要性,应当受到法律保护。商户们所主张的赔偿金额是其6个月的正常平均营业额,因其范围确定且主体明确,所以B厂的违法行为与损害后果之间存在因果关系。本项满足。

④行为人是否存在过错

本案中,B厂在未取得排污许可证的前提下,向河流中违法排放废水,其对于排污所可能造成的损害存在故意,因此B厂对于损害结果的发生存在过错。本项成立。

(2)权利阻却事由:是否存在责任阻却事由

责任阻却事由可以分为不法性阻却事由、与有过失、受害人故意以及由第三人导致。

本案中,B厂的非法排污行为明显不存在《民法典》第181条、第182条、第184条、第1177条以及第1176条所规定的不法性阻却事由。同时,受害人丙小吃街商户对于该损害结果的发生也不存在故意,且该损害也并非由第三人导致,因此不存在责任阻却事由。

---

① 参见潘玮璘:《构建损害赔偿法中统一的可预见性规则》,载《法学家》2017年第4期,第59-65页。

② 参见满洪杰:《论纯粹经济利益损失保护——兼评〈侵权责任法〉第2条》,载《法学论坛》2011年第2期,第111页。

（3）责任范围

由请求权预选中的论述可知，对于故意导致纯粹经济损失的，应该予以赔偿。本案中，B厂在明知其未办理排污许可证的情况下，依旧坚持向河流中排放污水，属于非法排污，其知道或应当知道排污会导致河流污染的事实。因此，B厂对于损害结果的发生持"故意"态度，应就15万元的经济损失承担赔偿责任。

2. 是否存在权利消灭抗辩

本案中不存在《民法典》第557条第1款规定的"债权债务终止的情形"，权利未消灭。

3. 是否存在权利阻止抗辩

侵权损害赔偿请求权受到《民法典》第192条第1款规定的"诉讼时效"的限制，根据《民法典》第188条第2款的规定，诉讼时效期间自权利人知道或应当知道权利受到损害以及义务人之日起计算。本案中，丙小吃街商户对B厂的诉讼时效期间未经过，不存在权利阻止抗辩。

4. 中间结论

丙小吃街商户可以依据《民法典》第1165条第1款的规定，向B厂主张侵权损害赔偿请求权，请求B厂赔偿15万元的损失。

三、结论

丙小吃街商户可以依据《民法典》第1165条第1款的规定，向B厂主张侵权损害赔偿请求权，请求B厂赔偿15万元的损失。

丙小吃街商户不得依据《民法典》第1232条"侵权人违反法律规定故意污染环境、破坏生态造成严重后果的，被侵权人有权请求相应的惩罚性赔偿"的规定，向侵权人主张惩罚性赔偿请求权。

第八讲

公平分担损失规则与不明抛坠物致害后果分担规则

一、公平分担损失规则的适用范围

(一)公平分担损失规则的发展

公平分担损失规则在我国民法传统上被简单地界定为公平责任,是指在当事人对于损害的发生都无过错且法律又未规定适用无过错责任时,由法院依据公平的观念,在综合考虑受害人的损害、双方当事人的财产状况及其他相关情况的基础上,决定由加害人与受害人对该损害加以分担的规则。我国法律上对公平责任的规定最早体现在 1987 年施行的《民法通则》之中。该法采取的是"具体列举+一般规定"的模式,当事人对造成的损害没有过错的,根据实际情况由当事人分担民事责任。到《侵权责任法》时代,其演化为公平分担损失的规则,不再使用分担民事责任的表述,而是根据实际情况由双方分担损失。《民法通则》时代学者们更多地认为公平责任应当是一个独立的归责原则,与过错责任原则和无过错责任原则并列,但在《侵权责任法》时代,学者逐渐摒弃了"补充性独立归责原则说",认为《民法通则》并非将公平责任作为一个归责原则确立。实际上,从适用公平责任处理的案例看,该条的作用更多表现为确定不负侵权责任的致害人承担一定数额的赔偿责任,解决的并不是归责问题而是后果分担问题。但是,在《民法典》之前确定后果分担是依据事实,故无论是《民法通则》第132条还是《侵权责任法》第24条都被扩张适用,法官在裁判案件时,即便受害人没有过错,且行为人对损害的发生不适用无过错责任,也会基于公平责任强制要求行为人对受害人进行适当补偿。此种做法毫无道理地增加了受害人获得赔偿的概率。比如在《民法典》编纂时发生的备受社会关注的"郑州劝阻吸烟案""广东香蕉噎死孩子案"。公平责任在适用过程中标准不明、适用范围过宽进而导致后果被不合理分担,这使立法机关不得不重新审视《民法通则》和《侵权责任法》对公平责任的规定是否合理。所以,为了限缩公平分担损失规则的适用范围,《民法典》将《侵权责任法》规定的"根据实际情况"修改为"依照法律的规定",即《民法典》第1186条的规定:"受害人和行为人对损害的发生都没有过错的,依照法律的规定由双方分担损失",将其局限到有法律的明文规定才可以分担,而不是根据法官的实际情况去裁量分担。

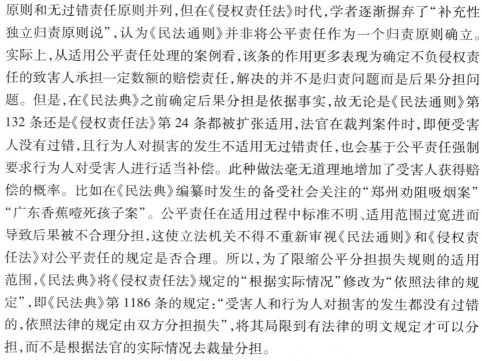

设例97:

甲、乙同为丙学校学生,某场比赛后与其他数名同学在比赛地丁学校的闲置操场上踢足球。甲为守门员,乙射门时将球打在甲左眼上,造成伤害,经医院诊断为十级伤残。甲以乙、丙、丁为共同被告,请求人身损害赔偿。

问题:

甲应根据何种规范对谁提出何种请求?

解决设例97的纠纷,通常的做法是考虑甲的损害是否属于侵权责任法的保护范围,其可能存在的请求权基础是《民法典》第1165条、第1198条等,均需依照侵权责任的构成要件进行分析。但实际上,依据《民法典》第1176条,甲不得对乙、丙、丁提出侵权请求权主张。原因在于,其一,甲的损害发生于特定场景,即《民法典》第1176条规范的"具有一定风险的文体活动"。《民法典》第1176条第1款规定:"自愿参加具有一定风险的文体活动,因其他参加者的行为受到损害的,受害人不得请求其他参加者承担侵权责任;但是,其他参加者对损害的发生有故意或重大过失的除外。"设例 97 中,踢球活动本身具有一定风险,且设例没有说明乙具有伤害甲的故意。甲是守门员,乙正常做射球动作,亦不存在重大过失。因此,乙得以依据该条提出抗辩,甲的损害无法获得赔偿。其二,丙学校在设例 97 的情形下既无相关教育管理义务,也没有侵权行为,并非甲的请求权相对方。《民法典》第 1176 条第 2 款规定:"活动组织者的责任适用本法第一千一百九十八条至第一千二百零一条的规定。"设例 97 中甲、乙的踢球活动并非由学校组织,即没有组织者,而是某场比赛后自发组织的活动。丁学校在此情形下亦无须承担责任,故甲不得对乙、丙、丁提出侵权请求权主张。该案在现行《民法典》的规定下没有争议,但在《民法典》实施前,法官可能会综合考虑各方当事人的利益而使乙、丙承担公平责任,最终分担甲的损失。

设例98:

甲与行政机关乙局约定,由甲按文件要求印制一幅新标语,并负责将包括另一幅旧标语在内的两幅标语悬挂起来,价格 800 元。甲及其雇用的丙拿着制作的一幅新标语前往乙局处,经该局值班人员丁的许可进入办公楼。丁陪同甲等 3 人到 12 楼,找到放在此处的旧标语。甲等 3 人将两幅标语的上端固定在楼顶后,将标语往下扔,左边一幅标语下端的木杆落在 3 楼平台上被卡住,丙便下到 3 楼。3 楼平台由采光玻璃铺成,其上积存了过多的灰尘,丙以为平台是水泥板制作的,便从女厕所窗户跳向平台。由于踩破平台采光玻璃,丙坠到 1 楼摔成重伤,经送医院抢救无效身亡。

问题:

丙应根据何种规范对谁提出何种请求?

针对设例 98 所涉及的纠纷,通常的做法是考虑丙的损害是否得以依据《民法典》第 1192 条、第 1193 条以及第 1186 条请求涉案主体进行赔偿,应根据设例所涉及的主体进行检视。其一,甲与丙之间形成了个人劳务关系,根据《民法典》第 1192 条第 1 款的规定,提供劳务的一方因劳务受到损害的,根据双方各自的过错承担相应的责任。设例中,丙踩破平台采光玻璃,坠到 1 楼摔成重伤是自己判断失误,误以为平台是水泥板制作,存在过错。甲是正常施工行为,并不存在过错,故丙不得根据《民法典》第 1192 条第 1 款对甲主张侵权请求权。其二,甲与行政机关乙局约定按要求印制新标语并悬挂两幅标语,甲与乙局之间成立承揽关系。在承揽合同中,双方当事人是甲和乙局,并非受害人丙,设例 98 中乙局对定作、指示或者选任不存在过错。所以丙不得依据《民法典》第 1193 条对乙局主张承揽人致害请求权。其三,丁不存在过错,且不属于法律规定的其他归责原则的情形。丁仅仅是陪同甲与丙到达施工位置,并不会对施工场所的安全以及如何施工作出指示。丙不存在请求丁进行赔偿的请求权基础。其四,需要考虑丙的损害能否适用《民法典》第 1186 条请求相关主体分担损失。但由于前述亦明确甲、乙局和丙都没有过错,因此,丙不能根据《民法典》第 1186 条请求各当事人公平分担损失。

■ 设例 99:

> 甲因头晕、上腹不适到乙医院住院治疗,经治疗病情好转。6 月 27 日凌晨,甲病情出现异常,经乙医院诊断为急性左心衰发作,经抢救无效于 6 月 27 日 1 点 53 分死亡。市医学会对此进行了医疗事故技术鉴定,鉴定结论为本病例不属于医疗事故。

问题:

甲应根据何种规范对谁提出何种请求?

在设例 99 中,甲不得对乙医院主张侵权请求权。根据市医学会医疗事故的鉴定结论可知,医院没有过错,而适用医疗损害赔偿的侵权责任必须是依据过错归责。同理,对乙医院亦不能适用《民法典》第 1165 条规定的一般过错侵权责任。此外,乙医院治疗行为与甲的死亡结果间不存在因果关系,受害人和行为人对损害的发生都没有过错,故在此情形下也不能适用《民法典》第 1186 条的公平分担损失规则。

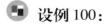 **设例 100：**

> 某日约 17 时 30 分,某市出现雷雨大风天气,风速为 10 级。大风将该市部分广告牌刮倒,甚至将市区城北菜场附近停放的货车掀翻。大风刮起后,甲公司发包给乙公司建造的写字楼工地围墙倒塌,导致沿并无道路的围墙根避风行走的丙被砸伤。事后,丙到该市第一人民医院住院治疗,至 5 月 17 日止,发生医疗费 45029.25 元。10 日后,第一人民医院开出诊断证明书一份,意见为:目前住院费用还需 55000 元左右,以后还需固定费用 10000 元左右。丙为此诉求人民法院判决乙赔偿已经产生的医疗费 45029.25 元及今后将产生的医疗费 65000 元。

问题:

丙应根据何种规范对谁提出何种请求?

针对设例 100 所涉及的纠纷,通常的做法是考虑丙主张的损害能否适用《民法典》第 1252 条、第 1186 条。其一,丙不得以《民法典》第 1252 条对甲、乙公司主张侵权责任。第 1252 条第 1 款规定:"建筑物、构筑物或其他设施倒塌、塌陷造成他人损害的,由建设单位和施工单位承担连带侵权责任,但是建设单位和施工单位能够证明不存在质量缺陷的除外。"该条款规定的是过错推定责任,设例 100 中围墙倒塌是由天气原因所致,并非因其质量问题而无故倒塌。其二,该情形也不属于法律规定的适用公平分担损失规则的范围,丙无法依据《民法典》第 1186 条向甲、乙公司主张分担损失。综上,丙无法对甲、乙公司主张赔偿。

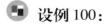 **设例 101：**

> 经甲公司的导购员乙推荐,丙购买并使用甲公司生产的某去痘修复液。在使用后的第二天,丙脸上出现发红的症状,之后又出现较为严重的红肿、溃烂、刺痛等症状。乙在确认丙皮肤过敏后,退还了丙购买产品的费用。甲公司还分别于 1 月 27 日、1 月 28 日、1 月 31 日派人陪同丙到第二医院、某诊所、区医院就诊,经诊断确诊为过敏性皮炎。丙的症状经过治疗已经基本恢复。

问题：

丙应根据何种规范对谁提出何种请求？

针对设例101所涉及的纠纷，通常的做法是考虑丙的损害是否适用《民法典》第1203条产品责任条款以及第1186条公平分担损失条款，向甲公司或乙主张赔偿。若上述请求权成立，还可能涉及对于甲、乙关系的分析。但在此设例中，丙的损害应由自己承担责任。其一，设例101涉及产品责任，产品责任属于无过错责任，但由于丙的过敏反应是由自身的原因导致的，产品本身并没有缺陷，且产品与丙的过敏不存在因果关系，不适用无过错责任，故不能根据《民法典》第1203条对甲公司和乙主张产品致害责任。其二，因不存在因果关系，丙亦不能向甲公司或乙主张一般过错侵权。其三，丙的损害不属于《民法典》第1186条规定的情形，不得适用第1186条公平分担损失规则请求甲或乙赔偿。综上，丙不享有针对甲、乙的请求权基础，应由自己承担责任。

 设例102：

> 广州一名六旬老人甲去花都区乙村集体的山村景区河道旁游玩时，看到河道旁边树上的杨梅长得不错，于是爬树摘梅。不料树枝断裂致其摔落，送医治疗后无效身亡。随后，甲家属认为责任在景区管理者乙村，向人民法院起诉索赔60万元。据查，乙村集体作为山村景区河道旁杨梅树的所有人，从未组织过村民或游客进行免费采摘杨梅的活动。

问题：

甲应根据何种规范对谁提出何种请求？

对于设例102所涉及的纠纷，通常的做法是考虑甲的损害是否适用《民法典》第1198条请求管理者乙村集体承担安全保障义务责任。针对本设例，甲的损害后果应当由自己承担。虽然乙村集体作为景区管理人，负有保障游客免遭损害的义务，但该义务限于其管理和控制范围内。乙村集体作为山村景区的所有人，从未组织过免费采摘杨梅的活动，杨梅树也并非景区提供的游玩项目，因此，乙村集体对此并没有安全保障义务。甲作为具有完全民事行为能力人应该意识到在河道旁采摘杨梅这一行为的危险性,甲的损害是由自己的违法行为造成,故采摘杨梅坠落致死的结果和乙村集体不存在侵权责任上的因果关系,即乙村集体不具有过错。设例 102 与设例 101 相同,不仅不需要承担一般过错责任,也不能适用公平分担损失规则。

(二)《民法典》中公平分担损失规则适用的限定

在《侵权责任法》时代,法官大多认为即使行为人没有过错,在受害人损失难以自担后果的情形下,行为人理应分担损失,此举有利于纠纷的化解。但是,这种罔顾事实化解纠纷的方式从长远来看会破坏法律的秩序,所以,《民法典》在立法过程中,用特别的限制即"依照法律的规定"限缩了适用公平分担损失规则的范围。《民法典》中公平责任的适用范围包括:其一,有财产的无民事行为能力人或限制民事行为能力人致人损害的责任(《民法典》第 1188 条);其二,暂时没有意识或者失去控制的完全民事行为能力人致人损害责任(《民法典》第 1190 条);其三,紧急避险人的适当责任(《民法典》第 182 条);第四,高楼抛物致人损害责任(《民法典》第 1254 条)。

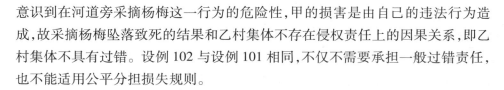 **设例 103:**

> 甲在乙超市买的鸡蛋拿回家后发现有两个坏的,第二天甲又去超市,自己拿了两个鸡蛋放入衣服口袋,被超市服务员丙看到。丙在收银口截住甲,要求其购买偷拿的鸡蛋。双方发生争执。甲欲离开,丙等服务员对其进行拉扯,甲突然倒地并抽搐,丙马上拨打 110,并有自称护士的顾客丁对甲进行简单医学救助,丙此时在 110 民警的提示下拨打了 120 急救电话。120 急救人员赶到后,甲已经因心肌梗死去世了。

问题:

甲应根据何种规范对谁提出何种请求?

设例 103 涉及众多主体,通常的做法是根据侵权损害赔偿的事由进行逐一检视。第一,先判断是否属于特殊侵权,即是否为适用无过错责任或过错推定责任的情形;第二,考察被告是否具有过错从而构成一般过错侵权;第三,考察是否适用《民法典》第 1186 条规定的适用公平分担损失规则的情形;第四,如果都不适用,则受害人自担损害。

据此,第一,设例 103 不属于特殊侵权的范围;第二,甲突发心脏病的情形下,无论是服务员丙及时拨打电话的行为还是自称护士的顾客丁进行简单医学救助的行为,都尽到了应尽的义务,不存在构成一般侵权的过错,丙依职责制止甲的盗窃行为本身亦无过错。第三,该情形也不在依据法律的规定适用公平分担损失规则的范围内,故应当由甲自担风险,不得对丙和丁主张侵权请求权。

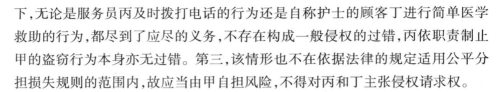 **设例 104:**

> 甲与乙、丙等人一起外出喝酒至凌晨三点多。结束后,甲主动提出开车送乙回住处。至乙住处不远处时,甲将车开进正在修路的施工区域,当时天下大雨,甲的车子陷在泥中无法开出。甲便打电话给丙请求帮忙,但丙赶到事发地附近找不到甲所在的具体位置。后甲在车上睡着,便由乙与丙保持通话,但因当时雨很大,丙仍未找到。丙便让乙辨清所在的位置,乙下车后称其看见一个亭子亮着灯,要过去看看。后乙走至事发处附近的河道时意外落水溺亡。

问题:

乙应根据何种规范对谁提出何种请求?

解决设例 104 中的纠纷,应按照设例 103 中处理侵权损害赔偿纠纷时的逻辑顺序进行检视:第一,设例 104 不属于适用无过错责任或过错推定责任的特殊侵权情形。第二,甲对乙不负有法律上的照顾、看护义务,就乙意外落入河道溺水,甲并没有过错,也即不构成一般过错侵权。对丙而言,其也不存在任何有过错的侵权行为,亦不构成一般过错侵权。第三,设例 104 也不在《民法典》第1186 条规定的适用公平分担损失规则的范围内,故应当由乙自担风险,不得对甲和丙提出侵权请求权。

二、建筑物和物件损害责任中的特别规则

古代罗马法中就曾有对物的损害责任的法律规范,但它的充分发展却是在现代社会。随着人类认识与改造世界的能力不断提高,人类已成为生活在“钢筋水泥丛林”中的生物,被建筑物等人工构造物造成损害的情形时有发生。法律上不仅应当对此等损害加以预防控制,而且在损害发生后要为受害人提供合理的救济手段。《民法典》侵权责任编第十章规定了建筑物和物件损害责任,其

中包括高空抛物致害规则(《民法典》第1254条)。

(一)建筑物和物件损害责任的归责

依据造成损害的物件的不同以及物件造成损害方式的不同,我国《民法典》规定了不同的归责原则。其一,适用无过错责任,例如《民法典》第1252条规定的建筑物、构筑物或者其他设施倒塌、塌陷损害责任、《民法典》第1256条规定的妨碍通行的物品造成他人损害时,行为人的侵权责任。其二,适用过错推定责任,例如《民法典》第1253条规定的建筑物、构筑物或者其他设施及其搁置物、悬挂物等脱落、坠落损害责任;《民法典》第1255条规定的堆放物倒塌等损害责任;《民法典》第1256条规定的妨碍通行的物品造成他人损害时公共道路管理人的侵权责任;《民法典》第1257条规定的林木折断等损害责任;《民法典》第1258条规定的地面施工造成他人损害时,施工人的侵权责任以及窨井等地下设施造成他人损害时,管理人的侵权责任。其三,适用公平责任,例如《民法典》第1254条规定的抛掷物、坠落物造成他人损害时,可能加害的建筑物使用人的补偿责任。

建筑物和物件损害责任与高度危险责任、环境污染和生态破坏责任完全不同。后者都是同一归责原则统领各章,而建筑物和物件损害责任适用不同的归责原则。建筑物和物件损害责任本质上更偏向于在一个领域内立法。

■ 设例105:

> 小学四年级学生小雨与同学放学后一起回家,走到南山大道和海德二路交会处的人行道时,小雨被一块从高空坠落的玻璃砸伤头部。警方努力侦查仍无法确定是哪户人家抛坠的玻璃,且大厦物业公司安装的监控也没有照到。

问题:

小雨应根据何种规范对谁提出何种请求?

设例105为一起典型的高空抛物致害案件,解决此纠纷应适用《民法典》第1254条。根据《民法典》第1254条第1款的规定,在无法确定具体侵权人时,除能够证明自己不是侵权人外,由可能加害的建筑物使用人给予补偿,即由大厦的可能加害人对小雨的损害结果给予补偿。若可能加害人欲证明自己不是侵权人以免除补偿责任,则无须找到具体的侵权人,通常对以下事实进行举证,以排除其侵权的可能性:其一,在损害发生时,并非建筑物的使用人;其二,在损害发生时,虽然是建筑物的使用人,但不存在抛掷的可能性。

《民法典》第 1254 条第 2 款规定:"物业服务企业等建筑物管理人应当采取必要的安全措施防止前款规定情形的发生。未采取必要的安全保障措施的,应当依法承担未履行安全保障义务的侵权责任。"实务上,就设例 105 中监控范围未涵盖该区域是否属于违反安全保障义务的问题存有争议,仅因物业安装的摄像头范围有限,就使其承担安保义务的合理性存疑。在承担安全保障义务时,应涉及更为明确的保护性措施,而设例 105 中对此尚未体现。

小雨可以依据《民法典》第 1254 条第 1 款对可能加害人主张补偿责任。

(二)不明抛坠物致害涉及的主体

《民法典》第 1254 条主要涉及四个责任主体。其一,具体侵权人。该条明确规定从建筑物中抛掷物品或者从建筑物上坠落的物品造成他人损害的,由侵权人依法承担侵权责任。基于自己责任原则,谁抛掷物品或者谁的物品坠落造成他人损害,就应当由谁承担责任。其二,公安等机关。由于实践中受害人往往难以查明究竟是谁抛掷物品或谁的物品坠落给其造成损害,因此,就需要本条第 3 款规定的责任主体,即有关机关尤其是公安机关依法履行职责,对此种因抛掷物或坠落物造成他人损害的违法甚至是犯罪行为及时调查,查清责任人。其三,可能加害人。由可能加害人承担责任是本条的特殊规定。原因是,虽然公安等机关努力调查,但仍有依然无法查清责任人的可能性,此时需由第三个责任主体——可能加害人承担补偿责任,实现对受害人的救济,即第 1254 条第 1 款规定的:"经调查难以确定具体侵权人的,除能够证明自己不是侵权人的外,由可能加害的建筑物使用人给予补偿。可能加害的建筑物使用人补偿后,有权向侵权人追偿。"其四,物业服务企业等建筑物管理人。第 1254 条第 2 款明确规定:"物业服务企业应当采取必要的安全保障措施防止高空抛物坠物情形发生,如果未采取必要的安全保障措施,应当依法承担未履行安全保障义务的侵权责任。"

依据《最高人民法院关于适用〈中华人民共和国民法典〉侵权责任编的解释(一)》第 24 条、第 25 条,未采取必要安全保障措施的物业服务企业在法院就具体侵权人的财产依法强制执行后仍不能履行的范围内,承担与其过错相应的补充责任。具体侵权人确定后,已经承担责任的物业服务企业等建筑物管理人、可能加害的建筑物使用人有权向具体侵权人追偿。

设例 106：

甲被楼上坠落的一块菜板砸伤后死亡。因找不到扔菜板的人，甲的亲属将该楼二层以上的 15 户业主作为被告诉至人民法院。法院判决驳回起诉。

问题：

法院的做法是否正确？

设例 106 来自真实案件，发生在《侵权责任法》颁布之前。依照当时的法律规范，该判决没有任何问题。若楼外的瓷砖脱落，一般由所有人、使用人和管理人承担责任，但高空抛掷物有特定的侵权行为人。设例中扔菜板的行为由特定行为人作出，在《侵权责任法》颁布之前，要求二楼以上的 15 层住户都承担责任没有法律依据，因此，应当由具体侵权人承担。当无法确定具体侵权人时，只能由甲自己承担不利后果。

设例 107：

甲和朋友李某在街上谈事情，被临路高楼上坠落的烟灰缸砸中头部，当即倒地，被送至急救中心抢救，致重度伤残。公安机关侦查后，排除了有人故意伤害的可能。甲将该楼房的开发商以及一定楼层以上的 20 余户居民告上了法院。法院判决，由 20 余户居民分担赔偿责任。

设例 108：

某住宅楼前后两栋楼房相邻。居委会主任甲是一位老太太，她中午时分到一栋楼通知事情，出楼道时还和两位下棋的邻居打招呼，忽被从天坠落的一个用报纸包着的破旧菜板子砸倒在地，两个邻居也没有看到是谁扔的。法院依据共同危险行为判决 56 户居民承担赔偿责任。

设例 107 和设例 108 来自真实案件，案件的裁判法院都判决义务人起诉的居民承担赔偿责任，判决依据是共同危险行为。法院认为，此种情形属于对损害后果没有共同的认识和意愿，各危险行为人的行为都有可能造成现实的损害结果，但不能确切地证明与该损害结果有因果关系的行为人的共同危险行为。如果能够确定具体侵权人,即为单独侵权或共同加害行为,由侵权人承担责任。由于损害结果的加害人不明,在不能确定具体侵权人时,由共同危险行为人承担连带责任,从而判决居民用户承担赔偿责任。但实际上,这两个设例中的情形并不是共同危险行为。共同危险行为是指二人以上实施危及他人人身、财产安全的行为,均有造成他人损害的危险性,并且造成了实际损害,但不能确定谁是真正加害人,因而依法应当承担连带赔偿责任的侵权行为。在共同危险行为中,每一个人都必须为行为人,其主观上对实施加害行为都存在故意或者过失,尽管相互之间并无共同的侵害计划,但是各自独立地实施了危险行为。而在高空抛物致害案件中,除了具体侵权人实施了侵权行为外,其他的住户都没有实施侵权行为,因此,不应当依据共同危险行为而承担赔偿责任。

在缺乏明确的法律规定的情形下,不同法院对此类案件的处理不同,甚至同一法院的不同法官之间也存在观点分歧,使得裁判结果难以服众,引发当事人上访或不断申请再审的连锁反应,不利于促进社会的和谐稳定。为统一审判依据,填补被侵权人的损失,维护社会秩序,《侵权责任法》第 87 条规定:"从建筑物中抛掷物品或者从建筑物上坠落的物品造成他人损害,难以确定具体侵权人的,除能够证明自己不是侵权人的外,由可能加害的建筑物使用人给予补偿。"至此,法律空白得以填补,解决了困扰司法实践的难题。该条款一方面确定了抛掷物、坠落物损害责任的归责原则不是过错责任,而是公平分担损失规则;另一方面确定了抛掷(坠)物致害责任不是赔偿责任而是补偿责任,在加害人不明的情况下,由可能加害人给予受害人一定的补偿。《民法典》在《侵权责任法》第 87 条的基础上进行完善,形成了《民法典》第 1254 条的规定。

案例研习 9
高空抛物致害案

　　甲在乙的商店买了一辆自行车,后因质量问题到乙商店维修。甲的妻子丙是乙商店的店员,在维修过程中,突然被从头上方掉下来的物品砸中脑袋,致头部受伤倒地,血流满面。丙受伤住院后死亡,鉴定显示丙死亡的直接原因是重症肺炎感染性休克等病理因素,即因头部受伤被迫卧床,加重了其本身的肺部炎症引发的感染。丙在住院期间花费 10000 元。后经调查发现,虽然物业安装摄像头已坏,但查明掉落物品是 3 楼以上的住户抛掷的烟灰缸,其掉落到 3 楼住户私自加装的窗外平台上。3 楼住户丁未发现,开窗时将其击落。事发后,甲因丙的死亡精神痛苦,后经诊断为严重精神损害。甲向乙、丁、3 楼以上住户以及物业服务企业主张丙因住院而支出的费用和死亡赔偿金并主张精神损害赔偿。

　　问题:

　　甲可以依据何种请求权基础向谁提出何种主张?

甲的侵权损害赔偿请求权

一、请求权基础预选

　　本案例围绕侵权责任展开,以人物顺序检视。

　　第一,在本案中,丙已死亡,根据《民法典》第 1181 条第 1 款的规定"被侵权人死亡的,其近亲属有权请求侵权人承担侵权责任",本案由丙近亲属甲主张丙的请求权。本案中甲所主张的请求权主要包括:其一,因丙的死亡而引发的侵权损害赔偿请求权;其二,因丙的死亡而引发的近亲属精神损害赔偿请求权。

第二,丙被高空抛掷的烟灰缸砸伤致死,故本案涉及高空抛坠物问题。因高空抛坠物事故频发,为守护头顶的安全,《民法典》第1254条规定了高空抛坠物侵权责任,相较于《侵权责任法》的规定,该条款对各方利益实现了再平衡,使从建筑物抛坠物品造成他人损害案件的责任分配与承担更为公正合理。[1] 所以,本案在检视时应按照条款规定的情形确定顺序,针对不同的情形确定义务人。本案主要区分了三种情形,其一,从建筑物中抛掷物品或者从建筑物上坠落的物品造成他人损害,经调查后确定侵权人的,应当由侵权人承担侵权责任。因为该条规定的是过错责任,是参引性规范。[2] 所以在此情形下,权利人主张请求权的基础应回归到一般侵权责任,即《民法典》第1165条。本案中,丁虽然没有抛掷行为,但是由于其开窗导致烟灰缸从其私自加装的窗户平台上坠落,似有必要检视甲是否可根据《民法典》第1165条第1款向丁主张侵权责任。其二,经调查难以确定侵权人的,除能够证明自己不是侵权人的外,由可能加害的建筑物使用人给予补偿。本案中烟灰缸并非丁抛掷,且经调查无法确定抛掷人,故三楼以上住户为可能加害人,似有必要检视甲可否根据《民法典》第1254条第1款第2句向可能加害人主张补偿责任。除此之外,物业服务企业负有作为义务,在其没有采取必要的安全保障措施时应当依法承担未履行安全保障义务的侵权责任。故有必要检视甲可否根据《民法典》第1254条第2款向物业服务企业主张侵权责任。

第三,丙为乙商店的工作人员,在其提供劳务期间因为第三人的原因受到损害,故似有必要检视甲可否根据《民法典》第1192条第2款向乙主张补偿请求权。

二、请求权基础检视

(一)甲对丁的过错侵权请求权

假设甲可根据《民法典》第1165条第1款"行为人因过错侵害他人民事权益造成损害的应当承担侵权责任"的规定,请求丁进行损害赔偿。

侵权请求权的检视一般分为两个层次,第一个层次为侵权请求权是否成立,

---

[1] 参见张新宝、张馨天:《从〈侵权责任法〉第87条到〈民法典〉第1254条:"高空抛(坠)物"致人损害责任规则的进步》,载《比较法研究》2020年第6期,第98页。

[2] 参见吴香香:《〈民法典〉请求权基础检索手册》,中国法制出版社2022年版,第186页。

若侵权责任成立再确定第二个层次,即侵权请求权的范围。

1.请求权是否成立

(1)成立要件

该请求权成立需满足如下条件:其一,加害行为;其二,造成了损害,即民事权益受到侵害;其三,责任成立因果关系,即加害行为与损害结果之间存在因果关系;其四,不存在不法性抗辩;其五,不存在责任能力抗辩;其六,过错。

①加害行为

丁在窗户外私自加装平台并开窗将烟灰缸击落,存在加害行为。

②造成损害

丙因被掉落的烟灰缸砸中受伤住院,花费医疗费10000元且最终死亡,其健康权、财产权和生命权遭受了侵害。

③责任成立因果关系

最常见的因果关系是"一因一果",即一个原因行为出现,引起了一个损害结果的发生。本案中丙被砸中受伤住院所支出的必要费用10000元是由于丁的加害行为所直接引起的,二者存在直接因果关系。但丙的死亡结果并非丁的行为直接导致的,是丙在住院后,因长期卧病在床,加重了其本身的肺部炎症引发感染导致死亡,与其自身的特殊体质有一定关系,所以须检视其死亡结果与加害行为之间是否存在相当因果关系。

相当因果关系提出的目的是防止不当扩大因果关系的范围,进而排除因果关系较远的事件。对此,有学者进一步提出了"最佳观察者"的标准,对相当因果关系进行判断。[①] 即站在最佳观察者角度,判断损害的发生是否罕见、异常。本案中基于"最佳观察者"角度,丁将掉落在窗户外的烟灰缸击落砸伤丙,导致丙受伤住院,在治疗过程中引发感染而死亡,并非罕见、异常的情形,应当认定相当因果关系成立。在存在特殊体质的情形下,相当因果关系判断的重点在于考察侵权行为的介入是否增加了现存的危险程度。如果侵权行为增加或者恶化了受害人既存状态的危险程度或者使受害人暴露于与原本危险不同的危险状态,则应认定相当因果关系成立。本案中,正是因为侵权行为的发生导致丙的健康状况恶化,后续的肺部感染是丁的侵权行为所增加风险的结果,而不是丙固有风险的结果,故应当认定为成立相当因果关系。丙自身的特殊体质不能中断丁的

---

① 参见叶金强:《相当因果关系理论的展开》,载《中国法学》2008年第1期,第46页。

损害行为与死亡结果之间的因果关系,此要件成立。

④不存在不法性抗辩

认定不法性要件应为推定,在同时满足上述要件时,即可推定加害行为具有不法性,除非存在不法性阻却事由,如正当防卫、紧急避险、紧急救助、自助行为、自甘冒险等情形。本案中不存在不法性阻却事由,该要件成立。

⑤不存在责任能力抗辩

本案中不存在责任能力抗辩。

⑥过错

本案中丁私自加装平台,在使用过程中未尽合理、谨慎的注意义务,应认定存在抽象轻过失,在我国侵权责任法理论中,侵权责任成立以抽象轻过失为最低标准。

（2）权利阻却抗辩

本案须考察是否存在《民法典》第1173条到1175条规定的情形。本案中由于存在第三人高空抛掷物的行为,满足"第三人原因—行为人（直接侵权人）—被侵权人"的关系[1],故须考察能否根据《民法典》1175条规定的第三人原因侵权提出请求权成立的抗辩,主张免责。法律对第三人侵权行为中的实际加害人予以免责是因为:其一,第三人侵权行为中的第三人所起的作用是直接的、主要的作用,或者是损害发生的全部原因,而造成损害的实际加害人起的作用是间接的、辅助的。其二,直接侵权人应没有过错。本案中,丁在加装窗外平台后,未尽注意义务,存在过错,且不应认为第三人即高空抛物人是损害发生的全部原因,故该抗辩权不能成立,丁不能据此主张免责。本案不存在权利阻却抗辩,该请求权成立。

2. 侵权责任范围

侵权责任范围须满足两个要件:其一,损害。根据《民法典》第1179条规定,侵害他人人身损害的应当赔偿医疗费、护理费、交通费、营养费、住院伙食补助费等为治疗和康复支出的合理费用。造成死亡的还应当赔偿丧葬费和死亡赔偿金。死亡赔偿额应按照《最高人民法院关于审理人身损害赔偿案件适用法律若干问题的解释》的第15条确定。本案中丙的损害为因住院支出的必要费用

---

① 参见由长江:《利益衡量论视域下第三人原因引起的多数人侵权责任形态研究》,载《中国政法大学学报》2021年第3期,第181页。

10000 元、丧葬费和死亡赔偿金。《最高人民法院关于审理人身损害赔偿案件适用法律若干问题的解释》第 14 条对丧葬费作出明确规定,即按照受诉法院所在地上一年度职工月平均工资标准,以 6 个月总额计算,既考虑了地域差异,又兼顾了公平。其二,责任范围内的因果关系。正是由于丙遭受损害住院且最终死亡才花费住院费 10000 元,死亡后产生丧葬费和死亡赔偿金,与损害之间具有因果关系。此外,本案中不能因为丙的特殊体质而减轻行为人丁的赔偿责任,可参考最高人民法院在 2014 年发布的 24 号指导案例,其裁判要旨为:在发生的交通事故中,受害人体质状况对损害后果的发生虽有一定的影响,但仅是事故造成损害后果的客观因素,与损害没有法律上的因果关系,不属于可以减轻侵权责任的法定情形。我国主流观点认为,特殊体质一般不能成为减责或免责的理由,故丁侵权责任范围应当包括甲主张的 10000 元、丧葬费和死亡赔偿金。

3. 请求权是否已消灭

应考察是否存在《民法典》第 577 条第 1 款规定的债的消灭事由。本案中不存在权利消灭的抗辩,请求权未消灭。

4. 请求权是否可行使

应考察是否存在《民法典》第 192 条第 1 款诉讼时效届满的情形。本案中不存在权利阻止的抗辩,请求权可行使。

5. 中间结论

甲可根据《民法典》第 1165 条请求丁承担侵权责任,要求赔偿丙住院支出的费用 10000 元、丧葬费和死亡赔偿金。

(二) 甲对可能加害人的补偿请求权

假设甲可根据《民法典》第 1254 条第 1 款第 2 句"经调查难以确定具体侵权人的,除能够证明自己不是侵权人的外,由可能加害的建筑物使用人给予补偿"的规定,请求 3 楼以上可能加害人承担补偿责任,分担丙因住院支出的合理费用 10000 元、丧葬费和死亡赔偿金。

1. 请求权是否成立

(1) 成立要件

该请求权成立须满足以下条件:其一,存在高空抛掷物的行为;其二,造成了损害,即民事权益受到侵害;其三,责任成立的因果关系,即加害行为与损害结果之间存在因果关系;其四,经调查难以确定具体的侵权人。

①高空抛掷物的行为

本案中已经查明将丙砸伤的物体是烟灰缸,且烟灰缸是从天上掉落,故存在高空抛掷物的行为。

②造成了损害

高空抛掷的烟灰缸砸中丙,丙因伤住院并死亡,在住院期间支出合理费用10000元,对丙的健康权和生命权以及甲的财产权都造成了损害。

③责任成立的因果关系

由于存在介入因素即丁私自加装的窗台和开窗行为,导致本案不同于常见的高空抛掷物案件。故须检视介入因素能否中断高空抛物行为与损害结果之间的因果关系。第三人介入类案件中,介入行为能否中断因果关系应以合理预见规则为标准。需考察第三人介入行为的客观独立性和第三人介入行为的类型。只有同时满足两个要素,才能认定第三人介入行为中断了初始行为与损害之间的因果关系。其一,第三人介入行为不是由初始行为所引起的,两个行为不存在连续性;其二,第三人介入行为是不法行为且行为人有故意或重大过失。本案高空抛物行为给后续丁的侵权行为创造了机会和条件。换言之,丁的侵权行为是因行为人的高空抛物行为所引起的,可谓无此行为则无此结果,第一要素不符合。所以,丁的介入行为并未中断高空抛物行为与损害结果的因果关系。该要件成立。

④经调查难以确定具体的侵权人

"难以确定具体的侵权人"是经调查之后得出的判断。受害人经向该建筑物业主委员会、物业管理单位(或者物业管理人员)或者居民委员会、公安派出所询问、打听,仍不能确定具体的侵权人,才符合"经调查难以确定具体的侵权人"要件。

(2)权利阻却抗辩

责任成立的抗辩需要当事人以充足的证据证明其非侵权人,实践中可能加害人一般对以下事实进行举证,以排除其侵权可能性。其一,在损害发生时并非建筑物的使用人。其二,在损害发生时虽然是建筑物的使用人,但是不存在抛掷物的可能性。不过,仅仅证明不抽烟,家中没有烟灰缸,无法排除其加害可能性。其三,楼层高度不够。如果通过鉴定确认坠落物来源高度超过一定楼层,则该楼层以下建筑物区分使用人可以免除责任。故甲主张请求权的义务主体仅指不能提出权利阻却抗辩的建筑物使用人。

综上,该补偿请求权成立。

2. 补偿责任的范围

高空抛物案件在难以确定具体侵权人时,补偿责任的承担能否参照《民法典》第 1186 条公平分担损失规则中的"损失分担"来确定,须对两个条文进行梳理。

法律对"公平责任"的规定经历了从《民法通则》第 132 条公平责任原则的滥觞到《侵权责任法》第 24 条向"损失分担"的转变,再到《民法典》第 1186 条公平分担损失规则的完善的演变。《侵权责任法》时代确定公平责任依据的是实际情况,法官可直接适用该条文作为请求权成立的主要规范,而《民法典》对此进行了实质变革。根据《民法典》第 1186 条公平责任的规定:"受害人和行为人对损害的发生都没有过错的,依照法律的规定由双方分担损失",法官在适用时,需要在法律规定中寻找规范依据以援引适用。换言之,该条文由可独立适用的裁判规则转变为不可独立适用的指引性规范,从根本上解决了因法官的自由裁量空间过大所造成的公平分担损失规则被滥用的问题。①

对于《民法典》第 1254 条第 1 款第 2 句能否作为第 1186 条参引的主要规范适用,学界存在不同的观点。主流观点认为,《民法典》第 1254 条第 1 款第 2 句所确定的高空抛坠物可能加害人分担损失规则,是《民法典》第 1186 条所规定的公平分担损失规则的体现。② 也有学者持反对观点,认为只有因自然原因引起的紧急避险(《民法典》第 182 条第 2 款)、因监护人已尽监护职责(《民法典》第 1188 条第 2 款)以及行为人无过错丧失意识(《民法典》第 1190 条第 1 款第 2 分句)三种情形,才属于公平责任的适用范围。③

本书赞同第一种观点,理由包括:其一,《民法典》第 1254 条第 1 款第 2 句的规定符合第 1186 条所规定的公平责任分担损失规则的构成要件。根据《民法典》的规定,依照公平责任分担损失需满足以下要件:第一,存在受害人和行为人两方主体,而高空抛坠物致害案件一定存在两方主体,即行为人和受害人。尽管有学者提出高空抛坠物的可能加害人并非行为人,因此不符合公平责任的构

①　参见郑晓剑:《公平责任、损失分担与民法典的科学性——〈民法典〉第 1186 条之"来龙"与"去脉"》,载《法学评论》2022 年第 1 期,第 100 页。

②　参见程啸:《侵权责任法》(第 3 版),法律出版社 2021 年版,第 737 页。

③　参见尹志强:《〈民法典〉公平责任的理解与适用》,载《社会科学研究》2020 年第 5 期,第 21 页。

成要件。① 但是,主流观点认为对公平责任主体"行为人"可以进行扩张解释,不仅仅局限于实际采取行为的人,也可包括被推定的可能加害人。② 第二,双方主体对损害的发生都没有过错,在高空抛坠物事故中对于受害人和除了真正侵权人的可能加害人来说都不存在过错,是为弥补受害人的损失而进行的强制补偿。第三,"根据法律规定"即需法律条文明确规定"分担损失"的情形,《民法典》第1254条第1款第2句所规定的"补偿"正是"分担损失"的体现。其二,从目的解释看,《民法典》第1254条第1款第2句是以实现公平原则为目的,由于高空抛坠物致害后果较为严重,一般会造成他人重伤、残疾甚至死亡等严重后果,社会危害性大,如果由无辜的受害人一方承担全部的损害后果,难谓公平。所以,经调查无法确定具体侵权人的情况下,由可能加害人分担损害,可以及时救济受害人,实现公平。其三,高空抛坠物责任具有公平责任所蕴含的道义补偿理念,可能加害人所承担责任的正当性来源于其未能履行"抛掷物来源说明"的道德义务。③ 故应当认为高空抛坠物可能加害人补偿责任为公平分担损失规则的具体化之一。所以,在确定补偿范围时可以参照《民法典》第1186条公平责任的相关适用规则,法官应考虑受害人的过错程度、受害人受损的情况、可能加害人的数量、可能加害人的侵权可能性、每个加害人的经济能力,以及受害人已经获得的救济金等因素,确定补偿数额,分担受害人损失。

3. 请求权是否已消灭

不存在权利消灭抗辩,请求权未消灭。

4. 请求权是否可行使

不存在权利阻止抗辩,请求权可行使。

5. 中间结论

甲可根据《民法典》第1254条第1款第2句请求3楼以上的可能加害人承担补偿责任,分担损失。

(三)甲对物业服务企业的侵权请求权

假设甲可根据《民法典》第1254条第2款"物业服务企业等建筑物管理人

---

① 参见尹志强:《〈民法典〉公平责任的理解与适用》,载《社会科学研究》2020年第5期,第22页。
② 参见王家阳:《〈民法典〉视域下高空抛物补偿责任制度的适用困境与破解》,载《太原理工大学学报》2023年第6期,第60页。
③ 参见王竹:《侵权公平责任论》,中国人民大学出版社2021年版,第243页。

应当采取必要的安全保障措施防止前款规定情形的发生;未采取必要的安全保障措施的,应当依法承担未履行安全保障义务的侵权责任"的规定,请求物业服务企业承担侵权责任。此处的侵权责任究竟是何种责任,值得讨论。根据《民法典》第 1198 条第 2 款,因第三人行为造成他人损害,经营者、管理者或组织者未尽到安全保障义务的,承担相应的补充责任。经营者、管理者或组织者承担补充责任后,可以向第三人追偿。第 1254 条第 3 款中"造成损害的第三人"在本案中指的是高空抛掷物人。物业等建筑物管理人应当是安全保障义务的责任主体,承担的是补充责任,在其承担责任后,若能够确定具体侵权人,可以向具体侵权人追偿。

1. 请求权是否成立

(1)成立要件

本案中物业服务企业未及时检修摄像头且没有做好安全保障义务,属于有作为义务而不作为,存在过错。不作为侵权责任的成立需要满足以下要件:其一,绝对性权益被侵害;其二,存在作为义务;其三,违反作为义务;其四,责任成立的因果关系。

①绝对性权益被侵害

本案中,丙的健康权、生命权和财产权都受到了侵害。

②存在作为义务

根据《民法典》第 1254 条第 2 款规定可得出,物业服务企业的安全保障义务属于法定义务,主要包括保护、警示和防护义务,须采取必要的安全保障措施预防和避免高空抛坠物致害案件的发生。

③违反作为义务

本案中物业服务企业未及时整修摄像头,以及未安装必要的设备预防高空抛坠物致害事件发生,违反作为义务。

④责任成立的因果关系

不作为义务的因果关系不同于作为义务,应考察若履行作为义务则损害发生的可能性将降低,则视为成立因果关系。本案中,如果物业服务企业及时检修摄像头并安装必要的设备,如防坠落网或者采取其他安全保障措施,此高空抛坠物致害事故发生的可能性将降低,故该要件满足。

(2)责任阻却抗辩

在物业服务企业能够证明已经尽到保护、警示和防护的安全保障义务的前提下,物业服务企业等建筑物管理人可以免除责任。本案中不存在责任阻却抗辩,该请求权成立。

2. 责任范围

甲主张的损害为丙住院支出的必要费用、丧葬费和死亡赔偿金,除此之外,需要检视损害与权益被侵害之间是否具有因果关系。本案中正是由于丙的健康权和生命权被侵害,损害才得以发生,侵权责任赔偿范围应当包括住院支出的必要费用、丧葬费和死亡赔偿金,因果关系成立。

3. 请求权是否已消灭

不存在权利消失抗辩,请求权未消灭。

4. 请求权是否可行使

不存在权利阻止抗辩,请求权可行使。

5. 中间结论

甲可根据《民法典》第 1254 条第 2 款请求物业服务企业承担侵权责任,要求赔偿因丙住院支出的必要费用 10000 元、丧葬费和死亡赔偿金。

(四)甲对雇主乙的补偿请求权

假设甲可根据《民法典》第 1192 条第 2 款"提供劳务期间,因第三人的行为造成提供劳务一方损害的,提供劳务的一方有权请求第三人承担侵权责任,也有权请求接受劳务的一方给予补偿"的规定,请求雇主乙承担补偿责任。

1. 请求权是否成立

(1)成立要件

该请求权成立需满足以下要件:其一,在提供劳务期间受到损害;其二,存在第三人侵权行为;其三,提供劳务一方确有损害;其四,第三人侵权行为与损害成立因果关系。

①在提供劳务期间受到损害

本案丙是在维修自行车的过程中被烟灰缸砸中,属于提供劳务期间。

②存在第三人侵权行为

本案中存在高空抛掷物人以及丁的侵权行为,即存在第三人侵权行为。

③提供劳务一方确有损害

丙因被砸中受伤住院并死亡,其健康权、生命权和财产权有损害。

④第三人侵权行为与损害成立因果关系

责任成立因果关系,分为条件性与相当性两个层次:

其一,条件性,即若无此行为即无此结果。本案中,若无高空抛掷物行为,丙就不会被砸伤住院以致死亡,条件性满足。

其二,相当性,即在"最佳观察者"看来,通常有此行为即有此结果,而非难得一有、极为罕见、依据事物通常的发展不可能发生的情形,目的在于排除因果关系较远的事件。本案中,有高空抛掷物行为就可能会造成人员伤亡,并非难得一有、极为罕见的情形,相当性满足。

(2)责任阻却抗辩

本案不存在责任阻却抗辩,该请求权成立。

2. 责任范围

甲主张的损害为丙住院支出的必要费用以及其死亡赔偿金,除此之外需要检视损害与权益被侵害之间是否具有因果关系。本案正是由于丙的健康权和生命权被侵害,才有损害的发生,因果关系成立。侵权责任赔偿范围应当包括住院支出的必要费用、丧葬费和死亡赔偿金。

3. 请求权是否已消灭

不存在权利消失抗辩,请求权未消灭。

4. 请求权是否可行使

不存在权利阻止抗辩,请求权可行使。

5. 中间结论

甲可根据《民法典》第1192条第2款请求雇主乙承担补偿责任,补偿范围为医疗费10000元、丧葬费和死亡赔偿金。需注意的是,补偿并不具有惩罚性质,以填平受害人的损失为限,对于受害人已经获得救济数额不宜重复补偿。

(五)小结

根据《民法典》第1181条第1款"被侵权人死亡的,其近亲属有权请求侵权人承担侵权责任"的规定,丙的请求权由甲行使,对此甲可行使以下请求权:

(1)甲可根据《民法典》第1165条请求丁承担侵权责任,要求赔偿丙住院支出的费用10000元、丧葬费和死亡赔偿金。

(2)甲可根据《民法典》第1254条第1款第2句请求3楼以上的可能加害人承担补偿责任,分担损失。

（3）甲可根据《民法典》第 1254 条第 2 款请求物业服务企业承担侵权责任，要求赔偿因丙住院支出的必要费用 10000 元、丧葬费和死亡赔偿金。

（4）甲可根据《民法典》第 1192 条第 2 款请求雇主乙承担补偿责任。

甲的精神损害赔偿请求权

一、请求权基础预选

死亡赔偿金是对收入损失的赔偿，其性质是财产损害赔偿，而不是精神损害赔偿。[①] 在我国人身损害赔偿中，受害人除了可以请求死亡赔偿金或残疾赔偿金以外，还可以请求精神损害赔偿的抚慰金赔偿。此处的受害人包括因丧失亲人而遭受精神上的苦痛的亲属。

本案例围绕高空抛坠物侵权责任展开，以人物顺序检视。

其一，甲因丙的死亡精神痛苦，后经诊断为严重精神损害。似有必要检视甲可否依据《民法典》第 1183 条第 1 款和《最高人民法院关于确定民事侵权精神损害赔偿若干问题的解释》第 1 条请求丁承担近亲属精神损害赔偿。

其二，本案未能找到具体的高空抛掷物人，似有必要检视甲可否依据《民法典》第 1254 条第 1 款第 2 句请求高空抛物的可能加害人承担补偿责任，要求补偿精神损害。

其三，物业服务企业在本案中未能采取必要的措施防止高空抛掷物发生，且未能及时检修摄像头以确定具体侵权人，存在侵权。似有必要检视甲可否根据《民法典》第 1254 条第 2 款请求物业服务企业承担侵权责任，赔偿精神损害。

其四，《民法典》第 1192 条第 2 款规定，雇主只对提供劳务的一方受有的损害承担补偿责任，甲的严重精神损害并非属于提供劳务一方丙的损害，甲不得依据第 1192 条第 2 款请求雇主乙承担补偿责任。

[①]　参见杨立新:《侵权法论》(第 5 版)，人民法院出版社 2013 年版，第 1093 页。

二、请求权基础检视

(一)甲对丁的精神损害赔偿请求权

假设甲可根据《民法典》第 1183 条第 1 款"侵害自然人人身权益造成严重精神损害的,被侵权人有权请求精神损害赔偿"和《最高人民法院关于确定民事侵权精神损害赔偿责任若干问题的解释》第 1 条"因人身权益或者具有人身意义的特定物受到侵害,自然人或者其近亲属向人民法院提起诉讼请求精神损害赔偿的,人民法院应当依法予以受理"的规定,请求丁承担近亲属精神损害赔偿。

1. 请求权是否成立

(1)成立要件

该请求权需满足如下条件:其一,侵权行为;其二,造成严重损害,即被侵权人死亡且其近亲属遭受严重精神损害;其三,须是被侵权人的近亲属;其四,责任成立因果关系,即加害行为与损害结果之间存在因果关系。

①侵权行为

丁在窗户外私自加装平台,并开窗将烟灰缸击落,存在侵权行为。

②造成严重损害

丙因被掉落的烟灰缸砸中受伤住院且最终死亡,即被侵权人死亡。丙的死亡给甲造成严重精神损害,近亲属与死者之间一般会存在较为紧密的社会关系和情感联系,在这种社会关系中的一方在大多数情形下必然会因另一方的生命被非法侵害而遭受更为直观且剧烈的情感变化。本案中甲享有损害赔偿请求权的直接原因就是其自身也遭受了严重精神损害,而这种精神损害是实际存在的。

③须是被侵权人的近亲属

本案中甲是丙的配偶,该要件满足。

④责任成立因果关系

责任成立因果关系,分为条件性与相当性两个层次:

其一,条件性,即若无此行为即无此结果。本案中,若无丁开窗将其窗户平台的烟灰缸击落致丙死亡,甲也不会因此遭受严重精神损害,条件性满足。

其二,相当性,即在"最佳观察者"看来,通常有此行为即有此结果,而非难得一有、极为罕见、依据事物通常的发展不可能发生的情形,目的在于排除因果关系较远的事件。本案中,有致使物品从高空坠落并砸死受害人的行为,其近亲属遭受严重精神损害并非难得一有、极为罕见的情形,大多数情形下关系极为亲密的近亲属必然会因另一方的生命被非法侵害而遭受更为直观且剧烈的情感变化,相当性满足。

(2)责任阻却抗辩

本案中不存在责任成立的抗辩,该请求权成立。

2. 侵权责任范围

该种精神上的痛苦,应当为侵害生命权、身体权行为产生的结果,即二者具有因果关系。当这种侵权行为与受害人上述精神痛苦的损害具有因果关系时,抚慰金赔偿责任构成要件就完全具备。本案中甲已经遭受了严重精神损害,根据《最高人民法院关于确定民事侵权精神损害赔偿责任若干问题的解释》第 5 条的规定,应综合考虑确定精神损害赔偿的各种因素,确定侵权损害赔偿数额。

3. 请求权是否已消灭

本案中不存在权利消灭的抗辩,请求权未消灭。

4. 请求权是否可行使

本案中不存在权利阻止的抗辩,请求权可行使。

5. 中间结论

甲可根据《民法典》第 1183 条第 1 款和《最高人民法院关于确定民事侵权精神损害赔偿责任若干问题的解释》第 1 条请求丁承担近亲属的精神损害赔偿责任。

(二)甲对可能加害人的补偿请求权

假设甲可根据《民法典》第 1254 条第 1 款第 2 句"经调查难以确定具体侵权人的,除能够证明自己不是侵权人的外,由可能加害的建筑物使用人给予补偿"和《最高人民法院关于确定民事侵权精神损害赔偿责任若干问题的解释》第 1 条的规定,请求 3 楼以上可能加害人承担补偿责任,分担其精神损害。

1. 请求权是否成立

(1)成立要件

该请求权成立须满足以下条件:其一,存在侵权行为;其二,造成了损害,即民事权益受到侵害;其三,责任成立因果关系,即加害行为与损害结果之间存在

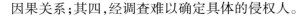

因果关系;其四,经调查难以确定具体的侵权人。

①存在侵权行为

本案中已经查明将丙砸伤的物体是烟灰缸,且烟灰缸从天上掉落,故存在高空抛坠物的侵权行为。

②造成了损害

须考察此处的近亲属精神损害是否属于该条所规定的补偿的损害范围。高空抛坠物补偿责任可参照公平责任分担损失规则确定。故须考察公平责任适用范围是否包括近亲属精神损害。

大部分学者都主张精神损害赔偿不能适用公平责任,其理由在于,精神损害赔偿的惩罚功能与抚慰功能皆应依归于行为人的可归责性和可责难性,[①]而公平责任强调行为人和受害人都无过错,不具有可归责性。在成立侵权责任时,侵权人未必承担精神损害赔偿,在同等条件下不构成侵权责任而适用公平责任的情形就更不能适用精神损害赔偿。[②] 在实务中,法院也大多不支持可能加害人对精神抚慰金进行补偿:"抛掷物致人损害案件,由建筑物使用人承担补偿责任,是一种特殊情形下相对合理的分摊风险的手段和方法。补偿范围应当以受害人物质上遭受的实际损失为限,精神损害抚慰金是填补和抚慰近亲属精神上遭受的损害,不宜纳入可能加害人补偿的范围。"[③]高空抛物坠物中可能加害人并无过错,不具有可归责性,让其承担近亲属精神损害赔偿难谓公平。本条规定的损害不应当包括近亲属精神损害,该要件不成立。

③责任成立因果关系

上述要件不满足,不必再检视该要件。

④经调查难以确定具体的侵权人

上述要件不满足,不必再检视该要件。

(2)权利阻却抗辩

该请求权不成立,不必检视。

---

① 参见孙大伟:《公平责任"依法"适用之解释论——以〈民法典〉第 1186 条为中心》,载《政治与法律》2021 年第 8 期,第 108 页。

② 参见曹险峰:《论公平责任的适用——以对〈侵权责任法〉第 24 条的解释论研读为中心》,载《法律科学》2012 年第 2 期,第 110 页。

③ 陈涛诉王平等 125 名被告不明抛掷物、坠落物损害责任纠纷案,四川省成都市锦江区人民法院民事判决书(2013)锦江民初字第 190 号。

2.请求权是否已经消灭

该请求权不成立,不必检视。

3.请求权是否可行使

该请求权不成立,不必检视。

4.中间结论

甲不可根据《民法典》第 1254 条和《最高人民法院关于确定民事侵权精神损害赔偿责任若干问题的解释》第 1 条的规定,请求可能加害人承担近亲属精神损害的补偿责任,分担其精神损害。

(三)甲对物业服务企业的补偿请求权

假设甲可根据《民法典》第 1254 条第 2 款"物业服务企业等建筑物管理人应当采取必要的安全保障措施防止前款规定情形的发生;未采取必要的安全保障措施的,应当依法承担未履行安全保障义务的侵权责任"的规定,请求物业服务企业承担侵权责任。根据前文所述,物业服务企业承担的是补充责任,但是与可能加害的建筑物使用人承担补偿责任相比,责任针对的损失范围不同,补充责任以受害人全部损失作为补充对象。补充责任不以找到具体侵权人为必要,在具体侵权人未确定前承担的补充责任,具体侵权人确定后,安全保障义务人也不能向受害人追偿,只能向具体加害人追偿。

1.请求权是否成立

(1)成立要件

本案中物业服务企业未及时检修摄像头且没有做好安全保障义务,属于有作为义务而不作为。不作为侵权责任的成立需要满足以下要件:其一,绝对性权益被侵害;其二,存在作为义务;其三,违反作为义务;其四,责任成立因果关系。

①绝对性权益被侵害

近亲属的精神权益遭受损害,甲主张的损害为近亲属精神损害赔偿,根据《最高人民法院关于确定民事侵权精神损害赔偿责任若干问题的解释》第 1 条的规定,近亲属的精神损害赔偿成立须以侵权行为的存在为前提,本案中物业不作为符合该条规定的侵权行为。此外,法律对死者近亲属的精神权益给予保护,在被侵权人死亡时,其近亲属因其遭受精神痛苦,应认定其绝对性权益被侵害。故该要件满足。

②存在作为义务

根据《民法典》第 1254 条第 2 款规定可得出,物业服务企业的安全保障义务属于法定义务,需采取必要的安全保障措施预防或者避免高空抛坠物案件的发生,比如安装防护措施或者安装、及时检修摄像设备,以防止高楼抛坠物事件;如果建筑物的特定区域存在高楼抛坠物的潜在危险,应当予以警示。

③违反作为义务

本案中物业服务企业未及时整修摄像头,以及未安装必要的设备预防高空抛坠物致害事件发生,违反前述作为义务。

④责任成立因果关系

不作为义务的因果关系不同于作为义务,应考察若履行作为义务则损害发生的可能性将降低,则视为成立因果关系。本案中,如果物业服务企业及时检修摄像头并安装必要的设备如防坠落网或者采取其他安全保障措施,此高空抛坠物致害事故发生的可能性将降低,甲因此遭受精神损害的可能性也将降低,故该要件满足。

(2)责任阻却抗辩

本案中不存在责任阻却抗辩,该请求权成立。

2.侵权责任范围

如前所述,近亲属精神损害赔偿并不属于可能加害人的补偿范围,那么需检视的是近亲属损害赔偿是否属于物业服务企业补充责任的范围。可能加害人的补偿责任实质上是补充性道义补偿责任,①其适用前提是无法查明具体侵权人,为保护弱者分摊风险的道义性责任,与物业服务企业承担的补充责任是不同的。补充责任的适用包括具体侵权人无法查明的情形,也包括具体侵权人可以查明,但其无力承担全部赔偿责任的情形。补充性道义补偿责任涵盖的损害类型,需要考虑《民法典》第 1254 条所承载的价值理念。尽可能减少道义补偿责任的适用损害范围,应仅适用于人身损害案件,而补充责任涵盖的损害类型应包括人身损害赔偿、财产损害和精神损害,在造成死亡的情形下,近亲属的精神损害也应该包括在内。故物业服务企业应当对甲的精神损害承担补充责任。

3.请求权是否已消灭

不存在权利消灭抗辩,请求权未消灭。

---

① 参见王竹:《侵权公平责任论》,中国人民大学出版社 2021 年版,第 254 页。

4.请求权是否可行使

不存在权利阻止抗辩,请求权可行使。

5.中间结论

甲可根据《民法典》第1254条第2款请求物业服务企业承担近亲属精神损害赔偿。

(四)小结

甲可根据《民法典》第1183条和《最高人民法院关于确定民事侵权精神损害赔偿责任若干问题的解释》第1条请求丁承担甲的精神损害赔偿责任。

甲不可根据《民法典》第1254条第1款第2句和《最高人民法院关于确定民事侵权精神损害赔偿责任若干问题的解释》第1条请求高空抛坠物的可能加害人承担补偿责任,分担精神损害赔偿额。

甲可根据《民法典》第1254条第2款请求物业服务企业承担甲严重精神损害的补充责任。

结论

第一,就甲所享有的财产请求权来说,可分别根据《民法典》第1165条、第1254条第2款请求丁和物业服务企业承担侵权责任,亦可根据《民法典》第1254条第1款第2句、第1192条第2款请求可能加害人和乙承担补偿责任;但可能加害人和乙的补偿责任,以填平受害人的损失为限,不可对受害人已经获得的救济数额重复补偿。

第二,就甲所享有的精神损害请求权来说,甲可根据《民法典》第1183条、《最高人民法院关于确定民事侵权精神损害赔偿责任若干问题的解释》第1条、《民法典》第1254条第2款请求丁、物业服务企业承担近亲属的精神损害赔偿。但是甲不可根据《民法典》第1254条第1款请求可能加害人承担补偿其精神损害的责任。

参考文献

一、著作

[1] 程啸. 侵权责任法[M]. 3 版. 北京:法律出版社,2021.

[2] 王利明. 侵权责任法研究[M]. 2 版. 北京:中国人民大学出版社,2016.

[3] 张新宝. 侵权责任法[M]. 6 版. 北京:中国人民大学出版社,2024.

[4] 吴香香. 请求权基础:方法、体系与实例[M]. 北京:北京大学出版社,2021.

[5] 李国强. 财产法体系的解释[M]. 北京:北京大学出版社,2022.

[6] 王泽鉴. 民法学说与判例研究[M]. 北京:北京大学出版社,2015.

[7] 张俊浩. 民法学原理:重排校订版[M]. 北京:中国民主法制出版社,2024.

[8] 黄薇. 中华人民共和国民法典侵权责任编解读[M]. 北京:中国法制出

版社,2020.

[9] 最高人民法院民事审判第一庭.最高人民法院人身损害赔偿司法解释的理解与适用[M].北京:人民法院出版社,2015.

[10] 邹海林,朱广新.民法典评注:侵权责任编[M].北京:中国法制出版社,2020.

[11] 最高人民法院民法典贯彻实施工作领导小组.中华人民共和国民法典侵权责任编理解与适用[M].北京:人民法院出版社,2020.

二、论文

[1] 李国强.《民法典》民事责任制度的演进逻辑及体系解释基础[J].当代法学,2021,35(6):59-70.

[2] 叶金强.论侵权损害赔偿范围的确定[J].中外法学,2012,24(1):155-172.

[3] 程啸.侵害个人信息权益的侵权责任[J].中国法律评论,2021(5):59-69.

[4] 张家勇.权益保护与规范指引[J].四川大学学报(哲学社会科学版),2017(1):134-148.

[5] 程啸.论侵权法上的第三人行为[J].法学评论,2015,33(3):48-60.

[6] 李承亮.侵权责任的违法性要件及其类型化:以过错侵权责任一般条款的兴起与演变为背景[J].清华法学,2010,4(5):74-93.

[7] 王利明.论举证责任倒置的若干问题[J].广东社会科学,2003(1):150-158.

[8] 潘玮璘.构建损害赔偿法中统一的可预见性规则[J].法学家,2017(4):58-66.

[9] 满洪杰.论纯粹经济利益损失保护:兼评《侵权责任法》第2条[J].法学论坛,2011,26(2):107-112.

[10] 叶金强.相当因果关系理论的展开[J].中国法学,2008(1):34-51.

[11] 尹志强.《民法典》公平责任的理解与适用[J].社会科学研究,2020(5):17-26.